天下文化
BELIEVE IN READING

社會人文 BCB495

中國贏了嗎？

挑戰美國的強權領導

Has China Won?

The Chinese Challenge to American Primacy

馬凱碩 Kishore Mahbubani——著
林添貴——譯

目錄

全球專家推薦

（依中文姓氏筆畫順序排列）

長期以來，馬凱碩讚揚西方教給世界其他地區許多知識，包括中、印在內的亞洲許多地區也從中受益良多。然而，似乎沒有人比美國自己更驚訝，中國從美國學到了那麼多東西，如今美國瞄準中國，視為威脅其全球霸主地位的競爭對手。馬凱碩尖銳地問：中國做了什麼，竟招致如此看待？他比以往更尖銳的挑戰讀者一同思考：如果競爭繼續毫無節制的發展下去，將會帶來什麼後果？

——王賡武（新加坡國立大學教授）

馬凱碩在外交和國際關係上擁有豐富的經驗，高度發展出相當罕見的能力，能針對複雜的環境進行戰略思考；出於生活經歷，他具有與多種文明及其價值觀建立聯繫並予以尊重的獨特能力。這些技能、見識和經驗在他的新書《中國贏了嗎？》

完全展現出來。具有挑釁意味的書名，其實有點誤導，實際上他以公平的方式分析美中新角力當中可能發生的情況。他對雙方的偏見與錯誤所做的評估既辛辣、又切中要害。這本書顛覆大多數讀者的既定觀念，這正是它的優點。書中有許多洞見，核心主張則是：美中長期鬥爭的結果，將取決於雙方是否了解和尊重雙邊長期以來形成的深刻文明差異，它們導致不同的治理結構，在個人自由、社會和政治穩定等方面，也有不同的價值觀。換言之，雙方都需要用另一方的眼光來看世界。也就是說，有許多共同利益可以建立。儘管書名聳動，但就馬凱碩看來，情勢很清楚，最後要嘛人人都是贏家（不僅是中國和美國），要嘛都是輸家。在歷史的關鍵時刻，這是一本很重要的書。

——麥克・史賓賽（Michael Spence，二〇〇一年諾貝爾經濟學獎得主）

美中陷入國際霸主之爭，這場角力的結果，將會影響未來好幾個世代的世界秩序。馬凱碩以細膩的描述和清晰的見解，掌握這場戰鬥的複雜性，千萬別錯過這本書。

——伊恩・布雷默（Ian Bremmer，歐亞集團總裁、*Us vs. Them* 作者）

馬凱碩的《中國贏了嗎？》做出相當重要的貢獻：回顧從戰略思想大師肯楠到甘迺迪總統的戰略智慧，提出有關中國崛起的挑釁、甚至是異端的問題，並建議世界要保有多元化的安全。

——格雷厄姆・艾利森（Graham Allison，哈佛大學教授、《注定一戰？》作者）

針對國際事務的最大問題，馬凱碩寫出一本出色而重要的書：美中關係將如何發展？全球迫切需要這兩個超級大國合作，摩擦似乎沒有停止的跡象。馬凱碩認為，如果持續對峙，美國有可能會處於劣勢，其中最大的原因，不是因為中國比較優越，而是由於美國的誤算，尤其是未能掌握中國現實面所造成的失誤。

——馬汀・沃夫（Martin Wolf，《金融時報》首席經濟評論家）

本書是馬凱碩二〇二〇年出版的最新作品，他認為中美兩方如同陰陽兩極，在基本的國家利益、對抗全球氣候變遷、意識形態、雙方的文明、甚至政治價值上並沒有根本性的矛盾，若雙方能專注提升人民的生活福利，彼此加強合作，結果是整個人類都會贏。面對當前錯綜複雜而又危險的美中關係，這本著作的確是給國人一個及時的禮物，能夠幫助我們了解一部分的時局，至於其中許多警告的字句，對於我國目前的狀況也是很好的提醒。

——胡為真（國安會前祕書長、前駐新加坡代表）

無論我們將中國視為友人、對手或是亦敵亦友，都必須知道中國如何思考和看待自己的世界地位。西方人若想了解亞洲人的世界觀，沒有比馬凱碩更好的嚮導。他在這本至關重要的書中，把自己豐富的知識和經驗分享給大家。

——勞倫斯．桑默斯（Lawrence H. Summers，美國前財政部長、哈佛大學前校長）

書名提出的問題既發人深省，又耐人尋味。作者用大量有趣又令人震撼的數據和事實，對於美中兩國的優勢及弱點深入分析，探討這個二十一世紀最為重大的問題。兩國的較量才剛開始，千萬別錯過這本難得的好書。

——單偉建（太盟投資集團董事長暨首席執行官、《走出戈壁》作者）

馬凱碩具有出色的能力，洞悉是哪些驕矜自滿的傳統觀念，讓大國誤入了歧途。《中國贏了嗎？》指出正在破壞美中、乃至世界關係的迷思和錯誤，它對美中兩國提出坦率、明確的建議，以期將來如何做得更好。北京和華府的領導人也許不愛聽他的忠告，不過，如果兩國密切關注他的建議，將會做得更好。您也應該如此。

——史蒂芬．華特（Stephen M. Walt，哈佛大學國際事務教授）

《中國贏了嗎？》是一個聳動的書名。馬凱碩在他的最新著作中解釋了為什麼實際上這是一個錯誤的問題。儘管不滿的情緒和相互的誤解在上升，美中兩國終將知道，一旦發生戰爭將是大災難。在這本具有啟發性的新書中，馬凱碩呼籲兩大強國要有更深刻的理性，並提醒當今時代最大的挑戰將是回答「人類是否贏了？」這個問題。美國和中國的讀者都將從馬凱碩的智慧中受益。

——楊榮文（新加坡前外交部長）

美國人應該聆聽馬凱碩或許不那麼中聽的尖刻建議：摒棄美國永久居於首要地位和受到高牆保護的特殊美德的幻想。反之，華府應該採取以平衡與合作為基礎的長期國際戰略，重新建立健全的內部領導和治理；在國外爭取朋友，而不是趕走盟國；避免過度承諾，並表現出道德上的謙虛。軍事力量並不是民主軍火庫中最重要的武器。

——大衛・藍普頓（David M. Lampton，霍普金斯大學高等國際研究院榮譽教授、史丹福大學亞太研究中心研究員）

中文版序

從地緣政治三大鐵律看小國生存之道

馬凱碩（Kishore Mahbubani）

我很高興《中國贏了嗎？》在台灣出版。很少人會像台灣人民一樣，如此直接受到美中地緣政治角力的影響。因此，我衷心盼望這本書可以幫助在台灣的民眾，更加了解這場競逐將如何影響大家的生活。

同時，我希望這本書將有助於了解某些存在數千年之久的地緣政治鐵律（iron laws）。所有的小國都必須注意這些鐵律。我姑且舉出三個例子。

地緣政治的第一條鐵律：沒有一個大國會容許在它周邊有敵對的勢力存在。民主大國家或威權大國都一樣。當小島國格瑞納達（Grenada）在一九七九年落入左翼領袖莫理斯・畢夏（Maurice Bishop）領導的革命政府手中，卡特政府沒有採取任何行動。可是，後來右翼的雷根政府對它很感冒。理論上，格瑞納達由於隸屬大英國協一份子，理應受到保護。當時的英國首相柴契爾夫人和美國總統雷根也私交甚篤，可是這種私誼在地緣政治上卻無關緊要。雷根總統決定在一九八三年十月二十五日攻打格瑞納達，剷除它的政府；他在出兵之前不到十二小時才知會柴契爾夫人，而且也不理會她抗議美國此一舉動令她「非常困擾」。[1]

一九八三年十月，聯合國安全理事會辯論美國入侵格瑞納達事件時，我就在會議現場。與會的國家接連指出：這項入侵行動違反國際法。安理會也的確表決、譴責入侵行動。英國棄權，沒有投票。國際社會反對美國入侵的強大聲浪卻毫無作用。當聯合國大會以一百零八票對九票表決通過反對美國入侵，雷根被問到有什麼看法時，他說：「一點兒也沒有打亂我吃早飯的興致。」當大國要剷除枕邊敵人時，沒有人阻擋得了它。

請容我在這兒再提一遍，正如我在本書第六章提到果阿（Goa）的例子——當時美國總統甘迺迪（John F. Kennedy）和英國首相麥米倫（Harold Macmillan）

懇請親英的印度總理尼赫魯（Jawaharlal Nehru）不要入侵果阿，尼赫魯充耳不聞，還是在一九六一年入侵果阿。美、英、印度三個國家都是民主國家，但情況並沒有什麼不同。

因此，我們要談到**地緣政治的第二條鐵律：當大國必須在本國重大利益和國際關係價值觀之間做選擇時，他們總是以國家利益優先**。美國在冷戰時期和蘇聯對抗時，就把這一點展現得清清楚楚。冷戰期間，美國有一個選擇：它要和民主的印度結盟、還是與共產主義的中國互相提攜？我們現在都知道，民主的美國和共產中國以及巴基斯坦的軍事政府結盟，攜手對抗民主的印度。

台灣有許多人可能相信美國將會一直支持民主的台灣對抗共產中國。但是，過往的歷史顯示：價值觀沒有國家利益重要。美國在小布希總統領導下，於二〇〇三年三月入侵伊拉克之後，發現它需要共產中國的協助來移除聯合國安理會對伊拉克的制裁，美國才能再度從伊拉克出口石油。當時的中國果真對小布希總統伸出援手，而小布希政府可能的「交換條件」就是對陳水扁總統施壓，不要推動獨立。這顯示了：才在不久前的二〇〇三年，當民主的美國必須與共產中國合作時，對於民主的台灣之利益，它隨時都可以犧牲。

唐納・川普（Donald Trump）是個罕見的口無遮攔的總統，常公開說出其他領導人不會說出來的話。他的前任國家安全顧問約翰・波頓（John Bolton）在回憶錄透露，他重視共產中國遠超過民主台灣。波頓在《事發之室：白宮回憶錄》（*The Room Where It Happened*，暫譯）一書中提到，川普把台灣比擬為他的一支筆尖，而中國則有如他的大辦公桌。說句公道話，川普並沒有不尋常，今天幾乎所有的國家都會優先看待共產中國，因為它目前的GNP（國民生產毛額）十四兆美元，幾乎是台灣GNP的二十四倍。

有一點非常重要，我必須在這兒強調。西方有悠久的傳統，當重大危機爆發時，可以和不具西方價值觀的國家合作。對於地緣政治利益冷酷的計算，一向勝過任何道德或倫理的考量。邱吉爾是西方史上最偉大的領袖之一，他在第二次世界大戰期間就把這一點展現無遺。歷史學家南希・卡德維爾・索瑞兒（Nancy Caldwell Sorel）對一九四二年八月——二戰期間最黯淡的一刻——邱吉爾和史達林共進晚餐，有如下的描述：

意見不合仍然持續，但是在最後一天晚上，邱吉爾前往道別時，史達林軟化了……邱吉爾把原本計畫啟程的時間延長到七點。兩人打開話匣子、杯觥交錯，在這罕見的親密時刻，史達林承認，即使是戰爭的壓力，也比不上他強要農民接受集體農業政策所遇上的艱苦鬥爭，當時有好幾百萬的富農被消滅。這時，歷史學家上身的邱吉爾腦中閃過艾德蒙・伯克（Edmund Burke）的格言：「如果改革不符合正義，那我寧願不改革。」但是，身為政治家的邱吉爾務實想了一想，鑑於戰爭需要團結，覺得還是少唱道德高調。

這個故事引人大笑。精明的老狐狸邱吉爾在此現出原形。當共同的敵人希特勒冒出來時，他是那麼狡猾、不拿道德高調去冒犯史達林。這個故事證實了地緣政治的第二項鐵律：價值觀沒有國家利益來得重要。

地緣政治的第三條鐵律就是：小國經常會發現，對於周邊大國在地緣政治上的重要利益，必須掌握先機、有所預見且要時時保持敏感，才是明智之舉。加拿大就是這方面的好例證。理論上，加拿大是個強大、獨立的國家。它的確也是包含世界最大七個西方經濟體在內的七大工業國組織G7成員之一。可是，加拿大成為G7成員，是美國提名推薦的，因為它曉得加拿大絕對不會與美國的重大利益作對。

的確，加拿大在二〇〇五年必須在本身的國家利益（同時也保護國際法）和屈服於美國壓力兩者之間做選擇。背景是這樣的。長期以來，美加兩國對於西北航道（Northwest Passage）究竟是位於加拿大領海之內或是國際海峽，一直都有爭議，而且爭端持續了數十年之久。一九八五年，美國海岸防衛隊破冰船「北極海號」（Polar Sea）沒有先取得加拿大政府的許可，就穿越西北航道，聲稱它是國際海峽，加拿大提出抗議。一九八八年，兩國在談判後達成《北極合作協定》（Arctic Cooperation Agreement），允許美國海軍艦艇在事先取得加拿大政府准許後，可以通過西北航道（加拿大一向都准許所請）。理論上，加拿大在一九八五年可以開火射擊美國海岸防衛隊船隻，或以侵犯加拿大主權為由，將美國海軍告上國際法院。但是，加拿大知道它必須屈從於美國的實力。二〇〇五年底，美國核子潛艇未經告知就穿越航道，違反原先就相當偏袒美國的協定。雖然加拿大繼續堅持西北航道位於加國領海之內，實際上美國根本沒把它當一回事。

在美中地緣政治角力的情境中，加拿大也顯示出對美國利益的高度敏感。當美國要求加拿大逮捕華為創辦人任正非的女兒孟晚舟時，加拿大可以選擇接受與否。事實上，也有些加拿大人強烈建議加拿大要說不。前任司法部長艾倫・洛克（Allan Rock）就說，加拿大應該把自身的國家利益擺在第一，不要屈從中國或川普總統的壓力。他說：「告訴我不該屈從惡霸的這位人士就對我說，我們最好小心點，別這麼做，否則那個惡霸（川普先生）會找我們麻煩。」加拿大前任外交官羅伯・佛勒（Robert Fowler）也表示：「我認為一個政府的首要責任，是照顧好公民的健康與安全，外交政策不只是討好川普。」佛勒和洛克等十九位前任國會議員和外交官連署致函加拿大總理賈斯汀・杜魯道（Justin Trudeau），促請他釋放孟晚舟。孟晚舟案例顯示加拿大準備犧牲本身利益，滿足鄰居大國美國的利益。

加拿大再怎麼說都不是一個小國。它的GNP一兆七千億美元，是世界前十大經濟體之一。可是，儘管它不是小國，它還是必須小心謹慎，並且尊敬它的鄰居大國。就這方面而言，加拿大的行為也透露出修昔底德（Thucydides）的確有先見之明。修昔底德在描述米洛斯人和雅典之間的紛爭時說了一句名言：「強者為所欲為，弱者只能逆來順受。」

然而，這一切並不代表小國家就沒有選擇。的確，如果小國家仔細研究古今地緣政治，也可以幫助自己走出一條精明、明智的路子。就這一點來講，我很幸運出生、長大在新加坡。出於歷史的偶然，從一九七一年至二〇〇四年，我很榮幸在新加坡外交部門服務了三十三年，追隨過新加坡最偉大的三位地緣政治大師：李光耀、吳慶瑞和拉惹勒南（S. Rajaratnam）。他們三人都是地緣政治的敏銳觀察家，我從他們身上學到許多，包括有關地緣政治的鐵律。

他們也教會我，小國若是了解地緣政治勢力正在發生哪些大轉變，就能安然生存。這也是為什麼我決定在二〇二〇年出版這本探討美中關係的書。未來十至二十年，最重要且具有界定作用的全球地緣政治競爭，無疑就是美中地緣政治角力。由於它受到深沉的結構力量驅動，可以預見它將會持續很長一段時間。

就這一點而言，二〇二〇年十一月即將登場的美國總統大選，最後究竟是川普或喬·拜登（Joe Biden）當選，可能並不重要。地緣政治不是由人驅動。它是由更大的地緣政治力量所驅動，本書對此有詳盡的討論。我衷心希望台灣人民可以從本書受益，並希望它可以幫助台灣小心、安全的挺過美中地緣政治角力必定掀起的險惡地緣政治浪潮。

二〇二〇年九月

第一章 導論

有一件事是很確定的。

美國和中國之間爆發的地緣政治角力將在未來十至二十年持續不停。雖然川普總統在二〇一八年才發動第一輪攻勢，這波攻勢將延續至日後接篆的繼任者。川普總統所有的政策都造成美國內部的分裂，只有一項例外：那就是他發動對中國的貿易和科技戰。在這方面，他的確獲得兩黨一致強大的支持，而且美國政壇發展出強烈的共識，認為中國代表對美國的威脅。參謀首長聯席會議主席約瑟夫·鄧福德（Joseph Dunford）將軍曾說：「到了二〇二五年左右，中國可能構成對我們國家最大的威脅」。[1]《二〇一八年美國國防戰略報告》（2018 National Defense

Strategy）的摘要宣稱，中國和俄羅斯是「修正主義大國」，企圖「塑造吻合他們專制模式的世界——取得對其他國家經濟、外交和安全決定的否決大權」。[2] 聯邦調查局局長克里斯多福・瑞伊（Christopher Wray）說：「我們試圖要做的一件事是，把中國的威脅不只當作是整個政府構成的威脅，而是當作整個社會構成的威脅來對待……我認為我們必須發動全社會的力量來對付它。」[3] 即使是自掏腰包、花了好幾百萬美元力阻川普當選總統的喬治・索羅斯（George Soros），也在中國議題上稱讚川普。他說：「川普政府最大——或許是唯一——的外交政策成就是，針對習近平的中國，發展出真正兩黨一致的政策。」[4] 他也表示，川普政府宣布中國是「戰略對手」，這是正確的。

但是，即使美國建制派大致熱切支持川普針對中國的做法，很奇怪的一點是，沒有人指出美國犯了一個重大的戰略錯誤，那就是在發動和中國的角力之前，沒有先發展出對付中國的全面性全球戰略。

提醒我注意這一點的，就是美國最偉大的戰略思想家亨利・季辛吉（Henry Kissinger）博士。我還清楚記得二〇一八年三月中旬和他在曼哈頓中城的俱樂部包廂單獨進餐那一幕，約好吃午飯的那一天，由於氣象報告預測會有暴風雪，我還擔心餐敘會取消。儘管天候不佳，他還是出席了。我們很暢快地聊了兩個小時。平心而論，他並沒有確切表示美國缺乏對中國的長期戰略，但這是他在午餐席間傳達的訊息。這也是他在他的大作《論中國》（*On China*）的主題。

相反的，美國在投入和蘇聯的冷戰前，有過深刻、周密的思索。美國的戰略思想大師喬治・肯楠（George Kennan），制訂出美國對付蘇聯相當成功的圍堵戰略。肯楠以筆名「X先生」的名義，在《外交事務》（*Foreign Affairs*）雜誌發表文章，公開提出圍堵戰略的主張，其內容大致源自於他在一九四六年二月所撰寫的「長電報」（Long Telegram）。肯楠執筆之時，擔任國務院政策計畫室主任此一負責長期戰略規劃的重要職位。

二〇一八年九月至二〇一九年八月，擔任國務院政策計畫室主任的是卡內基美隆大學教授姬儂・施金納（Kiron Skinner）。她在二〇一九年四月二十九日一個公開討論會中透露，為了回應中國的崛起，她的單位仍在努力擬訂完整的戰略，希望能吻合前輩肯楠所訂定的戰略精神。

我在新加坡外交部服務時，也負責撰寫長期戰略報告供新加坡政府參考。我向新加坡三位傑出的地緣政治大師李光耀、吳慶瑞和拉惹勒南學到的主要教訓是，要制定任何長期戰略的第一步，就是要先提出正確的問題。如果提出的問題不對，答案也不會正確。拉惹勒南教導我，最重要的一點是，在擬訂問題時，必須記住「從無法想像中去思考」。

根據此一「從無法想像中去思考」的精神，我要建議十個刺激美國國務院政策計畫室應該思考的問題。我曾於一九九〇年代末期，到肯楠在紐澤西州普林斯頓大學高等研究院（Institute of Advanced Study）的辦公室拜訪過他，我相信他會贊成直接對付當前最艱難的問題。

十大問題

一、第二次世界大戰結束時，美國人口占全世界總數的百分之四，但是美國占全球GDP（國內生產毛額）的份額接近百分之五十。整個冷戰期間，蘇聯的

ＧＤＰ一直望塵莫及，趕不上美國的規模，即使在它的巔峰時期，也只及美國的百分之四十。[5]在未來三十年，美國的ＧＤＰ會小於中國嗎？假設果真如此，當美國不再是世界最強大的經濟大國時，美國的戰略必須如何改變？

二、美國的首要目標應該是改善三億三千萬美國公民的生計，還是維持它在國際體系中的主導地位？如果維持霸主地位和增進人民福祉這兩個目標之間產生扞格，哪一個目標應該優先？

三、冷戰期間，美國投入巨大的國防經費，這個做法證明是審慎精明的，因為它迫使經濟規模較小的蘇聯，也要迎頭趕上美國的軍事開銷。最後，蘇聯因此財政破產。中國從蘇聯的崩潰學到教訓，它集中力量發展經濟，並且限制國防經費支出。如今美國繼續巨幅投資在國防預算上，是明智之舉嗎？或者美國應該削減國防支出，並減少介入代價不菲的國外戰爭，改為多投資於改善國內社會服務、整修全國基礎設施呢？中國希望美國增加或是削減國防經費呢？

四、美國並不是靠自己的力量贏得冷戰。它和西方國家夥伴在北大西洋公約組織組成堅強的同盟，又培養主要的第三世界友邦及盟國，如中國、巴基斯坦、印尼和埃及。為了維持這些親密的同盟，美國將它的經濟開放給盟國，並且慷慨提供援助。最重要的是，美國在冷戰期間，以慷慨援外聞名全球。川普政府宣布「美國優先」政策，威脅要對歐盟和日本等主要盟國及印度等第三世界友邦課徵關稅。美國如果也同時疏遠其主要盟國，還能夠建立堅實的全球同盟制衡中國嗎？美國決定退出「跨太平洋夥伴關係協定」（Trans-Pacific Partnership, TPP）是送給中國的一項地緣政治禮物嗎？中國透過「一帶一路倡議」增強與鄰國的新經濟夥伴關係，是針對美國的圍堵政策先發制人嗎？

五、美國用來羈束其盟國和對手、讓他們乖乖聽話的最強大武器是美元，而不是美國的軍事力量。美元已經成為全球貿易和財務交易實質上不可或缺的工具。就這點而言，它扮演的角色是全球公共財，為相互依存的全球經濟服務。由於外國銀行和機構無法避免使用美元，美國得以放縱自己在境外實施其國內法令，對於違反美國國內法令、而和伊朗及其他受華府經濟制裁的國家交易來往的外國銀行，課徵巨額罰款。美國的敵人如北朝鮮和伊朗，也因財金方面受到制裁而寸步難行，被迫坐上談判桌。美國對這些國家的制裁行動若得到多邊組織如聯合國安全理事會的支持和背書，效果最好，因為安理會的決定對聯合國會員國具有拘束力。在川普政府之下，美國卻從多邊制裁轉向單邊制裁，並以美元做為武器來對付敵國。把全球公共財當作武器，用在單邊目標上，是明智之舉嗎？目前，實務上並沒有可以取代美元的其他工具。這種情況會一路維持下去嗎？這是中國得以伺機刺傷、削弱美國經濟的致命關鍵嗎？

六、在發展對付蘇聯的戰略時，肯楠強調對於美國人而言，非常重要的一點是要「在世人心目中普遍建立一個國家的印象」——這是一個內政成功、且享有「精神活力的國家」。[6] 約瑟夫·奈伊（Joseph Nye）教授把它形容為美國的軟實力。從一九六〇年代至一九八〇年代，美國的軟實力蒸蒸日上。但是自從九一一事件之後，美國違反國際法和國際人權公約，成為第一個恢復刑求犯人的西方國家。美國的軟實力在川普上台後尤其大幅下降。美國人民準備做出必要犧牲，以增強美國的軟實力了嗎？如果美國被視為「普通」（normal）國家，而不是「非凡」（exceptional）的國家，它在和中國對抗的意識型態作戰上能夠獲勝嗎？

七、麥馬斯特（H. R. McMaster）將軍於二〇一七年至二〇一八年擔任川普總統的國家安全顧問；他曾說過，歸根究柢，美國和中國之間的鬥爭代表「自由開放的社會與封閉獨裁的專制體制」之間的鬥爭。[7]如果這個說法正確，所有自由與開放的社會應該同樣感受到中國共產黨的威脅才對。全世界規模最大的三個民主國家，有兩個位於亞洲，分別是印度和印尼。但是印度和印尼這兩個國家都不覺得受到中國意識型態的威脅。歐洲大部分的民主國家也沒有感受到中國意識型態的威脅。中國和蘇聯不一樣，它並沒有試圖挑戰或威脅美國的意識型態。把新中國的挑戰當作類似舊蘇聯的策略看待，是美國犯下的典型戰略錯誤——拿昨天的戰略打明天的戰爭。美國的戰略思想家能夠發展出新的分析架構，掌握美中競爭的本質嗎？

八、在任何重大的地緣政治競爭中，優勢總是歸於能夠保持理智和頭腦冷靜的一方，而不是出於有意識或無意識就情緒衝動的一方。正如肯楠明智的觀察，「發脾氣、控制不了自己」是弱者的跡象。但是，美國對中國的反應是出於理智嗎？或是出於下意識的情感？西方人長期以來無意識地潛伏著畏懼「黃禍」的心理。姬儂·施金納指出，與中國的角力乃是與「非白人」國家的較勁。她這麼做，已經確切指出是什麼因素驅動西方人對中國的情緒反應。在華府講求政治正確的環境裡，哪可能有任何一位戰略思想家提出如此政治不正確、但很真實的建議，而不會遭到政治刺傷？

九、中國最偉大的戰略大師孫子曾經說過：「知己知彼，百戰不殆。不知彼而知己，一勝一負；不知彼，不知己，每戰必殆。」[8]美國了解它的中國對手嗎？譬如，美國是否犯了認知上的根本錯誤，以為中國共產黨是中國的「共產主義」政黨？這種認知似乎認為中國共產黨的靈魂深嵌在共產主義根源中。可是，在許多客觀的亞洲觀察家眼中，中國共產黨實際運作有如「中華文明黨」（Chinese Civilization Party）。它的靈魂並沒有植根於外來的馬列主義意識型態，而是植根於中華文明。戰略思想家最重要的工作是試圖深入敵人的思想。因此我底下要提出一個測驗：中國領導人腦子裡有多少比例被馬列主義意識型態盤踞，又有多少比例被豐富的中華文明歷史盤踞？答案可能會讓許多美國人大吃一驚。

十、季辛吉在《論中國》強調，中國的戰略受到圍棋的影響，而不是西洋棋。在西洋棋中，重點是找出最快的方法擒王。在圍棋中，目標是緩慢、耐心的建立資產，讓棋局有利於我方，重點是長期的戰略，不是短期的收穫。那麼中國是否正在緩慢、耐心的建立資產，逐步將戰略大局轉為對中國有利呢？有意思的是，美國曾經兩度努力阻撓中國爭取優勢的兩大長期舉措。但是，美國兩次都失敗。第一次是歐巴馬政府在二〇一四年至二〇一五年期間，企圖阻止美國的盟國加入中國發起的亞洲基礎設施投資銀行（Asian Infrastructure Investment Bank, AIIB，簡稱「亞投行」）。第二次是川普政府阻止盟國參加中國倡議的一帶一路計畫。美國是否已經儲備足夠的資源進行長期競爭？美國社會是否有先天的力量和持久力對抗中國的長期博弈？

* * *

提出這些問題的目的是刺激戰略辯論，從無法想像中去思考，去剖析並了解未來十年將出現的美中地緣政治競爭中的許多複雜面向。本書的目標之一是促進對一個無可避免、錯綜複雜又變動不居的題目，進行務實而理性的思考。

任何一位美國戰略思想家在一頭栽入重大的地緣政治角力之前，必須先提出一個根本問題：它涉及的風險有多大？簡單講，美國會輸嗎？這種念頭似乎無法想像。不論是就實質面或道德面來看，美國長久以來自認為是世界上最強大的國家。美國的經濟乃至軍事，在過去一百多年為世界最強大，它位居人口不稠密、資源又豐富的美洲大陸，此一自然優勢，加上美國體制的創新和活力（特別是它的自由市場、法治和大學），以及美國人民，已經使美國深信全世界沒有其他國家能追趕得上它的創造力和生產力的水準。

在道德層面上，絕大部分美國人堅信，像美國這樣的自由和開放社會，又是世界上最強大的民主國家，要說它會輸給中國這樣封閉的共產主義社會，誰都不會相信。美國人傾向於相信邪不勝正，善良永遠勝過奸邪，沒有任何政治制度先天像共和國開國元勳所設想的那般優異。這種認知或許可以部分解釋，為什麼美國近年來將中國妖魔化的現象愈來愈嚴重。中國愈是被描繪為邪派角色（特別是違背了美國人對中國的期許，以為它和美國交往後，將會日益開放和成為民主社會），美國人就愈發容易堅信他們在和中國對抗時一定會勝利，而無視於機率有多大。

美國也很自豪是個理性的社會。從很多方面來看，它的確如此。它以理性和邏輯為基礎，成為西方文明故事的傳人。提振西方文明的科學革命，使它能夠傲視群倫。鑑於本身具有活潑有力的市場、最堅強的大學和全世界最高度受教育的菁英份子之優勢，美國認定世界上沒有其他社會能在經濟和軍事實力、知識創造力和道德優勢等重要領域和它匹敵。

美國人也認定，由於他們具有全世界最開放的社會，如果美國在某個環節轉錯方向，這個開放社會的種種機制會提醒美國。很不幸，過去幾十年，並沒有出現這樣的提醒。絕大部分美國人不知道居於美國人口底層百分之五十的人民，平均所得在過去三十年期間一直衰退。[9]這可不是轉錯一個彎就會發生的事。本書會細述美國在界定美國社會正義重要原則的好幾個環節下明顯退卻。美國近年最偉大的政治與道德哲學家是約翰．羅爾斯（John Rawls）。透過他的作品，他試圖淬鍊歐洲偉大哲學家的智慧，那是美國開國元勳所師法的對象。不幸的是，許多美國人沒有意識到他們多麼偏離一些關鍵的立國原則。

同樣的，很少美國人注意到自從一九五〇年代美國國力登峰造極以來，世界上許多重要層面已經起了重大變化。一九五〇年，以購買力平價（Purchasing Power Parity, PPP）來看，美國占了全世界ＧＤＰ的百分之二十七點三，當時的中國只占百分之四點五。[10]冷戰結束時，一九九〇年是個歡慶勝利的時刻，美國的占比是百分之二十點六，中國是百分之三點八六。到了二〇一八年，美國是百分之十五，已經落在中國百分之十八點六之後。[11]在這個關鍵重大的層面，美國已經落到第二位。很少美國人知道這一點；肯去思考它代表什麼意義的美國人，更是少之又少。

更加關鍵的是，美中角力上演的全球環境將與冷戰時期的環境大不相同。世界已經更加複雜。很明顯，美國想要維持最超越群倫的世界大國地位，不是不可能，但將愈來愈困難，除非美國調整自己、接受新世界的出現。

在文明動態關係的領域，世界正在回復到類似過去人類不同文明之間的均勢。過去兩百年，西方文明的表現大大勝過世界其餘地區，使它能夠推翻過去的先例；可是從西元元年至一八二〇年，中國和印度就經濟實力而言，一直是最大的文明，因此過去兩百年的情況是不正常的。

西方無法再獨霸世界的原因之一，就是其他國家從西方學習到許多東西。他們從西方的經濟、政治、科學和技術方面吸收許多長處。結果就是，西方文明的許多部分（特別是歐洲）似乎力道枯竭，缺乏動力和精神，其他文明則開始加速前進。

從這方面來看，人類文明就像其他生物有機體。它們有生命週期。中華文明有過多次的興衰浮沉。因此它現在恢復實力並不足為奇。中國挺過兩千多年的歷史，已經發展出強勁的文明筋肉。王賡武教授觀察到，雖然世界有許多古文明，唯一能夠四落四起的古文明只有中華文明。身為一個文明，中國有非常了不起的韌性。中國人也非常的聰明。當中國人回顧過去兩百年的歷史，他們深刻明白過去三十年在中國共產黨統治下，是中華文明在西元前二二一年秦始皇統一中國以來最昌盛的時期。過去兩千年的大部分時間裡，在君主專制的體系下，中國人的大量腦力無法被好好開發，過去三十年是中國歷史上第一次大規模被開發。中國人數百年以來的文化信心，加上中國從西方學習來的長處，給予今天的中華文明特別的活力。根據史丹福大學華裔美國人心理學研究員范珍（Jean Fan，音譯）二〇一九年訪問中國的觀察，「中國正在從內裡產生深刻的變化，而且變化得很快，如果不是親眼目睹，幾乎無從理解它。和美國的停滯相反，中國的文化、自我觀念和道德都以極快的速度在變化——絕大部分往好的一面發展。」[12]如果能有一個指標，可以根據人類不同文明過去兩千年的實質表現，來衡量它們的相對實力和復原力，中華文明可能高居榜首第一名。中華文明今天特別有活力並不獨特。亞洲其他文明也很昌盛，因為西方把全世界教得很好，也普遍分享他們的典範。[13]

出於不尋常的文化際遇，我可以很有自信地討論亞洲許多不同社會的文明活力。從德黑蘭到東京，全世界有一半人口住在亞洲，而我和好幾個亞洲社會有文化上的關聯。一九四八年我出生在新加坡一對信奉印度教的信德族（Hindi Sindhi）夫婦的家庭。因此我與南亞十多億印度教信徒有關聯。東南亞十個國家有九個，也都具有印度文化的根源。當我在東南亞看到印度兩大史詩《羅摩衍那》（*Ramayana*）和《摩訶波羅多》（*Mahabharata*）當中的故事——這些是我童年生活很大一部分——處處可見時，我感覺到與他們有所關聯。目前有五億五千多萬人居住在東南亞的印度文化空間。由於信奉印度教的印度和信奉伊斯蘭教的巴基斯坦痛苦的分治，我父母親在一九四七年離開巴基斯坦。小時候，我學習用波斯阿拉伯文字閱讀和書寫信德族的語文。我的姓氏馬布巴尼（Mahbubani）也源自阿拉伯—波斯文「mahboob」這個字，意即「受到疼愛」。因此，當我訪問阿拉伯或伊朗文化圈時，我也可以感覺到與他們有文化關聯。當我參訪中國、韓國和日本的佛寺時，我也可以感受到文化的親和力。佛教系出印度教，起源於印度。我小時候，母親也帶著我到佛教和印度教的寺廟參拜。

我個人與亞洲這些形形色色的社會之間的連結，以及我擔任新加坡駐聯合國大使十年的經驗，使我相信，在國際事務的領域中，世界的組織和內涵已經變了，而大部分美國人並沒有注意到。聯合國有一百九十三個會員國家。我們應該提問一個簡單的問題：在中國和美國之間，其他一百九十一個國家大多數會靠向哪一方？

絕大多數美國人認定，美國在海外的政策和意向很自然會和世界其他國家和諧一致，因為過去幾十年來美國一直是世界各國的領導者。第二次世界大戰之後，美國的確替自由主義的國際秩序（其實稱為「以規則為基礎的國際秩序」比較合適）訂定廣泛的方向。主要的全球多邊組織，如聯合國、世界貿易組織、國際貨幣基金和世界銀行等，都是在美國國力鼎盛時成立的。它們反映美國的價值觀。就文化認同而言，它們是西方導向的，並不是亞洲導向或中國導向。可是，儘管它們堅守西方價值觀和優先目標，近年來美國卻逐漸脫離這些組織，而其他國家，尤其是中國，則向它們貼近。

總而言之，要說美國將會贏得角力，恐怕還不是那麼篤定。中國和美國一樣，也有機會崛起成為世界的主導勢力。事實上，全球戰略敏感國家中許多思慮周全的領袖和觀察家，已經開始準備迎接一個中國可能成為頭號大國的世界。

不過，就和美國思想家認為「成功是理所當然」乃是犯了戰略錯誤一樣，中國若是認定它必然獨占鰲頭，也是犯下同樣重大的戰略錯誤。儘管中國地大物博，又有文明韌性等許多優勢，中國領導人若是低估美國經濟和社會的基本實力，將是不智之舉。二〇〇八年至二〇〇九年的全球金融危機（把它稱為西方金融危機，應該比較精確）震撼西方經濟後，中國相當不智地開始變得傲慢，已在近年逐漸付出代價。在雷曼兄弟公司爆發危機時，原本備受吹捧的美國金融體系似乎危若懸卵。中國領導人不智地貶抑美國，孰料十年之後，美國又恢復元氣。

因此，如果我是中國國家主席習近平的資深顧問，我會強烈建議習近平，寧可高估也不要低估美國的實力。如果我負責起草一份上呈習近平的備忘錄，討論美國的實力，我的報告將是如此：

敬呈習近平同志的備忘錄：做好與美國鬥爭的準備

二〇二〇年一月一日

再過二十年，我們將紀念中國歷史上最恥辱時期的兩百週年。中國人民受到英國人脅迫，接受以鴉片換取我國寶貴的茶葉。誠如習同志所說：「由於一八四〇年的鴉片戰爭，中國陷入內亂外患的黑暗時期；人民飽受戰亂之禍，目睹國土分裂、生活在貧窮困苦之中。」[14]我們國勢衰弱，遭遇百年恥辱，直到毛主席在中華人民共和國建政典禮上才說出：「中國人民站起來了！」[15]

今天，我們強大了。再沒有一個國家可以羞辱中國。我們正走在民族復興的道路上。中國共產黨第十九屆全國代表大會開幕時，習同志提醒我們，「大會的主題是：不忘初心，牢記使命，高舉中國特色社會主義偉大旗幟，決勝全面建成小康社會，奪取新時代中國特色社會主義偉大勝利，為實現中華民族偉大復興的中國夢，不懈奮鬥。」[16]

可是我們現在也面臨中國復興最大的挑戰。我們曾經希望，在中國崛起時，美國繼續酣睡。不幸，現在它醒了。我們必須準備好在未來幾十年的激烈鬥爭，才能達成民族復興的目標。

我們如果低估美國的強大實力，將是一個巨大的戰略錯誤。中國人民怕亂。這股力量在過去使中國屈膝，給人民帶來苦難。很顯然，美國現在陷於動亂。川普總統是個兩極化又具爭議性的人物。自從一八六一年至一八六五年的南北內戰以來，美國社會從未如此分歧過。

混亂理應是一種弱點，不過對美國來說，卻是實力的象徵。混亂是人民眾聲喧嘩，辯論美國該往哪個方向走的結果。人民喧嘩辯論，因為他們認為自己才是國家的主人，而不是政府。這種身為國家主人的意識，在美國人民當中，塑造出極大的個人賦權（individual empowerment）的意識。中國文化認為社會和諧比個人賦權更重要，美國文化則剛好相反。

這種個人賦權的意識，使美國社會能夠孕育出一些地表最強的個人。在許多社會當中，長釘子冒出來，會被敲打下去。中國人的俗語「樹大招風」——一個人居高位很容易遭到攻擊。在美國，高大的樹則是受到崇拜。因此，在美國最受敬佩的是成功者，如微軟的比爾．蓋茲（Bill Gates）、蘋果的史帝夫．賈伯斯（Steve Jobs）、電商亞馬遜的傑夫．貝佐斯（Jeff Bezos）。即使臉書和特斯拉汽車公司遭到許多批評，馬克．祖克伯（Mark Zuckerberg）和伊隆．馬斯克（Elon Musk）仍然備受欽佩。沒有一個社會有像美國如此強大的生態系統，產生許多強大的個人。我們的社會沒有辦法複製美國這種偉大實力。中國經歷百年的羞辱，因為出了毛澤東這個厲害的狠角色，才又重新站了起來。美國社會則有許許多多的毛澤東。

美國第二項戰略大優勢是它吸引人類第一流的頂尖人才。中國人口十四億，是美國人口的四倍。理論上，中國可以從人民中拔擢比美國更多的人才。然而，誠如李光耀睿智的指出，美國有能力從世界上任何地方吸引最高明的人才。美國和許多國家不一樣，它願意接納外國出生的人成為美國人，只要他們在美國能成功。因此，近年來許多美國大公司的執行長都是外國出生的美國公民，譬如百事可樂公司的盧英德（Indra Nooyi）、谷歌的桑德爾．皮查伊（Sundar Pichai）、微軟的薩蒂亞．納德拉（Satya Nadella）和英特爾的安迪．葛洛夫（Andy Grove）。出生在外國並沒有不利。反之，中國沒有一家大公司或大型機構是由外國出生的人經營。

美國第三項戰略大優勢是它有強大的制度（institution）。美國社會固然信服和鼓勵個人有能力，它並不依賴強大的個別領導者。它反而依賴強大的制度保護社會。美國開國元勳非常聰明，擬訂的憲法具有制衡機制。經由民主程序選出的總統和國會擁有許多權力，但他們的權力也受到其他制度的制衡，如世界最自由的媒體和聯邦最高法院。當聯邦最高法院宣布川普總統禁止穆斯林入境的命令違憲時，川普不能運用軍隊推翻最高法院（許多國家的總統就是這樣蠻幹）。在美國，法治比政府更強大。

美國制度和法治的力量，說明了為什麼全世界對美元有信心。這種對美元的信心，支撐著它做為全球準備貨幣霸主的地位，給予美國印紙鈔維持其財政和經常帳赤字（current account deficits）的「囂張特權」（exorbitant privilege）。近年來，美國也利用美元做為強大的武器，對其他國家執行制裁或施加壓力。中國可沒有這項武器。

我們的經濟過去約為美國規模的十分之一。現在則超過百分之六十。[17] 我國與世界其他國家的貿易量也超過美國。我們占世界進口總量的百分之十點二二，和世界出口總量的百分之十二點七七；[18] 相形之下，美國占世界進口總量的百分之十三點三七和世界出口總量的百分之八點七二。[19] 不過，就全球貿易交易而言，美元占全部交易的百分之四十一點二七，而人民幣只占百分之零點九八。[20]

為什麼會這樣？這種現象之所以發生，是因為各個國家和有錢的個人對美元有信心。人民幣在全球金融交易中沒有辦法取代美元，因為若要做到這一點，我們必須使人民幣成為完全可以兌換的貨幣。我們的經濟在短期內不可能做到這一點。因此，在未來幾十年，美元仍將是最強勢的貨幣。

美國第四項戰略大優勢是，它有世界最優秀的大學。整個人類漫長的歷史上，最成功的社會一向都是能夠培養各種不同思想流派的社會。在中國最有創造力的時期，儒、法、道等許多不同思想流派同時百家爭鳴。今天，美國領先全世界，培養不同觀點。美國各大學創造出世界最強大的知識生態系統，這種挑戰和批評傳統智慧的文化，進而產生創造力和創新。因此，美國在種種不同領域，產生遠比其他任何國家都更多的諾貝爾獎得主。一九八〇年代，日本似乎一度出現比美國更成功的經濟態勢。不過，即使在它成功的巔峰時期，它所產生的諾貝爾獎得主還是相當少。美國大學裡有好幾百位諾貝爾獎得主廁身其中，進行教學與研究。

一流的大學還替美國提供一個重大貢獻，它們提供管道，吸引全世界一流的人才來到美國居住和工作。這些一流的大學，包括哈佛、耶魯、史丹福、哥倫比亞等名校，在聘用教授時不會看他們的國籍或人種族裔，只會挑選優異人才，不問他們來自哪個國家。全世界很少有其他大學在吸引和留聘全球人才時，能比得上美國的一流大學。全世界只有印度這個國家，有朝一日人口可能超過中國。中國不可能從印度吸引一流人才。美國卻已經吸納許多印度人才，而且還會持續下去。有朝一日，這將在印度和美國之間創造出共生關係。中國在未來可能必須對付美國和印度這兩個最大的競爭對手，他們有可能攜手合作。我們現在就必須努力防止這種情勢出現。

第五項戰略大優勢也說明了為什麼美國的大學格外優秀，那就是美國也是西方偉大文明的一部分。從人類歷史開始以來，中國的文明就與歐洲許多文明並駕齊驅。我們的確比他們發明了更多物品，譬如火藥、指南針、造紙和印刷術。[21]可是，在西方經歷偉大的文藝復興、啟蒙運動和工業革命之後，我們的文明落在西方文明之後。這導致了一八四〇年鴉片戰爭以來，一整個世紀的大羞辱。因此，低估西方文明的力量和反擊能力，將是戰略錯誤。

身為西方偉大文明的一員，給予美國人民許多好處，帶給他們很大的文化信心；這一點和中國人民因為身為中華文明一份子而具有文化信心，並無不同。然而，美國並不是西方文明的唯一成員，歐洲大國，以及澳洲、加拿大和紐西蘭，也都是西方文明的成員。因此，在任何一場地緣政治競爭中，美國都不會落單。西方文明所有的成員彼此之間有強大的信賴，尤其是所謂「五眼」情報圈的盎格魯──撒克遜成員──即澳洲、加拿大、紐西蘭、英國和美國五國。中國和美國之間的地緣政治競爭加劇的話，西方其他國家將會直接或間接協助美國。

結論就是，當我們展開和美國的大鬥爭時，最大戰略錯誤可能是低估它的實力。這個國家在兩百五十年前突然冒出來，比起我們年輕許多。可是，儘管它年輕——也或許正是因為它年輕——它是人類史上出現過最生氣蓬勃的社會之一。我們要準備好迎接有史以來最大的地緣政治競爭。如果我們要達成歷史性的目標，在二〇四九年以前完成民族復興大業，我們就必須贏得這場競爭。[22]

這份備忘錄或許是虛構的，但是我相信它正確掌握中國菁英份子對美國的真實認知，真心尊重美國具有的強大實力。即使華為公司遭到美國重擊，創辦人任正非的女兒被逮捕，任正非仍然公開表示尊重美國。結果就是，中國領導人將盡最大努力，盡可能拖延和美國爆發全面地緣政治角力的時機。美中兩國在未來幾十年將會出現的地緣政治大競爭，當中有一個弔詭之處，就是它既是無可避免，卻又是可以避免的。它之所以不可避免，是因為眾多負責做出可能驅動競爭的戰術決策者，具有一種心理，認為大國之間所有的競爭都是零和賽局（zero-sum game）。因此，如果中國加強它在鄰近海域南海的海軍兵力部署，美國海軍會認為美方輸了，因而升高它在此一區域的兵力部署。不過，我想表明的是，維持國際水域可以安全地自由航行，對美中之間的利益並不會有根本上的衝突。事實上，維持自由航行，中國的利益大過於美國。

本書有一個重要目標，就是希望吹散籠罩在美中關係上空的誤解濃霧，讓雙方能更了解彼此的核心利益——即使他們未必贊同對方的核心利益。

增進了解未必會導致和平與和諧。站在純粹意識型態的立場，美國任何一個總統當家執政，都必須對香港人籲求更多權利的示威活動表示同情。美國的輿論要求美國支持示威，然而，任何精明的美國政府都應該注意，在輿論和對中國領導人核心利益的深刻了解之間，必須保持平衡。對於曾在十九世紀國勢最弱時被列強搶走的這塊中國領土，中國領導人若是展現出軟弱的立場，將會受到中國人民的譴責，立刻被趕下台。

因此，我希望讀者在閱畢本書後，可以更加理解驅動美中雙方的深層動力。本書也期待能帶出更多可能的樂觀結論。如果我們相信我們是活在一個理性時代，公共政策是受堅實、理智的評估所驅動，也能理解美中兩者在地緣政治上的核心利益，那麼雙方就有可能協商出長期的政策，避免走向痛苦和不必要的衝突。

還有一個重要的統計數字，美、中領導人都應該銘記在心，那就是美國有三億三千萬人口，中國有十四億人口。這是一個巨大的數字，但是美中兩國人口加總起來也只有十七億多人，只占不到全球人口的百分之二十五。其餘百分之七十五的人口當中，許多人現在已經了解也接受一個事實：人類住在一個小小的、相互關聯的、困難重重的地球，可是大家都得依賴它。因此，不論是美國或中國採取極端或不理性的措施，世界其他國家都不會容忍。

美國開國元勳在《獨立宣言》（Declaration of Independence）中，要求美國人民展現「對人類輿論的尊重」。如果說有什麼時候應該聽取此一忠告，那就是現在。這個世界是個很複雜的地方。本書將提出種種複雜之處，並建議應對之道。

為了抵達這個樂觀結論的幸福目的地，我們必須先穿越一些不愉快的領域。因此，本書將從分析中國和美國犯下的重大戰略錯誤做為開端。書中提到的許多痛苦的觀察，可能讓中國讀者和美國讀者都感到不舒服。可是，美中學習攜手合作的唯一道路是，先了解雙方在哪裡犯了錯誤。因此，我們的旅程將由這裡開始。

第二章
中國最大的戰略錯誤

中國最大的戰略錯誤，就是沒有細想後果，疏離了美國好幾個主要的選民團體。謝淑麗（Susan Shirk）教授是美國著名的中國事務專家之一，她觀察到，當川普總統宣布發動對付中國的貿易戰時，沒有人發聲替中國辯護。她說：「美國和中國已經走到敵對關係白熱化的懸崖，竟沒有任何團體站出來替美中關係辯護，更不用說替中國辯護。企業界、中國事務學者，乃至國會，都沒有人站出來。」[1] 相形之下，一九九〇年代美國試圖取消中國的貿易最惠國待遇時，好幾個企業團體曾嗆聲抗議。

中國和美國企業界關係疏離，令人感到十分意外。理論上，美國企業界可以在中國賺取極大利潤，也的確賺到了，它們應該是最強力擁護美中關係友好的團體。美國企業界的男女主管才不介意什麼意識型態，他們只在意公司的利潤，他們要的是方便進入中國巨大的市場，以增加公司的盈利。的確，美國是有許多公司從中國獲取利潤。可是，即便如此，實際上卻沒有美國企業出面替中國辯護，反對川普的攻擊。究竟是哪裡出了問題了？故事相當錯綜複雜。要了解美國企業界為何冷漠，我們可以從幾家美國公司如波音、通用汽車和福特汽車在中國成功的故事開始講起。

波音從中國市場受益良多。它賣給中國超過兩千架飛機，[2]它在中國的營收「增為十倍，從一九九三年的十二億美元，增加至二〇一七年的一百一十九億美元；亦即讓波音商業飛機的整體營業收入占比，從百分之五點七，上升到百分之二十一」。[3]二〇一八年十一月，波音宣布：「中國的商業機隊預期在未來二十年將會增加一倍以上。波音預測，中國在二〇三八年前，將需要七千六百九十架新飛機，價值為一兆兩千億美元。」[4]很自然的，波音從中國賺了大把銀子，也替美國工人製造了許多就業機會。同樣重要的是，來自中國的市場需求幫助波音挺過難關；另一份報告指出：「當一九九〇年代初期全球經濟不景氣，迫使波音減產及裁汰員工時，對波音而言，中國市場變得更具戰略重要性。在經濟前景黯淡時，中國的業務守住陣腳，波音在一九九〇年得到九十億美元的飛機訂單，於一九九二年把第一百架飛機交貨給中國，而短短兩年之後，就又交出第兩百架飛機。到了一九九三年，波音賣出的飛機有六分之一是賣給中國。」[5]

波音在全球市場只有一個大型競爭勁敵——空中巴士公司，因此它在中國市場的成功並不稀奇，不像美國汽車製造業者在中國的成功就讓人跌破眼鏡。美國汽車製造業者不是全世界最有競爭力的業者。一九八〇年代美國汽車業者在美國本土市場，被日本競爭者打得頭破血流，害得深信自由市場、厭惡國家干預的雷根總統，不得不對日本施壓，請日本人同意自願對汽車出口設限。如果雷根堅守他的自由市場思想，他應該允許日本汽車製造業者不受限制，賣車給美國消費者才對；如果他真的那麼做，美國汽車業者恐怕早被打趴在地。

為什麼相對沒有競爭力的美國汽車公司，在中國卻大放異彩呢？它們的成功比起波音的表現更加出色和難以置信，通用汽車的成績尤其令人嘖嘖稱奇。通用二〇一八年在中國賣出三百六十四萬輛汽車，[6]二〇一七年通用在中國的銷售數量，占市場總數的百分之四十二。二〇一三年《富比世》（*Forbes*）的一篇報導和塔夫茨大學（Tufts University）教授強納丹．布魯克斐德（Jonathan Brookfield）的研究都指出，通用在中國成功的原因就是：它和當地汽車製造商合資產製。《富比世》指出：「每家公司擴張海外營運時，在地合夥人非常重要。在中國，這一點特別重要。在地合夥人要與共產黨有緊密關係——因為黨決定誰能從事什麼行業，以及能做多久。」[7]布魯克斐德也觀察到通用汽車和上海汽車工業公司（Shanghai Automotive Industry）的合夥關係是通用「在中國長期成功」的關鍵。他說：「合作案的意義重大，因此當時的美國副總統高爾和中國的總理李鵬，在一九九七年共同出席這項五五對開合資公司的簽約儀式。到了一九九九年，上海通用賣出的別克車（Buick）供不應求。」[8]

這些公司進入全球競爭激烈的其他汽車市場都鎩羽而歸，為什麼在中國卻成功呢？它們在中國市場能夠成功，最可信的一個原因是，中國政府做出政策決定，不能依賴歐洲和日本汽車製造業者供應汽車給中國人民。鑑於中日關係錯綜複雜、恩怨糾葛多，讓中國人依賴日本汽車，在政治上並非明智之舉。因此，如果中國政府在汽車市場上偏袒美國業者，提供特殊優勢，就不足為奇了。

中國政府決定騰出空間給美國汽車的結果，讓通用和福特汽車在中國賺到巨額獲利，它們在中國的獲利比在美國更大。美國有線電視新聞網（CNN）在二〇一七年二月七日報導：「中國現在是通用汽車最大的市場。在當地的銷售成長，使它的數量提升到前所未見的水準。即使美國市場的銷售略降——這是通用二〇〇九年以來在本國市場首度銷售下降——它的銷售紀錄還是創下一連四年成長的佳績。這家美國汽車製造業者一連七年打破自己的銷售紀錄，它可能在二〇一六年達到最高……。去年破紀錄的銷售量，使通用的營業利潤也破紀錄達到一百二十五億美元，增長百分之十六。僅僅七年前，通用汽車還經歷聯邦救援紓困和破產的慘痛一頁。」[9] 簡單講，中國幫助美國通用汽車——一家最具標誌性的公司——業務興隆。

波音和通用汽車都是美國企業界最大的製造業者之一。由於它們從中國市場賺到巨額利潤，理應是力主美中維持正面雙贏關係最強大的聲音才對。在中美交往的初期，美國企業界的確相當看好中國市場。一九九三年，柯林頓總統試圖把中國貿易最惠國待遇的延展和人權議題掛鉤處理時，《紐約時報》報導：「許多美國公司……強力遊說白宮和國會，要求延展中國的貿易優惠，它們指出這裡頭涉及到數十億美元的出口以及數千個就業機會。」此外，它們也主張「用貿易優惠來處理人權和武器擴散問題，對於中國的改革成效不大。某些企業經營者主張多賣東西給中國，可以有助美國實現政策目標」。[10]

另一項報導，也詳述波音在維護中國貿易最惠國待遇上所扮演的重要角色：「（一九九〇年代）當反對兩國往來的選民團體集合起來時，波音和許多美國公司扮演關鍵角色，試圖說服國會支持最惠國待遇。波音非常突出地扮演『企業外交政策』的先鋒，被某些人視為美國最『了解中國』的公司，也是這些努力的『四分衛』。有位參議院幕僚評論說，波音『在國會山莊全力主張給予最惠國待遇』。」[11]

相對於美國企業扮演關鍵角色維護中美關係的這段歷史背景，當川普總統在二〇一八年一月突然針對中國發動貿易戰，卻沒有美國大型企業嗆聲試圖抑制他，實在令人震驚。的確，當時沒有美國人試圖發聲抑制川普。反倒是川普發現，他得到兩黨一致廣泛和深刻的支持，這一點恐怕他自己也感到很意外，連民主黨領導人也支持他。參議員恰克・舒默（Chuck Schumer）說：「對於中國的貿易採取強硬立場，我傾向支持川普更甚於過去支持歐巴馬或小布希。」[12]眾議員南希・裴洛西（Nancy Pelosi）說：「美國必須採取堅強、明智和戰略的行動，對付中國厚顏無恥、不公平的貿易政策……我們需要更多行動，對付中國全面的惡劣行為。」[13]即使立場溫和、中間派而且極有影響力的新聞評論員湯馬斯・佛里曼（Thomas Friedman）也表態支持川普。佛里曼同意川普的看法，認為中國不守規矩，他寫道：「這就是為什麼這場仗值得打，別因為川普帶頭發難，而看不到它對美國極為重要。歐洲和中國都要一致在二〇二五年前遵守相同的規則——在局勢真的太遲之前。」[14]

令人矚目的是，上海和北京的美僑商會在二〇一八年發表報告，詳述它們的牢騷。上海美僑商會的《二〇一八中國商業報告》（*2018 China Business Report*）說：「百分之五十四點五的受訪者認為中國政府政策偏袒本地公司；百分之六十表示中國的監理環境不透明，對去年的狀況沒有改善；另外還有缺乏對智慧財產權的保障與執法（百分之六十一點六），無法取得所需的執照（百分之五十九點五）、缺少對資料安全與商業機密的保護（百分之五十二），這些都是監理上的障礙。」

同一份報告又說：「儘管尚稱樂觀，我們的會員對未來感到必須審慎小心。政府採購作業仍然偏袒本地廠商，而在『中國製造二〇二五』（Made in China 2025）[15]和其他政策對優先向本地廠商採購的做法制度化之後，還會更進一步執行。涉及戰略重要商業領域的美商公司遭遇壓力，要求轉移技術。這些政策和做法反過來激發了美中貿易關係必須互惠的要求，即使我們的會員普遍反對採用報復性貿易關稅。」[16]

最具傷害力的是，同一份報告指出，包括美商公司在內，有許多外資公司覺得它們在中國經商時受到欺負。它說：

> 最近美中貿易摩擦讓大家看到雙邊貿易關係上許多失衡的地方，諸如：跨境投資缺乏互惠，中國利用國企的產業政策以及施壓要求轉移技術，做為加入中國市場的代價等等，不一而足。很少有公司願意公開談論他們遭到的這種壓力，但是我們的調查顯示，百分之二十一的公司反映感受到這種壓力，其中以

中國認為具戰略重要性的產業最為嚴重，如航太業（百分之四十四）、化學業（百分之四十一）面臨明顯壓力，在在都印證了美國政府對（中方）目前針對科技產業採取「付出代價才准進場」此一戰術的關切。[17]

美方各界異口同聲強烈支持川普對中國的指控，可說是強而有力證實中國犯下嚴重的戰略錯誤。究竟是哪裡出了問題？這是中國政府高層決定不要理睬美國企業界的結果嗎？或者這是地方政府五花八門許多細小規定造成的後果呢？至少有三大因素造成中美雙方關係疏離：一、中國各省市首長相對的政治自主；二、中國在二〇〇八年至二〇〇九年全球金融危機後的驕矜傲慢姿態；三、二〇〇〇年代中央領導層相對的弱勢。二〇〇〇年代是中國經濟成長異常快速的十年。中國經濟每年平均成長率為百分之十點二九，[18]許多外資企業賺得飽飽的，所以他們固然抱怨中方不公平的做法，但是也準備接受這種痛苦，以換取格外豐厚的利潤。

黨中央領導人在二〇〇〇年代犯下的一個大錯是，沒有仔細查核各省市是如何對待外國投資人。不過，即使北京想要查核，中央能夠執行日常控制的程度也相當有限。中國有一句諺語：「天高皇帝遠。」幾千年來，即使在強勢皇帝主政下，中國各省一直都有強大的地方自主性。即使在省級遇到問題，呈報到北京去，也常常無法解決。有一家歐洲大企業的執行長告訴我，他的公司和一家中國公司簽訂帶有拘束力的一份協議，雙方同意歐商可以在五年後以固定價碼買下這家中國公司。然而時間到了，歐商試圖依原先協議購買，中方卻拒絕出售，歐商向地方法院和省當局申訴也都失敗。由於這家歐商執行長在北京的關係良好，他試圖訴請中央協助，但是他的申訴完全沒用，反而被鼓勵去和這家中國公司「和解」——換句話說，儘管原先已有合約，還是要他提高收購價錢。

中國歐洲商會也響應美僑商會的抱怨。喬治．馬格納斯（George Magnus）是牛津大學中國中心研究員，他在二〇一八年出版專書《紅旗警訊》（*Red Flags*），書中指出中國犯了巨大的政治錯誤，不理睬美國重要領導人的強烈信念：這些人士都認為中國的許多經濟政策根本就不公平，譬如要求技術轉移，偷竊智慧財產和實施非關稅壁壘。馬格納斯指出：「美國人在這方面反對中國是有道理的。」[19] 他提到中國的二〇〇六年科技藍圖目標是透過促進「本土創新」，「在二〇二〇年之前將中國打造成為科技重鎮，在二〇五〇年之前成為全球第一」；「可是，長期下來，尤其在外資企業眼中，本土創新卻涉及到對本地公司各種保護主義和偏袒行為、不公平貿易和商業行為，以及踩在進口科技的脊背上促成中國科技進步。這些進口科技有些是從國外購買，或是透過在中國營運的外資公司取得。美國總商會（US Chamber of Commerce）有一份報告說：「本土創新被許多國際科技公司認為是，『全世界前所未見最大規模的竊取科技藍圖』。」[20]外交關係協會（Council on Foreign Relations）研究員易明（Elizabeth Economy）也觀察到，「許多美國和歐洲公司抱怨中國竊取智慧財產；外僑商會每年總結與中國做生意面臨的挑戰時，智慧財產被竊幾乎都是最受關切的事項。」[21]

造成美國企業界疏離感的第二個因素是，二〇〇八年至二〇〇九年全球金融危機之後不久，中國官員就表現出驕矜傲慢的姿態，好幾位外國觀察家對此皆有深入描述。馬利德（Richard McGregor）在他的大作《中國共產黨不可說的祕密》（*The Party*）當中描述二〇〇八年博鰲論壇發生的情況。博鰲論壇是中國每年舉行，類似達沃斯世界經濟論壇（World Economic Forum）的盛會。過去在這些會議中，中方代表會客氣地說：「你們這麼做，而我們是這麼做。」但在二〇〇八年的博鰲論壇，中方的語調變了。這一次，中方傳遞的訊息是：「你們有你們的方法，我們有我們的方法，而我們的方法才對！」馬利德繼續描述會議的狀況：

在二〇〇九年的博鰲論壇上，中國高級官員一個接一個揚棄以往會議上的客套話，讓大家清楚明白大局勢已經反轉。第一位是個財金事務監理官員，他痛批最近一次全球領導人的會議，「淨耍嘴皮子，說些言不及義的空話」；另一位則批評國際評等機構在金融危機中毫無作用；還有一位退休的政治局委員語帶威脅的暗示，如果美國希望中國繼續購買其公債，就需要搞清楚，必須「保護亞洲國家的利益」。[22]

《金融時報》記者吉迪恩．拉赫曼（Gideon Rachman）在他的著作《東方化》（*Easternization*）中，生動地描述北京在全球金融危機後的氣氛：

大崩盤之後幾年，西方外交官員——尤其是歐洲外交官員，開始注意到和中國人打交道時，出現了新論調。二〇一一年，一位剛從中國旅行回來的英國外交官笑著跟我說，中國是唯一一個國家對他說：「你必須記住，你來自一個正在沒落的弱國。」另一位非常高階的英國外交官也悄悄對我說，「跟中國人打交道已經變得愈來愈不愉快、也愈來愈艱難。」我回答他，華府的某些美國外交官員對於往來中的中國高階官員，仍然頗有好評。這位英國官員回答我：「中國人現在跟美國人談話還保留幾分。」中國雖然堅稱它仍然是個開發中國家，北京政府的行為舉止愈來愈像一個正在形成中的超級大國——它似乎認為還可以跟它平起平坐的唯一一個國家只有美國。

全球金融危機之後，北京展現的驕矜傲慢心態，也說明為什麼後來中國在南海有些恣意蠻幹的動作。中國說的沒錯，在南海島礁填海造陸，並不是它起的頭，是其他四個聲索國先開始這個遊戲的，中國已經自我克制一段時候了。不幸的是，它在全球金融危機之後，突然決定大舉增加填海造陸的行動。結果，美國的反中勢力發現南海議題是個可以用來反對中國的宣傳工具。

北京展現的驕矜傲慢姿態，很明顯違反了鄧小平交代給繼承者的忠告。鄧小平指示，中國應該「冷靜觀察，穩住陣腳，沉著應付，韜光養晦，絕不當頭，有所作為。」[23]很顯然，鄧小平主張中國崛起時要謙虛、抑制。不幸的是，中國決策者認為美國這個巨人跌跤了，他們在全球金融危機爆發之後和美國打交道，立刻展現出傲慢的態度。

如果中國有堅強的領導人，如鄧小平和朱鎔基，這個問題是有可能抑制住的，他們可以遏阻某些程度的傲慢。不幸，二〇〇〇年代也是相對弱勢領導人當家的年代。中國的高階領導人顯然是全世界最祕密的組織之一，有如蘇聯的克里姆林宮。也很明顯的是，胡錦濤主政時期（二〇〇三年至二〇一三年）是介於兩個強大、有紀律的領導團隊中間的空窗期，在他之前是江澤民（一九九三年至二〇〇三年）和朱鎔基（一九九八年至二〇〇三年），在他之後是習近平（二〇一三年至今天）。在他領導下的這段相對弱勢期間，導致派系崛起（以薄熙來和周永康為首），以及貪腐橫行。它也導致中國管理對外事務時缺乏紀律。

如果二〇〇〇年代中國是由比較強勢的領導人當家，中國會有什麼不同發展？首先，由於中國在二〇〇一年是以開發中國家地位加入世貿組織，享有許多讓利，因此受惠極大，它應該已經緩慢、穩定地從這些讓利斷奶，並片面宣布雖然理論上它可以享有世貿組織開發中國家會員國的特權，但是實務上它不會這麼做。

中國最為爆炸性成長的時期，發生在它於二〇〇一年加入世貿組織之後。中國的GDP從二〇〇〇年的一兆兩千億美元爆發至二〇一五年的十一兆一千億美元。[24]中國精明地逐步談判妥當，以開發中國家的身分加入世貿組織，因為它在二〇〇〇年的人均所得，以購買力平價計算是兩千九百美元。[25]這個數字與巴基斯坦、不丹、葉門、維德角（Cape Verde）、馬紹爾群島和亞塞拜然相當。到了二〇一五年，中國的人均所得已經成長為一萬四千四百美元。[26]同一時期，中國的經濟也由全球第六大晉升到全球第二大。

中國身為全世界第二大經濟體，又有全世界最大的外匯存底，卻宣稱它和查德、孟加拉一樣荏弱，需要世貿組織特別條款來保護它。很顯然這太不公平了。當中的弔詭是，即使中國拚命爭取才享有以開發中國家身分加入世界貿易組織，實際上它並沒有用上這個身分的好處。研究中國加入世貿組織條件的經濟學家觀察到，「和一般想法相反，中國成為世貿組織會員時，除了可以使用『開發中國家』的名義之外，幾乎沒有得到開發中國家可以享受的任何好處。」[27]儘管如此，許多外國觀察家還是認為中國從開發中國家身分得到好處。中國在美國有一個好朋友，他就是美國前任財政部長漢克・鮑爾森（Henry Merritt "Hank" Paulson）。他個人非常專注與中國培養良好關係。他也成立智庫「鮑爾森研究中心」，「致力於培養美中關係，俾便在快速演化的世界維持全球秩序」。[28]

二〇一八年十一月，鮑爾森在新加坡舉行的一項會議上發表痛心的演講，詳細說明國際上對中國躲在世貿組織旨在保護貧窮開發中國家的規定背後，感到不滿和失望。他說：「中國加入世貿組織十七年之後，在許多領域中國仍然沒把它的經濟開放給外國競爭者。它保持合資事業和所有權設限的規定。它利用技術標準、補貼、申辦執照程序和法規，做為對貿易與投資的非關稅壁壘。加入世貿組織都已經快二十年了，這麼做根本就讓人無法接受。這也是為什麼川普政府主張世貿組織制度需要現代化和改變。我同意。」

他接下來說明為什麼美國企業界轉變成反對中國：

在中國工作、經商、賺錢，最了解中國的這些人，過去都主張兩國要有建設性的關係，現在怎麼會主張升高對抗呢？答案藏在阻滯競爭的政策和近二十年來緩慢的開放腳步當中。這使得美國企業界沮喪和分裂。它也讓我們政治界和專家圈的態度逐漸轉向負面。簡單地說，即使許多美國公司在中國的業務興旺，愈來愈多公司卻已經放棄希望，不敢奢想競爭環境會趨向公平。有些公司已經接受浮士德式的交易，在將會危及未來競爭力的限制之下營運，極力使今天的每股盈餘達到最大，但是這並不代表他們喜歡這種情況。

鮑爾森指出，更令人憤慨的是，中國公司在境外享有的競爭環境，比起中國提供給在華外資企業的競爭環境，簡直好太多。他說：

中國公司獲准在其他國家營運，他們享有的待遇卻是在華外資公司所無法得到的。它加劇了潛藏的緊張。因此，我相信中國的行動和未能開放，已經在美國造成這種更加衝突的觀點……這不只是外國技術要轉移和消化，它們還遭到改造，某些外國技術透過本土化的過程，變成了中國技術。許多位跨國公司執行長告訴我，對於在他們公司的核心創新家和夢想家而言，這太不公平了。

如果中國在管理美中國關係時犯下的最大戰略錯誤是：不必要、而且不明智地疏離了美國企業界（在某些程度上也疏離了全球企業界），這裡頭還是有一個積極面。這是可以修正的戰略錯誤，中國應該有可能重新得到全球企業界的好感和信任。然而，在中國啟動新倡議，重新爭取全球企業界之前，它應該分析自己是為什麼、以及如何犯了如此根本的大錯？中國政府內部分析它所犯的錯誤時，必須毫不容情的誠實，不迴避處理敏感議題。

我在這裡舉個例子。許多中國官員熟悉馬克思主義文獻和它的衍生理論。這些文獻包含許多貶抑商人的觀點。譬如，列寧曾經很有名地評論說，商人為了賺錢會很樂意賣繩子，而繩子日後卻用來吊死他們。我在實際生活中見到這種情況發生。

一九七三年至一九七四年，我派駐在金邊服務，當時執政的是由美國軍方支持的親美政府。美軍花很大的力氣，空運砲彈進來以防衛首都金邊。親美政府裡貪腐的將領卻立即把這些砲彈賣給赤棉（Khmer Rouge），即使這些砲彈稍後會用來砲轟金邊，危及這些親美將領家屬的性命。簡單講，許多生意人的確是投機份子，腐敗不堪。[29]

但是，如果中國政府用這種單一的列寧主義看待企業界的觀點，這將是一個重大錯誤。生意人如果是在受脅迫下簽訂協議，即使協議能讓他們賺錢，內心還是會對逼他們簽訂協議的中國官員深惡痛絕。即使所有的程序都完全合法，情形可能還是一樣。曾經在中國服務多年的世界銀行前任經濟學家黃育川（Yukon Huang）[30]指出，根據世界貿易組織的規則，類似中國這樣的開發中國家，要求以技術轉移做為准許進入中國投資的條件是完全正當的。他說：「根據世界貿易組織有關智慧財產的協定，已開發國家『有義務』鼓勵他們的公司將技術轉移給低度開發國家。」[31]

可是，即使中國的要求合法、正當，外國企業界還是會覺得遭到不公平的壓力。如果他們拒絕簽訂提供技術轉移的協議，他們會被否決進入廣大的中國市場。為了保有進入中國市場，生意人覺得別無選擇，只能同意技術轉移。聽到西方企業界這種不高興的故事，某些中國高級官員可能真的很意外。

每次中國籌辦高階論壇，邀請西方社會重要的企業執行長出席，他們都欣然與會。我參加過幾次這類集會。二〇一九年三月，一群非常重要的西方企業執行長，以及西方經濟學者和新聞記者，出席在北京舉行的「中國開發論壇」（China Development Forum）。美國最大的避險基金負責人瑞．達利歐（Ray Dalio）、黑石集團（Blackstone Group）董事長兼執行長蘇世民（Steve Schwarzman）、諾貝爾經濟學獎得主約瑟夫．史迪格里茲（Joseph Stiglitz）、《金融時報》專欄作家馬丁．沃夫（Martin Wolf）等名流都到場參加。

幸運的是，羅伯特．魯賓（Robert Rubin）和勞倫斯．桑默斯（Lawrence H. Summers）這兩位前任美國財政部長也受邀出席。兩人都坦誠談到美國企業界在和中國打交道時面臨的挑戰。

桑默斯說：「美國和中國之間存在著相當大的誤解，這些誤解可能是執行某些政策的結果，而且這些誤解帶來相當大的風險。」他又說：「美國對於中國許多貿易上的做法相當在意，而且具有其正當性，相關問題包括智慧財產、合資法令，以及分享資訊科技產生的後果等等。」然而，他也承認：「不過並沒有具可信度的估算顯示，即使中國接受了美國每一項經濟要求，美國的GDP就會增加百分之一以上。」

即使桑默斯在北京提起的某些評論，可能讓東道主中方感到不舒服，還是送出強大的訊號給北京當局，要他們注意，全球企業貴賓願意繼續出席在中國舉行的高階論壇，並不代表中國和西方企業界的關係風平浪靜，別把表面形式誤當成實質內容。在中國出席高階層論壇的這些企業執行長，回到公司後，可能發現心懷不滿的同僚們對於他們和中國的生意來往，仍然相當不高興。這也是為什麼中國如果聰明的話，應該做出高層級的政策決定，發起重大努力，找回西方企業界（包含美國企業界）的信賴和信心。

中國是個極為龐大的國家。儘管有中國共產黨強大、有效的統治，要中國上億名或多或少涉及管理在華外資企業的大小官員立即改變習慣與做法，談何容易。許多制度和程序、習慣和文化，已經深鑄在整個中國龐大的治理體系數十年之久。認為所有這些根深柢固的程序和習慣可以在一夕之間改變，根本就不切實際。

想要在整個中國龐大的體系推動一百八十度大轉向，中國人需要先做重大的文化決定，然後再採行若干創新的務實做法。中國必須自問一些相當嚴峻的問題；是什麼原因導致中國這樣的大國落到被西方小國羞辱了一個世紀？為什麼從西元元年至一八二〇年都與世界其他各國並駕齊驅的中國經濟，會落後別人一大截？為什麼中國皇帝朝廷裡的精明官員沒有察覺到世界已經劇烈改變？

十九世紀中國官員集體盲目不覺、昧於大勢的原因是，中國人有一種極大的哲學假設，認為中國是個自給自足的堂堂「天朝上國」（Middle Kingdom），不需要與世界交往。乾隆皇帝告訴英國特使馬戛爾尼勛爵（Lord Macartney），中國什麼東西都有，不需要其他國家的東西。

慘痛的百年羞辱最後導致中國門戶開放。鄧小平實事求是做出此一決定。門戶開放的效果極佳，中國經濟飛躍上升。不過，中國人是把開放當作是中國再度強大之前的暫時措施嗎？他們的心態是否希望最後回到「天朝上國」，與世界貿易往來，但是文化上保持傲岸自高？

當中國建立高牆，與世界切斷往來時，它落後了。中國門戶開放時，它欣欣向榮。要保證持續長期成功，中國應該完全放棄它兩千年來的天朝心態，並且在和世界其餘國家經濟交往時，致力成為最開放的社會。唯有如此徹底改變心態，才能讓中國官員鋪上紅地毯歡迎外國企業——包含美國企業。

美國某些重量級政治人物，包括曾經參選總統的聯邦參議員馬可．魯比歐（Marco Rubio）在內，已經倡議立法限制中國進入美國投資以及將美國技術移轉給中國。魯比歐對中國也曾多次發表煽動性的評論。他說：

> 過去二十年，中國欺騙全世界，讓大家相信它會接受以規則為基礎的國際秩序，成為負責任的利害關係人……中國現在又企圖欺騙全世界，大言不慚承諾中國會投資基礎設施項目，引誘外國政府加入它的一帶一路倡議。[32]

當然，中國決策者用同樣情緒激昂的言詞回應這種挑釁。但是，採取違反許多中國戰略箴言的做法，卻不是明智之舉。這些箴言建議，面對挑釁時應該要冷靜。

譬如，孫子曾說：「以治待亂，以靜待譁，此治心者也。」中國也可以聽從《伊索寓言》的評言：

北風和太陽爭論誰比較有本事。他們正好看到有人走過來，那個人穿著一件大衣。太陽就說：「我有個辦法可以解決我們的爭議。誰可以讓那個人脫掉大衣，就算誰本事比較大。你先吧。」於是，太陽就先躲到雲後頭，北風拚命地吹。怎料，他吹得愈厲害，那個人就愈是用大衣包緊自己。最後，北風沒辦法，只好放棄。接著，太陽出來曬了一下，那個人就立刻把大衣脫掉了。於是，北風只好認輸了。[33]

顯然，中國政府必須向中國老百姓解釋清楚，為什麼中國企業在外國市場——尤其是美國市場——遭遇困難之際，還要敞開國門，歡迎包括美商在內的外資企業進來。中國老百姓需要理解的關鍵重點是，即使川普政府對於外資要到美國投資或出口商品設下障礙，中國繼續開放其經濟有利於中國的長期戰略利益。長期下來，這將代表愈來愈多國家將與中國貿易往來或到中國投資，而不是和美國做生意。從許多方面來看，這種情況已經發生。有一百多個國家對中國的貿易量已大過美國。而且這個趨勢還會繼續下去。雖然中國在經濟上對世界的倚重愈來愈少，但是麥肯錫於二〇一九年七月發布的報告，卻強調世界對中國的倚重顯著增加，「反映出中國做為市場、供應商和資金提供者的重要性日益升高」。[34]

隨著愈來愈多國家增加和中國的貿易往來，這個過程的結果將給予中國重大的戰略優勢。川普政府裡有許多官員在公開場合或私底下都認為，要使中國經濟成長緩慢下來的上上之策，是逐漸地把中國和美國經濟脫鉤（decouple）。

可是，美國要把自己和中國脫鉤，卻會造成美國本身和世界脫鉤。麻省理工學院校長拉斐爾・瑞福（L. Rafael Reif）說：「如果在對付中國的野心時，我們只會把自己的門上鎖，我認為我們會把自己關得耳目閉塞，成為庸才。」[35]中國應該很了解他這句話的涵義。中國過去和全世界切斷來往關係時，把自己搞成庸才。因此中國應該全面拋棄它的天朝哲學心態，改成更密切與世界交往。

要改變這種哲學心態，必須伴隨務實的做法，在中國製造有利外資企業的環境。中國政府可以下達一紙命令，就做到這一點。然而，即使中國是個治理順暢的國家，只靠高層下達指示將是錯誤的做法。真正重要的是基層能否落實，或者換用一句美國俗語來說，重要的是「橡膠碰到地面」的那部分。關鍵是執行。

就有效執行指令這方面而言，中國仍可以向其他國家「取經」，學習如何促進更大量投資。譬如，中國可以向新加坡學習；新加坡有全世界最成功的招商引資機構「新加坡經濟發展局」（Singapore Economic Development Board, EDB）。經濟發展局吸引美國投資的成績令人咋舌。即使新加坡在實體上是東南亞最小的國家，整個東南亞人口六億五千萬人，新加坡人口只有區區五百萬人，它所吸引到的美國投資金額，比起其他東南亞國家加總起來的數字還要多。以二〇一七年為例，美國在新加坡的外國直接投資金額是兩千七百四十三億美元。[36]新加坡外交部長維文（Vivian Balakrishnan）指出：「這個數字占了美國在整個東南亞國家協會外國直接投資總額三千兩百八十億美元左右的百分之八十。」[37]美國公司在新加坡的投資金額超過下列更大的經濟體：澳洲（一千六百九十億美元）[38]、日本（一千兩百九十億美元）[39]、印度（四百五十億美元）[40]、南韓（四百一十億美元）[41]。

新加坡是基於經濟需要而吸引美國人前來投資。中國沒有這種經濟需要。即使沒有美國人前來投資，中國的經濟也可以成長得很好。因此，以中國而言，它應該基於戰略需要，吸引美國以及西方國家前來投資。這麼做的戰略理由是，在中國與美國、以及與西方世界的關係中，創造一個重要的穩定因素。這正是為什麼中國應該效法新加坡，成立類似經濟發展局這樣的一站式投資機構，吸引和方便外商來中國投資。中國是個領土廣袤的大國，管理外國投資的工作交付給各省市當局負責，如此一來對外來投資的管理將產生區域差異。如果吸引美國進來中國投資被視為戰略對策，中國在中央成立國家級的超級機構，訂定明確的目標，讓所有的外資都有公平、便捷的投資環境，就是合乎邏輯的政策。

這個超級機構若是盡力招攬美國許多州到中國投資，將是明智之舉。這麼做有助於在美國擴大親中的力量。幸運的是，雖然華府反中情緒高昂，許多州長和州議會還是繼續爭取中國到他們的州投資，並且希望增強他們和中國的關係。譬如，肯塔基州長麥特・貝文（Matt Bevin）在二〇一七年五月說：「中國有極大量的資金，正在尋找一個安全可靠的地區和環境投資，美國基礎設施興建的需求很大，可以提供這個機會。全世界兩個最大、最強盛的國家，就是美國和中國，我們一定可以合作的。」[42]

同樣的，波音公司大本營所在地華盛頓州，也很了解和中國保持親密關係的重要性。《外交家》雜誌（*The Diplomat*）一項報導指出：「鑑於中國是它的頭號出口市場，華盛頓州明白與中國維持健康的貿易關係，影響華盛頓州在州、縣及市鎮級經濟的長期戰略。華盛頓州對中國的出口在二〇一五年支持了八萬三千八百個就業機會，此外，自從二〇〇〇年以來，華盛頓州得到六億一千一百萬美元來自中國的投資。」[43]

相對於美方，中國占有一個優勢，他們在做政策決定時，可以從戰略大局綜覽全面情勢。如果美國企業界重燃熱情要和中國貿易、到中國投資，它會重新建立一個寶貴的政治緩衝，以它來局限美中關係的大幅下降。然而，西方企業界重新和中方交往，不僅有利中國的短期國家利益，它也有利於中國的長期國家利益。很顯然，過去幾十年幫助中國經濟快速成長的力量就是全球化。過去幾十年的大部分時間裡，美國一直是最支持全球化的國家。美國當時流行的時代氛圍是：世界愈開放，美國就愈好。

現在，美國的氣氛已經轉壞了。沒有一個美國政治人物敢站出來力挺全球化，這等於是自毀前途的政治自殺。由於世界需要一個鼓吹全球化的新人，中國可以站出來，補上這個空缺。從許多方面看來，中國已經開始這麼做。習近平二〇一七年一月在達沃斯的演講，就是對全球化的好處提出全面性的學理辯護。語言很重要，行為卻更有力道。如果中國崛起，成為對企業最友善的經濟大國，它將對全球化提供巨大的推進力。中國若是這麼做，將會強化原本促進中國經濟壯觀成長的那股力量。

如果中國出面成為全球化的新倡導者，這會讓美國政界更加疏離、退出全球化，還是會喚醒酣睡的美國，鼓勵美國再來擁護全球化呢？目前還沒有人可以斷言。然而，我們可以預料參與全球化和退出全球化的國家，各自會有什麼樣的結果。中國領導人現在很清楚，從前興建高牆、抗拒世界的心態，導致中國最後的衰敗。因此，中國再也不會重蹈覆轍。反倒是現在川普要在美國四周興建高牆——這可不是比喻，而是真的要興建邊境高牆。如果他真的蓋成了高牆，美國勢必將會更加落後，而中國將會邁步向前。

第三章
美國最大的戰略錯誤

在美中的地緣政治角力上，美國可能尚未獲勝。不過，中國顯然已經贏了第一回合。川普政府一頭栽進堪稱人類史上最大規模的一場地緣政治競爭，卻沒有在事先擬出全面性的長期戰略，唯一的結果，就是降低了美國的世界地位，同時還創造出可讓中國的影響力在全球增長的空間。

美國顯然缺乏全面的中國戰略——兩位重要的戰略思想家都這樣認為。出生在德國的共和黨籍前任國家安全顧問季辛吉，曾在一九七〇年代主導美國接觸中國的政策，他和印度裔有線電視新聞網主播兼評論員法理德．札卡瑞亞（Fareed Zakaria）對很多事的意見經常相左。可是他們一致認為，目前在面對中國問題，美國沒有可行的戰略。札卡瑞亞說：

從一九七二年破冰以來，美國有一套全面的、兩黨一致的中國戰略——那就是在政治、經濟和文化等方方面面，設法把中國融合進入世界。但是，近年來，這項戰略產生併發症和複雜性——促成一個不吻合西方期望、卻更加強大的新中國。在這個轉變之下，美國被凍結了。它沒有辦法構思出對付天朝的全面新戰略。

和當年美國發動對付蘇聯的史詩般鬥爭相比，其差異可說是天壤之別。當時美國最著名的戰略思想家肯楠以筆名X先生在《外交事務》雜誌上發表鴻文，就美國應該如何在嚴峻的地緣政治角力中對付蘇聯，向美國同胞提出健全的建議。現在，川普政府在和中國鬥爭時卻忽視了此一忠告提醒的許多事情。

美國未來的歷史學家一定很困惑，為什麼川普對中國展開貿易戰和科技戰時，有那麼多美國人——包括民主黨要角——為他喝采。參議院民主黨領袖舒默鼓勵川普「對中國要強硬到底」，慨嘆「由於中國不守規矩，美國人損失了數兆美元的金錢和數百萬個就業機會」。[1]眾議院議長南希・裴洛西也有類似的說法；她在二〇一八年三月堅稱：「美國必須採取堅強、聰明、戰略性的行動，對付中國肆無忌憚、不公平的貿易政策。」[2]

民主黨人支持川普，實在讓人看不懂，因為川普的許多行動違背了肯楠戰略建議的許多關鍵戒律，實際上是替中國的利益效勞。顯然，中國領導人被川普的貿易戰和修理華為的做法搞得一肚子火，可是他們也心知肚明，川普送給中國許多長期紅利。這些紅利有許多來自川普和他的顧問群，並沒有像肯楠一樣思考長期政策。

美國如果是個團結、堅強又有自信的國家，將對中國構成極為強大的挑戰。肯楠在他以X先生筆名發表的論文中強調了這一點，當時他主張，美國的力量取決於它是否有能力「在世界各國人民中普遍創造出一種印象，讓人覺得它是一個知道自己要什麼，而且能夠成功對付國內問題，以及懷抱世界大國責任心的國家，而且它還具有精神活力，能夠在時代的主要思潮中堅持自己的立場。」

川普卻做出南轅北轍的動作。他使得美國分裂、走向兩極化。可是只怪他一個人也不公平，本書將會列舉美國在政治、經濟和文化層面都面臨嚴重的結構性挑戰。在外界人士的眼裡，今天的美國顯得缺乏肯楠所謂的「精神活力」。這是在川普執政前就已根深柢固的經濟和社會問題所造成的結果。我們將在本書第七章當中，更仔細地檢討它。

然而，川普政府在和中國打交道時採取單邊做法、而非多邊做法，則是它必須獨自承擔的罵名。他退出歐巴馬政府精心設計、談判成功的「跨太平洋夥伴關係協定」，等於送給中國一項地緣政治大禮。這項協定將可穩住美國在東亞和東南亞的勢力，並為美國經濟帶來豐厚的長期紅利。另外，川普也因為不加思索就在推特上口沒遮攔地貼文，得罪了加拿大、墨西哥、歐盟、日本、印度和越南等重要友邦和盟國。

美蘇冷戰初起時，美國帶頭建立世界多邊結構，包括布列敦森林體系（Bretton Woods system）、馬歇爾計畫（Marshall Plan）和北大西洋公約組織等。現在換成是中國（而不是美國），正在帶頭建立新的多邊結構，包括亞投行和一帶一路倡議。美國反對這兩項倡議，但是它阻止不了許多重要友邦和盟國加入。英國、德國、印度和越南都以創辦國身分加入亞投行，而亞投行也證明自己是比國際貨幣基金和世界銀行治理得更完善的機構。它的公司治理標準更高，也更透明。

當中國形塑出自己是全球多邊秩序下穩定、可靠的成員之際，美國在川普主政下卻愈來愈被人看做是混亂、不可捉摸的角色。川普曾經講過一句名言：「貿易戰是好事，很容易打贏。」[3]可是，川普在這方面的紀錄卻顯示並非如此。單偉建（Weijian Shan）[4]在二〇一九年十一／十二月號的《外交事務》雜誌上提出他的觀察：「數字顯示華府並沒有贏得這場貿易戰。雖然中國的經濟成長緩慢下來，但關稅打擊到美國消費者比打擊中國消費者更嚴重。鑑於經濟衰退隨時可能出現，川普必須盤算並認清事實，他目前的做法危害到美國經濟，對國際貿易制度構成威脅，也不能降低他深惡痛絕的貿易赤字。」[5]

川普從二〇一八年開始，針對中國發動一系列混亂又不一致的措施，當然使情勢更紊亂。川普祭出的第一項反中措施，就是二〇一八年七月六日針對「五百億美元的新清單」課徵百分之二十五的關稅，這份清單「鎖定更多中間投入（intermediate inputs）為目標——受到打擊的產品有百分之九十五是中間投入，或是依賴從中國進口的美國在地公司所使用的資本設備」。[6] 顯然，對中間投入課稅只會損害美國公司的競爭力。這是不智之舉，但是美國在二〇一八年七月六日還是一意孤行。

川普政府裡有任何人在他發動第一輪關稅措施（後來他又連續發動許多輪）之前，擬訂出考慮周全的戰略嗎？誠實的回答是：沒有。我有一位很有影響力的美國朋友私底下告訴我，當川普總統決定對好幾個國家課徵關稅時，當時的全國經濟會議（National Economic Counil）主席葛瑞・柯恩（Gary Cohn）耐心地試圖對川普總統解說基本經濟學理論，說明為什麼它們不是良好的政策工具。無論柯恩怎麼說，都說服不了川普。最後柯恩問他，為什麼堅持非課徵關稅不可呢？川普答說：「我就是喜歡關稅啊！」川普果真堅持到底，不分敵友，對歐盟、日本、加拿大、墨西哥和中國統統開徵或威脅要課徵關稅。

我們在這兒要強調很重要的一點是，美國人——尤其是著名的美國經濟學者——告訴全世界：自由貿易是好事，而關稅——尤其是任意課徵關稅——是壞事。美國經濟學家解釋說，川普所抱怨的貿易赤字並非是不公平貿易的結果。它們是美國在國內做出的總體經濟決定的結果。雷根不是左翼的呆子，而是一個傳統的美國保守派。他的首席經濟顧問是已故的哈佛教授馬蒂・費德斯坦（Marty Feldstein），費德斯坦很清楚地解說美國的貿易赤字是怎麼來的，他說：「外國的進口壁壘和出口補貼不是美國貿易赤字的原因……真正的原因是美國人花費比生產多……責怪別人改變不了這個事實。」[7]川普有許多地方讓全世界震驚。即使如此，全世界真正震驚的是，美國選出了一個連大學本科初級經濟學考試都考不及格的總統。

在此同時，川普或許預期只要一課徵關稅，中國就會投降。任何人只要對中國和它的近代史有基本了解，都知道這是不可能的。不過，中國談判代表會準備在雙方互惠的協議下做出更多讓利，果真媒體也報導中國在談判中已經同意採購更多的美國商品，金額高達數十億美元。因此，如果川普政府的目標是降低對中國的貿易赤字，中國會合作。然而，曾任美國聯邦貿易代表、也曾擔任小布希總統副國務卿的羅伯特・佐立克（Robert Zoellick）指出，川普政府的目標向來不清不楚。

美國政府目前的立場反映出內部意見分歧。有一派人士主張把美國經濟和中國脫鉤；這一派贊同以關稅和跨國投資的壁壘及不確定性，來逼迫公司打斷供應鏈。另一派人士尋求改變中國的做法以增進美國出口、保護智慧財產和科技，以及反抗針對海外投資人的歧視；這些行動將會擴大美國和中國的經濟關係。為了調和這些相互衝突的目標，妥協方案就是提出特殊的要求，然後依賴川普的直覺決定是否接受中方的條件……現在談判的主要問題變成，如果中國逐步開放市場、採購商品和保護美方利益，美國要如何回報。目前，華府堅持保持課徵關稅、直到北京兌現承諾。美方談判代表也要求美方有權選擇任何時候恢復關稅——並且禁止中方報復。[8]

澳洲前任總理陸克文（Kevin Rudd）觀察到，如果他是總理，他絕不會接受美方試圖要中國全盤吞下去的協議，即使澳洲是美國最堅強的盟國之一。[9]佐立克也說：「當中共中央政治局審查這項協議方案時，立刻因為方案內容沒有訂定相互義務而卡住。雙方也未能就北京購買美國商品的採購清單達成一致意見。在中國看來，條件不平等，讓人又想起列強在十九世紀對中國予取予求、毫無尊嚴和尊重可言的外交交涉。」[10]

二〇一九年八月二十三日星期五，川普大發雷霆，在推特上發出連串猛烈抨擊中國的推文，為的是中方宣布它將進行反報復措施。川普未經深思熟慮就宣布：「美國大型公司必須立即開始尋找替代中國的方案，包括將公司『撤回美國』，在美國生產產品。」美國總商會副會長薄邁倫（Myron Brilliant）對此做出回應，明白表示「川普或許對中國很生氣，但是解決之道不應該是讓美國企業漠視有十四億消費者的市場。」[11]

川普和他的推特所產生的混亂已經成了家常便飯，但對於這樣一個善變又愛製造混亂的總統，美國一向沾沾自喜的制衡制度，卻似乎使不上什麼力。美國國會或第四權、聯邦最高法院或行政部門都一籌莫展，約束不了川普。結果就是全世界對美國治理機制的信任感開始崩壞了。

從這一點而言，縱使中國領導人對川普的行徑氣炸了，但從長遠的歷史角度來看，他們卻知道長期來說川普對中國有利，他單槍匹馬就比起歷任美國領導人對美國的全球聲譽和影響力造成更大的傷害。一般而言，在最親密的盟國心目中，美國是個可靠的夥伴。但是，對美國的這種信任感，現在已經大量流失。中國最忌憚的一個劇本，就是美國把它對付蘇聯相當成功的圍堵政策重新搬出來。然而，在川普主政之下，這個政策成功的機率根本就是零。即使他下台，被他破壞掉的其他國家，繼任總統也難以恢復對美國的信任感。

任何一個美國人若是低估「對美國信任感流失」這項問題的嚴重性，將是十分不智的。美國許多好朋友，都提醒美國要認真看待這個問題。著名的《金融時報》評論員馬丁．沃夫曾表示自己繼承了父親「強烈親美」的態度，[12]如今他宣稱，「在川普主政下，美國已經變成一個流氓超級大國」。[13]二〇一九年八月，G7在比亞里茲（Biarritz）召開之前，另一位很有影響力的《金融時報》專欄作家愛德華．陸斯（Edward Luce）也調侃說：「如果川普可以在法國過完一個週末，而沒有加速西方的毀滅——譬如說他忽然提議要買下一大塊歐洲大陸——那就是了不起的勝利。」[14]

沒有哪個社會沒有罩門，每個社會都有弱點。這也是為什麼全世界對美國信任感流失這件事感到非常危險。它反過來暴露出美國最為脆弱的領域，它的罩門——沒錯，就是美元。美元目前受到一套複雜的全球財經系統周密的保護，讓人以為它堅不可摧，可是，美元的確有其核心弱點。美國比起世界上大部分國家，儘管寅支卯糧、入不敷出，卻過著更為舒適的日子（雖然金融全球化也使得具有堅強國內體制和良好總體經濟基本條件的某些國家，如澳洲和加拿大，也維持長時期的經常帳和財政赤字）。就國內而言，美國政府花掉的錢大過它的收入。就國際而言，美國進口的商品大於出口的商品，這一來就創造了貿易赤字。美國是怎麼支付這雙重赤字的呢？它舉債度日。這並不算反常，國家跟家庭不一樣，許多國家都舉債度日。但到了某個時間點，他們再也借不到錢，就會出現危機。希臘就是如此，它必須大幅刪減支出，才能繼續從海外借到錢。過去幾十年，許多國家向國外借錢借得太多，就陷入極端的痛苦：譬如二〇〇一年的阿根廷、一九八二年的墨西哥、一九九八年的俄羅斯、一九九七年的泰國、二〇〇八年的冰島、二〇一〇年的希臘。結果就是他們的人民生活水準嚴重下降。

然而，跟其他這些國家不一樣，美國可以透過印國庫券（Treasury bills）支應它的雙重赤字、支付過度的開銷。聯邦財政部只需付紙張費用，其他國家卻得掏出人民的血汗錢買這些美國國庫券。比方，中國工人必須努力工作，生產低價商品出口到世界各國，用出口商品換來血汗美元，中國政府再把美元換成人民幣來支付工人。中國政府怎麼處理這些血汗美元呢？它用很多美元購買美國國庫券，然後美國財政部再用來自中國的這些美元，支應政府過度的開銷。我們在這兒追記一筆，美國國庫券最大的買主依次是：中國（一兆一千一百三十億美元）、日本（一兆零六百四十億美元）、巴西（三千零六十七億美元）、英國（三千零八億美元）和愛爾蘭（兩千六百九十七億美元）。[15] 結果就是，當美國政府無法支付雙重赤字時，它只需印紙鈔支付過度開銷。世界各國為什麼要買這些紙張（美元）呢？最重要的原因就是，大部分的世界貿易是以美元計價交易。因此，中國向阿根廷買牛肉，它拿美元付給阿根廷。阿根廷向中國買手機，也是用美元付給中國。這使得美元成為全球經濟不可缺少的工具。因此，它成為全球準備貨幣。

美國許多經濟學家都知道，從美元成為全球準備貨幣這件事，美國享受極大的好處。二〇一九年六月，盧奇．夏瑪（Ruchir Sharma）說：「準備貨幣的地位長期以來就是帝國實力的特權——也是經濟上的萬靈丹。透過讓顧客願意持有穩定流通的貨幣（通常是以政府公債的形式持有），使特權國家從國外低價借到錢，支應入不敷出的生活方式。」夏瑪又說：「將近一個世紀以來，這個特權有助於美國保持低利率，使美國人可以買汽車、房子，在近幾十年政府仍有巨額赤字的狀況下，若不是這個特權，哪有可能這樣過日子。」上面引述的這段文字有兩串關鍵字：美國可以「支應入不敷出的生活方式」，以及「在近幾十年政府仍有巨額赤字的狀況下，若不是這個特權，哪有可能這樣過日子」。

夏瑪寫這篇文章，是回應川普和伊莉莎白．華倫（Elizabeth Warren）參議員所提的建議，他們主張美國應該考慮將美元貶值，以便更有競爭力。夏瑪警告說，這樣做會很危險，因為「美國不是一個新興國家。它是一個無可匹敵的金融超級大國，這個地位絕大部分是建立在美元受信賴的基礎上，它是美國長保國力和繁榮的重要源頭。」

夏瑪使用的關鍵字是「信賴」。全世界一直樂於使用美元為全球準備貨幣，是因為他們信賴美國政府會對美元做出正確的決定，它不僅會考慮三億三千萬美國人民的經濟利益，也會考慮到美國之外的七十二億人，他們也都依賴美元進行國際交易，這種信賴是美元能做為全球準備貨幣的重要支柱。

近幾十年，這個信賴已經開始崩壞，因為美國偶爾會利用擁有全球準備貨幣的特權，拿它做為武器對付其他國家。以下是兩則美元如何被當作武器的例子，兩者都涉及到美國企圖孤立伊朗。二〇一二年，英國渣打銀行（Standard Chartered）因為用美元融資給一樁涉及伊朗的貿易交易，被處罰款三億四千萬美元。這筆罰款顯示出美國把國內法運用到國境之外。做為一家英國銀行，渣打銀行沒有違背英國法律，它也沒有違背聯合國安全理事會訂下的制裁。可是，因為美元在國際金融交易的主宰地位，使美國得以懲罰違反美國法律的一家英國公司——顯然就是拿美元當武器在使用。[16]

近年來，美國政府也對和伊朗、古巴和蘇丹等國家有通匯往來的非美國銀行處以更嚴峻的罰款。譬如，法國巴黎銀行（BNP Paribas SA）在二〇一五年遭罰八十九億美元。因此之故，原本信任美元的許多國家現在發現它是一把雙面刃，不論是誰握住這把利刃，手指頭都會被砍到。這就產生強烈的誘因要大家減少依賴美元，它最後會使全球對美元的需求急遽下降，進而傷害到美國支應其雙重赤字的能力。川普最近主張將美元貶值，又創造出更多誘因讓其他國家遠離美元。誠如法國前任總統季斯卡（Valéry Giscard d'Estaing）所說，這是美國人享有的「囂張特權」（exorbitant privilege）。美國人應該感謝世界各國出錢資助這個囂張特權，川普卻不知感恩，反而懲罰賜予美國此一特權的國家。世界各國真的大惑不解，搞不懂美國為什麼淨做一些長期下來會傷害自己特權的動作。

川普的危險之舉就是創造強大的誘因，讓其他國家不再依賴美元做為主導全球的準備貨幣。特別是他退出美、英、法、中、俄、德六個國家與伊朗達成的JCPOA（Joint Comprehensive Plan of Action，聯合全面行動計畫，亦常稱為「伊朗核問題全面協定」），迫使其他締約國家要尋找替代方法和伊朗做生意。我在這裡要很慎重提出國際法的一個要點。許多美國人支持川普對付伊朗的鬥爭，視之為善（美國）和惡（伊朗）之間的鬥爭。然而，美國退出JCPOA，卻違背了國際法。

JCPOA是聯合國安全理事會五個常任理事國加上德國，與伊朗在二〇一五年七月十四日達成的協議，並經安理會二〇一五年七月二十日通過二二三一號決議予以背書支持。[17]當一項協議經由聯合國安理會背書支持，它就成為有拘束力的協定，所有國家都必須遵守。的確，身為安理會常任理事國，美國更有義務要遵守它的規定，美國不是一向都堅持所有國家必須遵守安理會有拘束力的決定嗎？

川普政府不只退出JCPOA。它也宣布將對依據這些協定與伊朗繼續貿易往來的國家實施制裁。川普政府採取來懲罰與伊朗貿易國家的「法律」途徑，就是制裁它們在這些跨國支付時使用美元。

這一來給和伊朗簽署協定的另五個國家製造出法律難題。根據國際法，這些國家的公司是被允許可以和伊朗有生意往來的。然而，如果這些公司用美元與伊朗做生意，它們將必須在美國法院繳付巨額罰款。為了解決這個法律難題，法國、德國和英國決定設立「INSTEX」（Instrument in Support of Trade Exchanges，支持貿易交易工具），這是「與伊朗進行非美元交易而避免美國制裁的一種新管道」。[18]就實質而言，INSTEX對與伊朗的交易往來不會有任何重大影響，多數全球的大公司與美國的交易量大過與伊朗的交易量太多了，它們不敢拂逆川普政府，美國可以對與伊朗交易往來的公司祭出嚴峻的處罰。

然而，從象徵面來看，INSTEX代表國際制度巨大的變化。有史以來第一次，美國三大盟友（法國、德國和英國）創造替代以美元為基礎的支付系統。有朝一日它可能成為美國兩大未來可能敵手（中國和俄羅斯）可以效仿的模式，也來設立繞過和傷害美元全球地位的另一種替代性的全球支付管道。同樣重要的是，法國、德國和英國也宣布，它們正在研究開放INSTEX，允許「第三世界經濟運作者也加入」。中國和俄羅斯的代表也出席這場會議。[19]總而言之，美國的全球戰略資產——美元的全球準備貨幣地位——已經有人卡位搶奪。

對美國而言，更為不妙的是，某些頗有影響力的聲音開始出現，認為世界各國應該停止使用美元做為全球準備貨幣。二〇一九年八月在美國傑克遜洞（Jackson Hole）舉行的全球中央銀行年度會議中，英國央行總裁馬克・卡尼（Mark Carney）發難，批評美元在國際貨幣制度的獨霸地位。他指出，「美元是至少半數國際貿易量（比美國在世界商品進口中所占份額高出五倍，世界出口中所占份額的三倍）所選用的貨幣，並占有全球證券中發行和官方外匯準備這兩者的三分之二。」卡尼又說，全世界對美元的依賴「守不住」。[20]首要之務，是在「極具多樣性、正在竄升的多極全球經濟」基礎上，建立一個國際貨幣體系。[21]

國際貨幣基金前任首席經濟學家歐布思費爾（Maurice Obstfeld）也觀察到，「過去美國被認為是負責任的世界經濟領袖」，其他國家「比較不關切」美國控制了全球貨幣制度。然而，這個現況已經改變了，因為美國領導人的行動變得太難捉摸。[22]

卡尼和歐布思費爾所表達的觀點，在全世界各地獲得愈來愈多人接受。他們的感受完全可以理解。世界各國覺得不合理，他們和其他國家（美國之外）貿易往來以及他們的經濟成長，受到美國以美元做為武器的片面政策所傷害。其實美國把美元做為武器，也傷害到美國本身的長期利益。經濟史學者巴利・艾欽葛林（Barry Eichengreen）最近就強烈警告，「川普政府愈是拿美元當作武器，其他政府就愈有強烈的誘因要投資研發替代系統，而且這個發展還會愈來更加快腳步。」[23]或許INSTEX所製造的小小裂痕，並不會產生重大效應。美元在未來幾十年還是可以繼續獨占鰲頭。然而，大家也明白，透過利用美元從相對較小的國家如伊朗榨取小利，卻破壞美國最大的戰略資產之一（美元），並不吻合美國的長期利益。美國和中國的戰略競爭將是長期的比賽，不是短期的賽局。

在美中競賽激化之下，削弱全球對美元的信任，美國不啻是搬石頭砸自己的腳。尤其當下美國還沒發展出對付中國復興的全面環球戰略時，札卡瑞亞觀察到：「INSTEX是個警訊，像是在煤礦坑裡的金絲雀。美國最親密的盟國正在努力破壞美國做為全球霸主的關鍵角色。」[24]

如果說，接受美元做為全球準備貨幣，使得美國人民可在入不敷出的情況下，依然著舒適奢侈的生活，美國決策者若聰明的話，就應該考慮這種依賴的長期影響。聰明的決策者必須平衡兩個同等重要、但又相互衝突的事實。第一、美元做為全球準備貨幣的地位並沒有受到威脅。第二、從中期至長期而言，美元將無可避免失去它做為最重要的全球準備貨幣之地位。鑑於這兩個相互衝突的事實同樣說得過去，聰明的美國決策者應該怎麼辦呢？要製造誘因讓各國脫離以美元做為全球準備貨幣，以便加速這個角色的終結呢？或是製造誘因讓各國盡可能長久使用美元，讓美國人還可以繼續寅吃卯糧呢？

答案很明白，應該是後者。可是這樣就很奇怪了。近來美國歷任政府都一再製造誘因讓各國脫離美元，使他們不致被美國片面的制裁傷害到。在最近的未來，中國人民幣還不致於取代美元。埃斯沃．普拉薩（Eswar Prasad）說：

雖然中國快速成長的經濟和它的動力是巨大的優勢，有助於促進國際採用它的貨幣，可是中國金融市場發展的水準很低，卻是一個重大限制，讓人民幣無法達到準備貨幣的地位。甚且，中國沒有公開的資本帳（capital account），貨幣又缺乏兌換性，因此人民幣不太可能成為強勢準備貨幣，更休想挑戰美元的領導地位。中國和美國是否有安全、有流動性的資產（例如政府公債）存在，兩者之間有極大的差距。美國金融市場的深度、廣度和流通性，都可有效緩衝對美元地位的威脅。我預料未來十年內，人民幣將成為有競爭力的一種準備貨幣，會侵蝕美元的優勢地位，但是取代不了美元。[25]

然而，即使在短期的未來，人民幣還是無法取代美元做為全球準備貨幣，這並不代表中國不能探索其他方法，以降低全球對美元的依賴。我們很難相信，如果全世界過半數人口開始對美元失去信任，怎會找不到其他替代方案？

有了現代科技，或許可以找出以前沒有的替代方案。有一個最明顯的例子可以說明美元的作用：比方，中國對阿根廷的貿易裡，美元在阿根廷牛肉與中國手機之間提供了得以判斷相對價值的度量衡。如果美元的主要用途，是用來衡量兩種商品的相對價值，那麼，應該也可以創建出其他的替代衡量單位才對。

科技在這裡就能派上用場，尤其是區塊鏈技術。區塊鏈技術已經被用來創造替代用的加密貨幣，如比特幣（Bitcoin）、萊特幣（Litecoin）、乙太幣（Ethereum）和門羅幣（Monero）等。臉書也在二〇一九年六月宣布，將推出自家的加密貨幣——天秤幣（Libra）。雖然我不是區塊鏈技術專家，加密貨幣突然間大受歡迎，臉書等大型公司也投資開發以區塊鏈為基礎的貨幣，顯見大家需要一種可靠、務實且安全的方式，來衡量商品的相對價值。目前，沒有一個國家採用替代性的區塊鏈技術貨幣相互交易，因為他們依然不太信任這些加密貨幣。

這就是中國的切入點。在區塊鏈的科技基礎上，可以建立另一個用來衡量相對價值的貨幣單位，另一種替代貨幣。在國際爭議中，當有夠多的國家信任中國可做為公正不倚的仲裁者時，他們也會開始信任這種另類貨幣。許多美國人可能會懷疑這句話，然而，我們有不少例證可以支持這個說法。當中國發起一帶一路倡議時，美國反對它。理論上多數國家應該轉身，不要加入一帶一路倡議，但實際上大部分國家紛紛加入。截至二〇一九年四月，一百二十五個國家已和中國簽訂一帶一路相關協定。[26]這是一個清楚的指標，大部分國家也會信賴新的區塊鏈科技之貨幣，因為中國支持它。

我最初開始動筆寫有關加密貨幣這一段，是在二〇一九年七月。當時我沒有資料，不知道中國在這個敏感領域會做些什麼。如果我的直覺是中國在區塊鏈技術上大有可為，中國官員得出相同結論也就不足為奇。二〇一九年八月十一日，中國央行支付結算司副司長穆長春出席「中國金融四十人論壇」（China Finance 40 Forum）——這是專門從事經濟與財金政策研究的一個民間智庫——於黑龍江省伊春市舉辦的會議，會中他表示，人民銀行已經「接近」發行它自身的加密貨幣。[27]穆長春傳遞出人民銀行的意向是，它的加密貨幣就和其他數位貨幣一樣，將取代流通的現金，但是又和去中央化的區塊鏈貨幣不一樣，可以讓北京政府對其金融制度有更大的控制。換言之，人民銀行將保持住對分類帳（ledger）的獨家掌控。[28]更重要的是，國家主席習近平在二〇一九年十月二十四日宣布，區塊鏈技術的開發現在將成為中國政府高度優先的項目。習近平在對中國共產黨高級領導人的會議中說：「區塊鏈技術的應用已經延伸到包括數字金融、物聯網、智能生產、供應鏈管理和數字資產交易等部門，現在世界各主要國家都在加強規劃區塊鏈技術的發展。」[29]同一個月，中國通過加密貨幣法，旨在「加速加密業務的發展，以及確保網路空間和訊息的安全」。路透社報導，隨著這部法律的通過，中國「將積極發動它本身的數字貨幣」，而且「法律明白宣示，國家鼓勵和支持加密科技的研究和應用，並確保其機密性。」[30]世界各國或許未必需要把長期儲蓄和外匯存底，以中國支持的這種新式數字貨幣保存起來；然而，在從事商品和服務交易時，卻可以信賴它。如果中國成功創造出替代用的區塊鏈技術貨幣，類似印度這樣的國家（美國的友邦）如果希望從伊朗進口石油、又不想擔心美國的制裁，就可以採用區塊鏈技術的貨幣。簡單講，美元被當作武器使用，已經在全球創造強大的誘因要創造替代貨幣供全球貿易使用。

這項發展並沒有讓多數美國決策者緊張，因為以美元計價的全球貿易總規模，跟以美元為基礎的全球金融交易規模一比，小巫見大巫。這是沒有錯。但是如果中國企圖建立新的區塊鏈貨幣，美國人還是應該保持緊張才好。大多數美國人熟悉疊疊樂（Jenga）這種堆積木遊戲。有時候只需要抽掉一塊積木，整個複雜的構造就垮了。

美元做為全球貿易支付工具的角色，很可能就是這個關鍵性的積木塊，支撐著全球對美元的依賴。一旦這個積木塊被抽掉，以美元為基礎的複雜國際制度不管是快還是慢，都會垮掉。值得一提的是，我在二〇一九年中期寫下這段話之後三個月，替季辛吉執筆寫傳記的尼爾．弗格森（Niall Fergason）在報上發表了一篇專欄文章。弗格森注意到，「由阿里巴巴的支付寶（Alibaba's Alipay）和騰訊的微信支付（Tencent's WeChat Pay）所建立起來的數位支付系統，出現爆炸性成長。中國曾經是新興市場，現在正在建構全球支付架構。如今，在各地的不同系統上，都能見到中國的支付方式。而且這些系統和國際連線已經沒有技術上的障礙。的確，支付寶已經被用在跨國繳款支付了。如果美國愚蠢，它會讓這個過程一直持續下去，直到有一天才赫然驚覺中國人已經把他們的數位平台和全球系統連上了。這將會是決戰日（D-Day）——美元做為世界第一號貨幣的地位在這一天壽終正寢，美國在這一天失去它實施金融制裁的超級大國地位。」[31]弗格森這麼說，也已經明白指出全球以美元做為準備貨幣這件事，的確是美國的罩門。

當美元不再是獨步全球的準備貨幣時，最大的受害人將是美國的金融機構，因為它們的許多營收和獲利都來自全球接受美元。坦白說，沒有一個活人能夠預料當美元不再做為全球生意交易支付工具時，全球金融體系會有什麼後果。目前的體系太複雜了，而且交纏連結在一起。

我在本章說明過，美國人民從美元擔任全球準備貨幣得到極大的財務好處，包括支撐長期的財政和經常帳赤字的「囂張特權」。川普二〇一九年七月二日說，中國多年來從對美貿易「占了大便宜」，他是大錯特錯了。[32]川普暗示中國人民藉由享有巨大的貿易順差，從美國人民身上刮走許多錢。事實上是美國人民從中國人民身上刮走很多錢，因為他們只拿印在紙上的鈔票購買中國產品。就現實來講，美國人若不能印鈔票支付中國產品，他們的生活水準會降低。其次，百分之九十以上的全球金融交易是以美元進行。每天交易的金額動輒好幾兆美元。這些交易的手續費大部分由美國的銀行賺走，這也是為什麼即使美國在商品交易上出現貿易赤字，卻在服務業上享有貿易順差。

沒有一個頭腦清楚的戰略家會甘冒風險，用龐大的利益去換取懲罰小國（如伊朗）能得到的微不足道之好處。可是，美國就是這麼幹。情況應該極為清楚，傲慢地拿美元當武器使用，完全展現了美國沒有完整的長期戰略處理中國崛起之危險。美國極有可能犧牲掉從美元仍是全球準備貨幣所得來的好處，去換取懲罰小國（如伊朗）所能得到的微不足道的好處。很自然的，這麼幹讓中國得到明顯的長期競爭優勢，因為中國領導人一直很有紀律、堅守他們的長期戰略。因此，誠如本書書名《中國贏了嗎？》所問，並不是不合理。

本章仍有需要回答一個根本問題：缺乏對付中國的長期完整策略，誰該負責？許多美國人，尤其是民主黨人、獨立派人士和自由派人士，會責怪川普沒有戰略。當然，川普在處理世界事務時行徑狂野、荒誕不經。可是，未能設計出長期戰略是美國人的世界觀出現更深層的結構性瑕疵之結果。這個瑕疵影響到美國左、右兩翼人士。

稱霸世界一個世紀之後，尤其是冷戰結束前的四十年間，沒有一位美國領袖曾經向美國人提出一個簡單的問題：美國需要就其國內和國際政策做戰略性和結構性的大調整，以因應不同的世界嗎？身為密切觀察美國政治的人士，我很驚訝美國罕有領導人物提議美國應該徹底改造它的戰略思維，思索是否需要徹底改變方向。

美國人在討論中沒有出現這個問題尤其令人驚訝，因為情勢是那麼明顯，美國需要徹底改變方向。歷史已經拐了彎，而只要歷史一拐彎，所有的國家都必須做調整。事實上，大部分國家也都開始調整了，只有美國例外，不動如山。歷史是怎麼轉彎的？要回答這個問題，最好的方法是對歷史採取長期的觀點。請看圖一。

從西元元年到一八二〇年，兩個最大的經濟體一直都是中國和印度。一直要到過去兩百年，歐洲、然後是美國，才超越它們。細觀兩千年世界史（也就是 the "big picture"），過去兩百年的西方（包括美國）統治是個大異常。因此，看到中國和印度回來了，讓異常終止，是很自然的一件事。令人感到驚訝、甚至震驚的是，中國、印度和亞洲其國家那麼快就反彈回來。見圖二。

圖一　世界經濟史一覽（西元元年～2009）

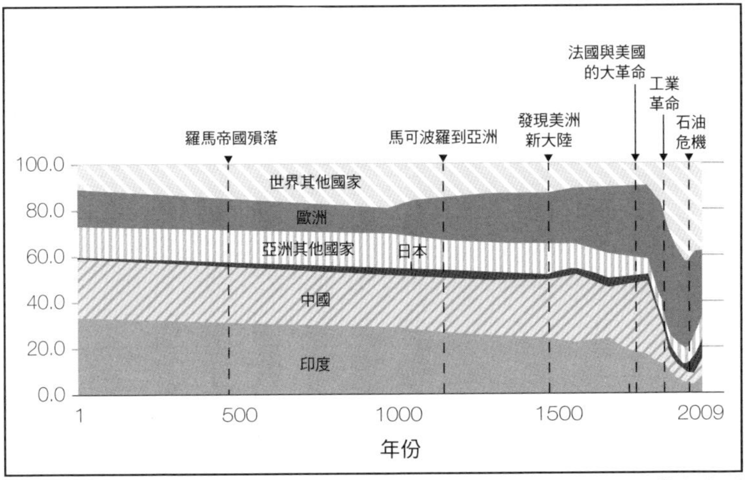

(Designed by Patti Issacs)

圖二　四大經濟體 GDP 占比

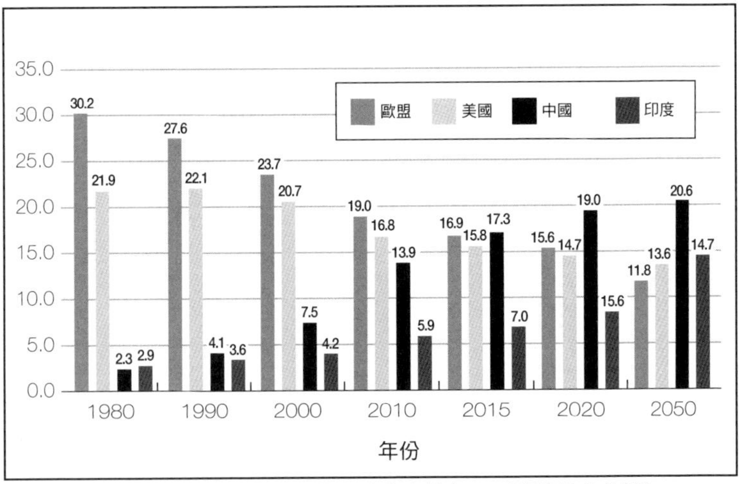

Data sources: 1980–2020—IMF Database (2016 Economic Outlook). Accessed 3/3/2017– PwC GDP projections

(Designed by Patti Issacs)

如果對比一九八〇年和二〇二〇年經濟占比的統計，就會發現最近幾十年歷史是如何劇烈的大轉向。在這幾十年裡，美國拒絕遷就歷史的大轉向做任何戰略或結構性的調整。說得不客氣一點，全世界都在改變方向，美國卻換成自動駕駛繼續走一直線。

未來的歷史學家可能拿美國的不能調整，與另一個歷史大失敗做比較——十九世紀清廷的官老爺不能體會到，西方的崛起代表中國必須改變方向。他們故步自封、拒不改變。中國因此在一個世紀之內經歷了許多創傷。亞洲當前最偉大的歷史學家王賡武教授提醒我注意此一歷史教訓。他告訴我，我如此描述西方（包括美國在內）不能針對新世界做出戰略性的調整，提醒他「滿清末年自信滿滿的官大爺嗤之以鼻，不以為新世界崛起可能會挑戰他們優越的體系」。

美國今天的地位比起滿清末年的中國強了許多。沒有一個大國敢像十九世紀的西方列強侵門踏戶到中國肆虐那樣，跑到美國領土撒野。美國不會被列強的砲艦外交劫持為人質。可是，另有其他震撼可以給美國帶來長期痛苦。歷史上所有的大國犯下最大戰略錯誤之一，就是自以為萬夫莫敵，尤其是當他們國力鼎盛時更是如此。毫無疑問，有許多美國戰略思想家有這種想法，因此很少人建議要做任何重大的戰略調整——只有史蒂芬．華特（Stephen Walt）和約翰．米爾斯海默（John Mearsheimer）等少數學者為例外。

未能做出戰略調整，或許也說明了美國社會今天為什麼面臨結構性的國內挑戰。過去三十年，美國國內貧富懸殊大爆炸，讀者可以參見圖三。美國社會底層百分之五十的人民平均所得停滯不前，可是頂尖百分之一人民的平均所得卻有如天文數字一般成長。

經濟學家還在辯論貧富懸殊急遽惡化的根本原因。原因十分複雜。縱使如此，美國底層百分之五十人民工資停滯，一定和數百萬低工資中國工人湧入全球經濟體系有部分關係。按照著名的西方經濟學者約瑟夫．熊彼德（Joseph Schumpeter）的說法，這一切導致「創造性破壞」，包括美國失去競爭力和就業機會。很明顯，鼓勵中國在二〇〇一年加入世界貿易組織之後，美國領導人應該深思熟慮，預先想好如何因應此一事件對美國經濟和社會的結構性衝擊。遺憾的是，沒有一位領袖建議這麼做。美國工人遭到遺棄，只能自己想方設法應付結構大震撼。

歐洲許多國家花費百分之一至三的GDP重新訓練他們的工人。美國只投入百分之零點二四的GDP。[33]沒有好好照顧美國工人導致無可避免的民粹主義反彈，最後造成川普當選總統。當世界發生重大變化時，未能做好戰略調整，總是一定會帶來負面後果。[34]

美國能夠來個一百八十度大轉彎，在現在做出戰略調整以因應新階段的

圖三　美國人民平均所得成長（1913～2014）

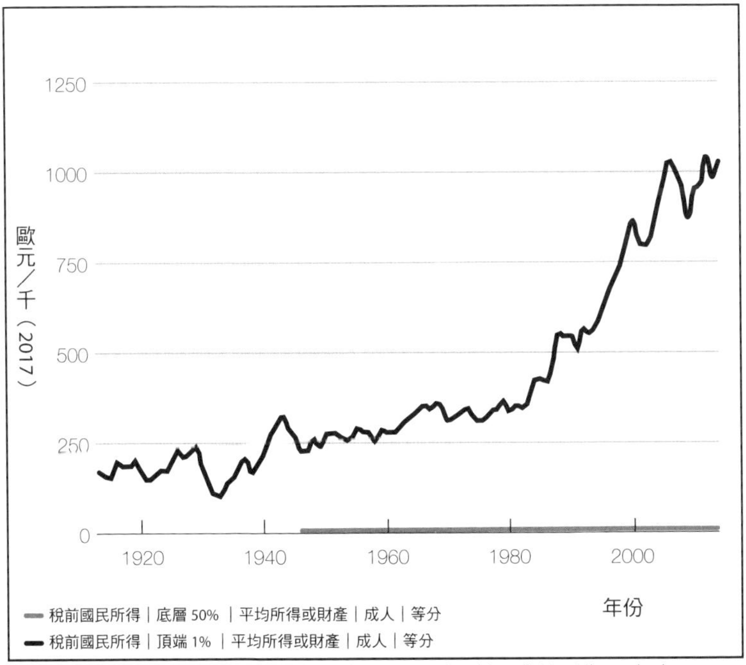

Sources: World Inequality Database, "Income Inequality, USA, 1913–2014" (chart), https:// wid.world/country/usa/.

(Designed by Patti Issacs)

歷史嗎？理論上，經由民主程序選舉產生的政府，應該比僵硬、老化的共產主義政府，如前蘇聯和今天的中國政府，更靈活、有彈性、能調整。然而，有時候實務卻與理論背道而馳。美國社會的某些方面已經變成和中國的滿清末年一樣僵化和停滯。

要有效地對付來自中國的長期挑戰，美國人首先必須問自己幾個簡單的問題：美國人對世界有什麼認為是理所當然的深刻假設？什麼假設在新世界仍可成立、什麼假設必須予以質疑？要挑戰根深柢固的假設絕非易事，也不會舒服。但是，當未來的世界必然會強迫美國人踏出舒適圈時，美國人若是忽視它，還想留在舒適圈，那就相當不智了。以下是幾個必須質疑的，美國人根深柢固的假設：

第一個假設是，美國將永遠保持第一號的經濟大國地位。如果中國社會產生動盪，或是如果中國經濟陷入中產所得陷阱，的確這是有可能的。可是，倘若中國人和亞洲鄰國人民一樣聰明能幹，就沒有理由中國經濟不能達成和新加坡、日本或南韓相當的成就。中國現在的人均所得大約一萬八千美元。如果中國能夠達成新加坡（新加坡人口百分之七十五為華人）的人均所得，它的GDP以購買力平價計算，將膨脹為一百四十一兆美元。做個比較，美國今天的GDP是二十兆美元。[35]很顯然，中國的經濟規模將會比美國大。

因此，對普遍相信美國將永遠保持第一號經濟大國地位的假設提出質疑，就挺合乎邏輯了。美國社會開始辯論美國在世界的地位，以及美國的國內政策應該如何調整以適應新世界，也是明智之舉。美國的領導人物應該在媒體上討論這些議題。由於美國在理論上是世界最開放的社會之一，提出這個公認很困難的議題進行辯論，應該很容易才對。

然而在實務上，任何一個美國政治人物若是這麼做，形同政治自殺。近年來，美國想得最長遠的一位總統是柯林頓。他在卸任後，二〇〇三年於耶魯大學演講，提到美國應該做好準備，在未來的世界中，美國將不再是唯一的超級大國。史垂普・塔伯特（Strobe Talbott）是柯林頓的一位親信助手，於一九九四年至二〇〇一年擔任柯林頓政府的副國務卿。塔伯特問柯林頓，為什麼要發表這樣一篇演講。柯林頓回答說，他「希望為我們的兒孫輩建立一個世界，讓他們生活在美國不再是唯一的超級大國，而且我們必須『分享舞台』的時代。」[36] 可是，塔伯特在他的書中解釋，即使柯林頓明白美國有朝一日將淪為第二號國家，他的「政治本能告訴他，若是說出如日中天的美國霸業有朝一日可能消退，勢必給自己招來麻煩」。因此柯林頓在卸任後才發表這樣的演說。

我從個人的經驗也曉得，美國政客不會公開討論美國可能退居第二號國家。二〇一二年一月，我擔任一場高階討論會的主席，主題是美國國力的未來。四位參加討論的美國貴賓是：喬治亞州共和黨籍聯邦參議員薩克斯比・詹布立斯（Saxby Chambliss）、田納西州共和黨籍聯邦參議員鮑布・柯克（Bob Corker）、民主黨籍的總統副助理兼主管國際經濟事務副國家安全顧問麥可・傅洛曼（Michael Froman），以及紐約州民主黨籍國會眾議員妮塔・羅維（Nita M. Lowey）。當我提到美國有朝一日將成為第二大經濟體時，這四位貴賓沒有一位公開同意我的評論。

這一次的經驗使我了解，儘管美國相當開放，還是有不能冒犯的聖牛。其中一項就是：美國是第一號大國，而且是永遠的第一號大國。這替美國今天或明天的領導人製造一個很艱難的問題。如果美國要制定適合新世界的深思熟慮且全面性的戰略，這個戰略必須以對未來務實的假設做為基礎。其中一項務實的假設是，美國將成為第二號國家。美國社會若是懲罰講出這個不可避免的現實之政治人物，那就是自取滅亡。如果美國政治人物不能公開討論這些事實，它就會阻止他們建議新戰略、讓美國採納。

永遠保持第一號強國地位的假設，並不是美國討論中唯一不變的聖牛。另一個同樣強大的假設是，人們相信美國社會在國內和國際行為上都天縱英明、美德過人。哈佛大學教授史蒂芬．華特曾說，很不幸，這個假設並不正確。當全球七十五億人口中的三億三千萬美國人將自己視為天生品德高尚的人（因此，就某些方面而言優於其他人類，的確是一個特殊的民族），而其餘的七十二億人（生活在對美國有些友好、又有些不友好的國家當中），他們並不認同美國對自身的假設，這顯然在美國與世界之間製造了危險的認知鴻溝。如果美國的思想領袖們，基於美國被全球視為一個美德天成的社會，並在此一假設的前提下制定出一套全球戰略，這套戰略從一開始難道就不會有瑕疵嗎？

或許，歸根究柢，這可能就是美國缺乏新的全面長期戰略來因應二十一世紀新世界的根本原因。任何務實和有可信度的戰略，都必須質疑美國人心中根深柢固的假設。由於從心理上和政治上都無法將這些假設端到檯面上來質疑，因此政治人物給美國人的建議，就是繼續做好自己做過的事情，並且做得更好，維持美國第一號大國的地位，可能是比較安全的做法。這也是川普「使美國再次偉大」的目標背後的假設：在日益追求單邊主義的道路上，既不要重新打造美國，也不要對付危險的美國幻想。簡而言之，美國將繼續維持自動駕駛。如果美國繼續這樣做，它將拱手奉送中國一項地緣政治禮物，允許中國贏得這場地緣政治競賽；因為美國人事先沒有制定周詳、全面和長期的戰略，就糊里糊塗跳進這場角力。

第四章
中國是否是擴張主義者？

關於習近平，有個被公認的「事實」，認為他毀棄南海不軍事化的承諾。

二〇一六年十二月，《華爾街日報》報導：「二〇一五年九月在白宮承諾不會把南海軍事化的習近平，肯定幹了許多軍事化的動作。」[1]潘文（John Pomfret）在《華盛頓郵報》發表兩篇文章，提到「中國慣性做出承諾，事後卻不遵守。還記得習近平在二〇一五年向當時的總統歐巴馬承諾，不會把它在南海創造出來的島嶼軍事化吧？」[2]又說「習近平打破他向歐巴馬總統承諾，不把中國在南海製造的七個小島軍事化」。[3]《經濟學人》週刊在指控習近平不守承諾時，或許用詞遣字最為直率，它在二〇一八年四月宣稱：「不到三年之前，習近平和歐巴馬並肩站在白宮玫瑰花園，口吐謊言……習先生宣稱：『中國絕對沒有打算在這些島嶼進行軍事化的意圖』。」[4]

如果習近平的確如此承諾，事後又失信，它只會證實西方普遍相信的一件事：中國已經變成侵略性十足的擴張主義者。它也證實一個信念：中國背信，當他們聲稱「中國將和平崛起」，其實是騙人的話。那麼，究竟真相是什麼？

和芮效儉（Stapleton Roy）大使一樣對中國有深刻了解的人不多，芮效儉在中國出生，說一口流利的普通話，也在一九九一年至一九九五年期間擔任過美國駐中國大使，對美中關係持續保持消息靈通。他解釋，事情的經過是這樣的：二〇一五年九月二十五日，習近平和歐巴馬總統聯合舉行記者會，習近平提議以更理性的方式處理南海議題，並支持全面且有效執行中國與東協全體十個會員國簽署的《二〇〇二年南海各方行為準則宣言》（2002 Declaration on the Conduct of Parties in the South China Sea）；呼籲盡早完成中國與東協就南海行為準則的諮商過程；又說中國無意將南沙群島軍事化（中國在它控制的南海若干礁石和淺灘已經進行大規模的填海造陸工程）。芮效儉說，歐巴馬錯失了善加利用這個合理提議的機會。結果，美國海軍增強它的艦艇巡邏，中國遂以進行軍事化做為回應。

簡言之，習近平並沒有背棄承諾，他的提議遭到美國海軍鄙視。重點是，為什麼一個不實之言被消息靈通、思慮周全的西方菁英們當成事實？這個問題不容易解答。對於有關中國的不實之言如何產生和普遍被接受一事，我數十年來有過密切的觀察，我得到的結論是：它們由一個特殊的生態系統製造出來；這個生態系統涉及到世界第一流的情報機關和新聞媒體。

這是一個盎格魯—撒克遜的生態系統，它涉及結合美國、澳洲、加拿大、紐西蘭和英國五個國家情報機關的「五眼聯盟」。這五個盎格魯—撒克遜族裔國家彼此之間有高度的互信，因此能相當放心地分享情報。三不五時，這些情報機關也和西方主要傳播媒體分享資訊。

西方主要媒體相當大膽，大多獨立運作。沒有一個政府有權力控制他們的報導。他們的確也時常拿出令人不痛快的事實質問政府。因此，當他們報導故事時，帶有相當高的可信度。他們全都大膽地宣稱他們的目標是報導事實真相，不像前蘇聯的《真理報》或中國的《人民日報》，是政府的宣傳工具。如此宣稱獨立報導絕對正確，也完全有道理。

可是這些媒體報導的某些故事，也必須依賴政府消息來源，包括上述的五眼聯盟情報機關網絡。這些故事有許多都有可信度。譬如事實上，習近平的確提議不在南海的南沙群島搞軍事化（我們要追加紀錄如下：他沒有提議不在西沙群島搞軍事化，中國在西沙群島只和越南有糾紛）。中國軍方後來加強它在南沙群島的活動也是事實。沒有報導的「事實」是：美國海軍挑起後來中方的反應。基於明顯的理由，五眼聯盟網絡沒有分享這個事實。

二〇一八年四月，我參加一個不尋常的代表團，受邀訪問北京。代表團成員有：資深的《華盛頓郵報》社論主筆卡爾．伯恩斯坦（Carl Bernstein）[5]、歷史學者尼爾．弗格森、《紐約時報》專欄作家湯馬斯．佛里曼、《金融時報》專欄作家馬丁．沃夫和我五個人。我們在北京接觸到許多高層官員，包括負責美中貿易談判的中方首席代表劉鶴、前任財政部長樓繼偉和前任人民銀行（即中央銀行）行長周小川等人。離開北京之後，我們全都寫出訪問報導。有些人對中國比較批評強烈，有些人則比較少批評。然而，我們全都試圖說明中國的觀點。

中國過去一直都很拙於說明或辯解它的觀點。鑑於中國政治制度僵化，它一直很難找到一個好發言人，可以有效地以幽默又敏銳的洞察力，說明中國的觀點。唯一一個令人驚訝的例外，是華為公司創辦人任正非。他曾經和許多西方主要媒體直接對話，如有線電視新聞網（CNN）、MSNBC、彭博電視（Bloomberg TV）、《時代》週刊、哥倫比亞廣播公司（CBS）和英國廣播公司（BBC）等。他以強大的權威和清晰度發言，使用直接且又吸引矚目的語言。反之，中國許多官方發言人只會唱口號。

不過，如果中國試圖辯稱它不是天生的黷武國家，它會有許多堅強的論據可以提出來。第一個論據是歷史。如果中華文化本性黷武，尤其是渴望征服和控制其他領土這種黷武痕跡，應該長久以前就已出現。過去兩千年，中國經常是歐亞大陸上唯一最強盛的文明。如果中國本性黷武，它應該早早就像歐洲列強到海外征服領土。譬如，未來歷史學家會對下述事實感到驚訝：即使澳洲地理位置比較靠近中國，實際上它卻由十分遙遠的英國占領與征服。的確，如果詹姆斯．庫克（James Cook）船長在一七六八年八月由英國普利茅斯（Plymouth）碼頭直接出航，至少需要九十天才能到達澳洲的博塔尼灣（Botany Bay）；假設他是從中國出發的話，他會發現自己不到三十天就在澳洲登陸。[6]

中國不願征服澳洲和海外其他領土，並不是因為中國一直缺乏海軍。在葡萄牙和西班牙於十六世紀展開歐洲人殘暴無情的全球殖民政策之前，中國已經擁有當時全世界最強大的海軍。十五世紀初，也就是比克里斯多福．哥倫布（Christopher Columbus）試圖找到前往所謂香料群島（Spice Islands）的航路之前早了約一百年，中國在傳奇人物鄭和的率領下，七度派出艦隊出航。他的船隻遠比葡萄牙人或西班牙人的船隻大得多，最遠到達非洲。「中國艦隊的明星是寶船——龐大的戎克船（junks），有好幾層樓高，船身長達一百二十二公尺、寬度五十公尺。事實上，它們比起哥倫布代表西班牙王室開往美洲的船隻聖瑪麗亞號（Santa Maria）大了四倍。」[7]

一路上，鄭和也涉入軍事作戰。譬如，一四〇九年至一四一一年出航，他「逮捕錫蘭國王亞烈苦奈兒（King Alagak-Konara），挑選耶巴乃那（Yapanaina）為新王」；一四一三年至一四一五年出航，他「逮捕蘇門答臘（亞齊）國王蘇幹剌

（Sekandar），另立新王」。[8]

可是，非常難能可貴的是，中國並沒有征服或占領任何海外或偏遠領土。新加坡前任外交部長楊榮文評論說：「在整個中國歷史上，中國人很不喜歡派兵出遠門……八世紀，中國國力最盛的唐朝時期，當阿拔斯帝國（Abbasids）向東推進時，中國有一隻軍隊在中亞費爾干納流域（Fergana Valley）附近。他們發生衝突。在著名的怛羅斯戰役（battle of Talas），阿拔斯部隊擊敗唐軍。在歷史上，中國人自此以後再也沒有越過天山山脈。」[9]

新加坡國立大學教授王賡武指出，漢人本質上是農民。他們散布在整個中國的陸地地區，尋找適合農耕的土地。只要碰到難以搞定的草原或崎嶇的山脈區域，他們就轉身而去。同樣的，漢人不喜歡離鄉背井到海外。中國大部分的領土擴張，如內蒙古或新疆，或其他偏遠的叢山峻嶺地區，發生在中國遭「異族」朝代統治時期，如元朝（一二七九年至一三六八年）和清朝（一六四四年至一九一一年）時期。西藏的故事就比較複雜。西藏最先是在一二四四年被蒙古人征服，但是「在元朝時期享有相當的自主權」。[10]從最初征服之後好幾個世紀，從滿清到共和時期，中國歷代政府都為掌控西藏發生衝突。一直要到一九五〇年，西藏才被正式併入中華人民共和國。因此，歷來中國對西藏的主權充滿高度爭議的主張。這只是把豐富又複雜的中國歷史簡化來說，但真相的重要部分是，過去兩千年的大部分時間，漢人並不窮兵黷武、不是擴張主義者，他們雖然打了許多次戰爭，但大多數是在中國境內打。

漢人的行為被拿出來和他們某些鄰人比較時，他們相對和平的色彩就會被提出來。人類史上最強力、最可怕的帝國主義擴張，是由中國北方的近鄰蒙古人所發動。在殘暴、活動力強大的成吉思汗領導下，這些人數相當少的蒙古部落（和漢人人口相比，實在少了太多）不只征服中國，幾乎還征服整個亞洲，成為唯一一個東亞勢力，差點要入侵歐洲。可是，更強大的漢人帝國從來沒有模仿其鄰族這個征服例子。

蒙古人征服及統治中國有一百多年。珍・強生（Jean Johnson）在亞洲協會（Asia Society）發表一篇文章，她寫說：「成吉思汗在一二一一年率軍攻入被稱為準漢人的金人統治的華北，並於一二一五年攻陷首都。他的兒子窩闊臺在一二三四年征服整個華北，從一二二九年至一二四一年統治華北。成吉思汗的孫子忽必烈於一二七九年擊敗漢人統治的南宋，整個中國首度受到異族統治。一二七一年，忽必烈立國號為『元』，意即『宇宙之起源』。元朝在中國從一二七九年統治到一三六八年。」[11]蒙古和中華文化因此互相交融。在這個過程中，蒙古人可以把他們的善戰好鬥文化轉移注進中華文明的軟體。但實際發展卻倒反過來。漢人逐漸馴化了他們的蒙古族統治者。忽必烈雖與中國的鄰國交戰，他並沒有效法祖父成吉思汗要征服全世界。

中華文明強大的反軍事黷武的基因是怎麼影響蒙古統治者的？這可能要追溯到孔子。中國長久以來流傳一個說法：「好鐵不打釘，好男不當兵。」孔子在《論語》當中幾度提醒弟子，不能只靠士兵之力。

在《論語．陽貨篇》中，子路問：「君子尚勇乎？」（君子提倡勇敢嗎？）孔子說：「君子義以為上。君子有勇而無義為亂，小人有勇而無義為盜。」（君子以道義為上，君子如果尚勇而不講道義就會顛覆國家，小人如果尚勇而不講道義就會淪為強盜。）[12]

另一段對話出自《論語・述而篇》：

子路問：「子行三軍，則誰與？」（你帶兵作戰時，希望帶誰輔助你？）子曰：「暴虎馮河，死而無悔者，吾不與也。必也臨事而懼，好謀而成者也。」（能徒手鬥猛虎、赤腳過深河，不怕死的人，我不要。我需要的是能小心行事、以智謀取勝的人。）13

美國文化深鑄對軍人的尊敬，中國文化與此相反，對學者的敬重超過對軍人的敬重。即使它的民間故事和文學也稱頌軍人的愛國和忠誠。整體來講，中國人更崇尚文武雙全的人物。有一個嚴峻的事實需要在這裡就講清楚。近幾十年來，美國每當遇上戰略挑戰，最優先方案就是採用軍事方法。中國人則避免軍事方法。季辛吉解釋說：

中國獨特的軍事理論，其基礎是在戰禍頻仍的動盪時期奠定的，當時各個

> 敵對王國之間的殘酷鬥爭殲滅了許多中國人。針對這樣尋求從中獲勝的大屠殺，中國思想家發展出的戰略思想，強調透過心理優勢來贏得勝利，並鼓吹避免直接衝突。14

季辛吉精確取用中國戰略大師孫子思想的精義。孫子曾說：「兵者，詭道也。……卑則驕之。……百戰百勝，非善之善也；不戰而屈人之兵，善之善者也。」這並不代表中國人不能打仗。過去兩千年，尤其是在異族統治之下，他們和許多鄰人打過不少戰爭。而他們也逐漸擴張領土，占領極大空間。有人替美國占領德克薩斯和加利福尼亞的正當性辯護，當然也有人可以替中國占領西藏、新疆和台灣的正當性辯護。然而，就好像美國任何總統若是建議把德州和加州還給墨西哥不啻是政治自殺，任何一個中國領導人若是建議中國放棄西藏、新疆和台灣，也將是政治自殺。這是硬邦邦的政治現實，沒有辦法改變。

雖然中國占領某些鄰近領土，它也學會和許多彼此多次交戰的鄰國和平共處，譬如它和緬甸交戰四次，和日本交戰兩次，和韓國交戰三次，和越南交戰七次。最特別的是，中國接受越南獨立，因為從西元前一一一年至西元九三八年，越南被中國占領了一千年。

中國人也學會有風度地輸掉戰爭的藝術，只要鄰國接受向中國皇帝道歉的儀式，承認不該打敗來侵犯的中國軍隊就行。一九八五年我在哥倫比亞大學演講，談論越南及其鄰國的關係時，對這一點有特別深刻的印象。演講中，我提到雖然越南屢次擊敗來犯的中國軍隊，事後他們都派遣特使攜帶朝貢品到北京，為打敗前來侵犯的中國軍隊「道歉」。我說，越南在一九七九年犯的真正錯誤，不是打敗中國，而是沒有為打敗解放軍道歉。讓我非常驚訝的是，三名越南外交官坐在第一排，我這麼說，他們頻頻點頭同意我的觀點。

隨著中國變得愈來愈強大，它將和所有列強一樣，展現它的實力和影響力。就和美國國力在十九世紀末爆炸性崛起時，美國在拉丁美洲的鄰國必須做出調整，接受美國的實力一樣，中國的鄰國也將必須做出調整、接受中國的崛起。但是中國將不會訴諸軍事手段做為它表示實力的第一項工具。這就是為什麼格雷厄姆・艾利森教授很聰明，提醒美國同胞在希望中國變得「更像我們」時要很小心。他說：

美國人喜歡向中國人說教，要他們「更像我們」。或許他們對於自己所希望的事應該更加小心。歷史上，新興的霸權會有什麼舉動？說得更明白一點，就在一個世紀之前，當老羅斯福（Theodore Roosevelt）領導美國進入他超級有信心將會是美國世紀的新時代時，華府有什麼樣的舉動？……在他踏進華府政治圈之後的十年裡，美國對西班牙宣戰、把它趕出西半球，並且取得波多黎各、關島和菲律賓；又以戰爭威脅德國和英國，除非他們同意支持哥倫比亞接受美國的條件以解決爭端；支持哥倫比亞國內的叛變，以建立新國家巴拿馬，美國才好在那裡興建運河；宣布美國是西半球的警察，在它認定有必要時隨時隨地動用干預權利——單是在老羅斯福擔任總統的七年之內，就九次動用此一權利。[15]

中國漫長的兩千年歷史紀錄明顯顯示，中國和美國根本不相同，中國不願採用軍事手段為第一優先的辦法。在其他方面，它也和美國徹底不一樣。它不認為中國有「普世」的使命要促進中華文化，以及鼓勵每個人類仿效它。美國人則從根本上相信他們應該代表普世價值，並真誠地相信如果其餘人類都吸收和實現美國價值，世界會變得更好。希拉蕊・柯林頓（Hillary Clinton）二〇一六年在一次演說中提到：

當我們說美國特殊的時候，它……意味著我們認識到美國具有獨特和無與倫比的能力，成為和平與進步的力量、自由與機會的擁護者。我們的力量負有謙卑、周全地領導，以及堅定信守我們的價值之責任。因為，當美國無法領導時，我們就會留下真空，它可能導致混亂或其他國家或網絡湧入以填補空白。16

中國人相信的是恰恰相反的一套哲學。他們認為只有中國人才能接受中華文化、價值和美學。我在華人居多數的新加坡社會生活了許多年。我的華人朋友們沒有人預期我會變成跟他們一樣，即使我華語流利，也習慣性地接受華人風俗。

美國文化這種「普世」的色彩，或許解釋了為什麼美國會介入那麼多軍事衝突。利比亞的格達費（Gaddafi）和敘利亞的阿薩德（Assad）都是有深刻缺陷的統治者。可是美國和敘利亞、利比亞的地理距離數千英里。它在這兩個國家都沒有重大國家利益。但由於美國的普世觀念，它覺得有道德責任派兵介入。這件事真的讓中國人搞不懂，為什麼對自己的國家利益並沒有好處，還去介入外國的軍事衝突？

中國人更搞不懂的是，美國允許自己不必要的介入中東衝突，而傷害到自己更根本的國家利益。這種干預行動耗費資源，更失去利用同一資源改善美國貧窮百姓生活的機會。中國人私底下竊竊自喜，因為美國每次在中東不必要的介入，都減低美國部署資源以對付中國的能力。看到美國浪費資源搞軍事介入的蠢事，中國人學到寶貴的一堂教訓：要節制、不要涉入不必要的作戰。中國已經四十年沒打一場大戰，已經三十年沒在邊境開過一槍，這絕不是意外。如此缺乏軍事行動反映出強大的文明力量，以及對軍力有深刻務實的見解。

已經小心謹慎節制不採用軍事手段四十年了，中國人真的不明白為什麼美國還把中國描繪為一個本性侵略、窮兵黷武和擴張主義的國家。由於強烈相信中國正邁向軍事侵略，美國的國家安全機構如國防部、國家安全會議和聯邦調查局等，已經做出結論：中國現在是對美國的一項直接威脅。二〇一九年九月，美國國防部負責政策的副部長約翰．洛德（John C. Rood）評論：「要說中國是對美國生活方式最大的長期威脅，並非誇大。中國也構成國防部最大的挑戰。」[17]一個月之後，副總統麥可．彭斯（Michael Pence）發出幾次不尋常的指控，咬定在過去一年，中國的軍事行為已經變得「愈來愈挑釁」，又說中國在南海「經常脅迫」和對它的東協鄰國「恫嚇動武」，同時也在東海挑釁日本，並利用一帶一路倡議「在全世界港口建立據點，表面上是商業用途，但是最後可以變成軍事用途」。[18]喬治華盛頓大學教授羅伯．沙特（Robert Sutter）是知名的中國事務學者，他說：「現在整個政府一致採取顯著的反中立場，這是我過去五十年在華府所不曾看到的現象。」[19]

軍事界的警告聲更是尖銳。派崔克．夏納翰（Patrick Shanahan）在二〇一九年一月一日接下國防部代理部長時，有一則新聞報導引述某不具名國防官員的話，他說：「我們專注在進行中的作業之際，代理部長夏納翰告訴團隊要記住中國、中國、中國！」[20]

二〇一九年初，在華府高度兩極化的政治氣氛下，對於任何議題幾乎都無法取得廣大基礎的政治共識。可是，即使在如此高度兩極化的環境下，美國政治界、國防安全界和學術界的共和黨和民主黨人，還是發展出一個強大共識，認為中國已經崛起，成為對美國具有侵略性的軍事競爭者。

最重要的是，美國是公認的理性社會，隨時都有許多對立的觀點受到各方辯論。可是在今天的華府，實際上根本無法主張中國不構成對美國的軍事威脅。未來任何客觀的歷史學者，將會更清楚地看到這個事實。我們可以清楚看到，守勢是當今中國軍事政策強調的重點——中國強調要保護國家邊境和主權，這個守勢思想載明在中國於二〇一九年七月發布的國防白皮書上，它強調「保衛國家主權和領土完整」是它「守勢」的國防政策之一部分。[21]

澳洲前任總理陸克文非常熟悉中國歷史，他對中國的戰略思維為什麼強調守勢立場有很好的說明。他說：

> 鄰國在中國的戰略記憶裡占有相當特別的位置。自古以來，它們是中國國家安全遭到威脅，造成異族不斷侵略的管道——北方蒙古人在十二世紀入侵，

東北滿洲人在十七世紀中葉入侵，英國、法國以及美國在內的西方帝國，乃至日本極其殘暴的占領則來自東方。在中國傳統的戰略思想中，關於如何維護中國國家安全，留下了深刻的守勢觀點。但是，中國歷史也教會他們，純粹的守勢措施並不是一直有效。中國的萬里長城不能提供免遭外族侵略的安全，就是經典例子。基於這些原因，現代中國的戰略思維探討了不同方式，其中最重要的就是政治與經濟外交。中國希望與所有的鄰國取得正面、互相接納甚至順從的關係。

陸克文舉中國倡議的一帶一路計畫和上海合作組織（Shanghai Cooperation Organization）等為例，得出結論是：「它的戰略必須非常清楚：要鞏固中國與其鄰國的關係。總的來說，這代表要強化它在整個歐亞大陸的戰略地位，就要先鞏固中國大陸周邊。」[22]

換句話說，美國思想家把中國貼上擴張主義的標籤，若是以中國執著於透過「鞏固它與其鄰國的關係」來保護邊境做解釋，就會更加正確——需知道中國有遭到征服和侵略的長期痛苦歷史。

再者，中國雖然與日本、韓國、緬甸和越南多次交戰，在未來幾十年要再爆發類似戰爭的可能性，實質上幾乎為零。為什麼？因為這些近鄰國家緊貼著中國邊界。已經幾千年，它們長久以來早已發展出複雜而又微妙的本能，知道如何對付崛起的中國。而中國菁英（跟美國菁英大不相同）對鄰國悠久的往來歷史，也有深刻的了解。中國和鄰國之間將會有許多的來回拉鋸，伴隨著各種複雜而又微妙的轉變。但是不會爆發戰爭。

會引爆中國介入戰爭的一個例外是台灣。絕大部分時間，中國領導人享有相當多的政策彈性因國內並沒有強大的遊說團體需要傷腦筋。但是，有一個議題中國領導人不能打折扣和妥協，那就是台灣議題。任何一個中國領導人，包括大權在握的習近平在內，若是被認為在台灣議題上軟弱，就有可能被趕下台。為什麼台灣對中國是如此重要？有一個很簡單的解釋。每一個中國人都曉得從鴉片戰爭至一九四九年中國所遭遇的百年恥辱，這項恥辱的歷史遺跡差不多全已消除或解決，包括香港和澳門都已經回歸中國。

只有台灣這個遺跡還存在。台灣原本是中國的領土，直到一八九四年至一八九五年的中日甲午戰爭，中國慘敗後才被迫割讓給日本。中國人在台灣議題上，有許多次對西方列強感到失望。第一次世界大戰時，中國與西方列強合作，起先得到美國與英國的保證，台灣將在戰後的凡爾賽和會中交還給中國。芮納．米德（Rana Mitter）提到：「根據《凡爾賽條約》，德國必須放棄它在中國領土上的領地，以及它在全世界所有的殖民地。中國人以為這塊領地將會交還給年輕的共和國，補償將近十萬名華工前往歐洲西線戰場協助英軍和法軍的貢獻。但是這塊領地卻交給了日本。原來西方盟國同時與中國和日本訂定祕密協定，以便把兩國都拉進來幫忙作戰。」[23]中國強烈感覺到在和會上遭到西方國家欺騙。山東不能交還給中國，引爆一九一九年五月四日的大規模抗議。五四運動在中國歷史上占有非常特殊的地位。

這段歷史告訴中國人不能接受西方的保證。美國或其他任何西方國家直接或間接支持台灣脫離中國的任何動作，都讓人回想到這段歷史。它將刺激中國產生強烈、致命的反應，也讓任何想要找出運作空間的中國領導人動彈不得。美國不能聲稱自己不了解台灣議題的重要性，當尼克森與季辛吉展開和中國修好的過程時，就很清楚這是最燙手的議題。後來美中之間達成許多共識，他們達成最明白的認知，就是台灣和中國同屬於一個國家。一九七二年的《上海聯合公報》表明：「美國方面聲明：美國認識到，在台灣海峽兩邊的所有中國人都認為只有一個中國，台灣是中國的一部分。美國政府對這個立場不提出異議。美國政府重申對由中國人自己和平解決台灣問題的關心。」[24] 既然台北和北京都同意台灣和中國同屬於一個國家，任何一個美國人若是聲稱北京主張擁有台灣主權，就證明中國是個擴張主義、搞侵略的國家，那就錯了。中國希望台灣和大陸統一是歸還，不是擴張。

美國必須問自己一個簡單的根本問題：美國是否受到它與中國就台灣議題達成的明文協定之法律拘束？絕大部分美國人認為，美國是個天生遵守法律的國家，既尊重也遵守它所簽訂的明文條約和協定。實際上，美國曾經退出它所簽訂的條約和協定。這種事情為什麼會發生，只有一個原因。身為地表最強大的國家，美國可以退出任何法律協定或條約，而不必面對任何後果。天底下沒有任何力量，能讓美國遵守它的法定責任。

在過去，也就是一直到二〇〇一年九一一事件發生之前，美國的首要衝動和本能是尊重國際協定。湯瑪斯．法蘭克（Thomas Franck）在《國家之間合法性的力量》（*The Power of Legitimacy Among Nations*，暫譯）一書討論這個主題。他敘述美國海軍如何在一九八八年自我節制不登船，即使船上已被發現裝載了不合法的核子物品：

一九八八年初，美國國防部發覺有一艘船載著中國製造的蠶式飛彈（Silkworm missiles），正在開往伊朗途中，已經接近波斯灣。美國海軍相信這些強大的武器若是交付給伊朗，對於在當地執行保護任務和受到保護的美國船隻，將增加實質上的危險。國防部因此相當堅定地主張，要求准許美國海軍攔截交貨。然而國務院反駁說，在公海攔截，根據普世公認的交戰法則與中立法則，將構成侵略性的封鎖，等同於對伊朗的戰爭行為。美國如果實施海上封鎖，將失去它以中立之姿斡旋和平的機會。因此，載運飛彈的這艘船獲准繼續通行。在這場爭奪控制美國政策的內部鬥爭之中，尊重制度和規則，勝過了爭取戰術優勢的考量。25

九一一事件之後，這種自我克制絕大多數已經消失掉。

川普政府顯然是美國歷來最極端的政府，完全無視國際條約和協定所承諾的一切法律義務。川普的前任國家安全顧問約翰・波頓（John Bolton）曾經明確地表示：「即使這樣做或許吻合我們的短期利益，授予國際法以任何效力，對於我們來說都是一個重大錯誤。因為長期下來，那些認為國際法真正有意義的人士，他們的目標就是想要約束美國。」波頓在辭職之前，於川普政府內部帶頭主張不理睬或違反美國與中國和台灣原先達成的協議。二〇一七年一月波頓在《華爾街日報》言論版發表一篇文章，主張：「在《上海公報》發表四十五年之後的現在，該是時候重新檢視『一個中國』政策，決定美國認為它代表什麼意思了。」[26] 針對這種主張，卡托研究所安全事務資深研究員泰德・賈連・卡本特（Ted Galen Carpenter）在二〇一九年六月的《國家利益》（*The National Interest*）雜誌中寫道：

在波頓這次重回政府任職之前，他推動高度危險和挑釁性的政策。他敦促美國與台灣建立正式外交關係，甚至主張將美軍部隊從沖繩轉移到台灣。就北京而言，任何一項措施都將踩越鮮明的紅線，可能觸發中國採取軍事行動，以阻止台灣與大陸永久政治分離。具有這種觀點的人擔任重要的政策職務，坐在離橢圓形辦公室咫尺之遙，大大增加了美國進一步支持台灣的可能性，儘管會有與中國發生戰爭的危險。[27]

波頓不是傻子。他知道，他對台灣議題的許多言行激怒了中國。這裡確實存在危險，波頓或類似他的某些人可能發動或觸發一系列行動，迫使中國在台灣海峽採取軍事行動。我故意使用「迫使中國採取軍事行動」這幾個字，因為中國領導人若是在台灣議題上被視為軟弱，政治上就陷入危險。為了保護他的政治地位，他可能別無選擇，只能採取行動。肯楠在提出圍堵蘇聯的策略時，也給美國同胞提供一些明智的建議，認為需要避免挑釁；他說：「這種政策與外在的表現無關，無需展現威脅、嚇唬或多餘的表面『強悍』姿態。克里姆林宮對政治現實的反應基本上是有彈性的，但也絕不是不考量聲譽。就和幾乎其他任何政府都一樣，它可以被魯莽和威脅性的姿態逼迫到無法退讓的位置，即使現實可能告訴它要忍讓。」[28]波頓似乎不同意：他對中國採取了魯莽和威脅性的姿態。

許多美國人很自然地相信，美國在台灣議題上的行動是負責任的，因為美國是主要的保證人，悍然反對中國動武入侵台灣，這的確是事實。然而，如果美國的行動激起中國採取軍事行動，倒楣的將是台灣人民，這也是事實。如果美國對台灣議題的目標確實是高尚的，如果它想要保護台灣人民，而且從長遠來看，美國希望看到民主中國逐漸崛起，它應該讓世界上唯一一個民主運行的華人社會——也就是台灣——持續下去。（作者按：新加坡不符合這個定義，因為它是一個多元種族社會，不是華人社會。）維護台灣民主制度最好的方法，就是美國不要干預台灣問題，而且應該有力地表明它不支持台灣獨立。台灣前領導人陳水扁當年跟台獨運動眉來眼去時，小布希總統曾發出美國不會溺愛的訊息，而這個訊息起了作用。

中國會在沒有遭受挑釁的情況下，片面入侵台灣嗎？目前對中國有兩個主要的限制。第一項是美國國會於一九七九年一月一日通過的《台灣關係法》。[29]它明確表示，美國的政策是「維持美國的能力，以抵抗任何訴諸武力、或使用其他方式高壓手段，而危及台灣人民安全及社會經濟制度的行動」，以及「美國將提供防禦性武器給台灣人民……種類及數量，將足以使台灣保持足夠的自衛能力。」[30]第二項是，允許一個社會和政治實驗室繼續存在，以顯示華人社會在不同政治體制下也可以運作，實際上符合中國的國家利益。中美兩國利益在這裡匯流為一：中國可以向台灣學習有關華人如何應對民主的經驗；在台灣建立一個運作良好的民主社會，也符合美國的長期利益。

簡單講，如果主宰美中對台決策的是政治智慧，而不是短期的戰術博弈，雙方應該可以同意讓台灣保持自主地位。美國強力表態不支持台獨運動，可以有助於降低海峽兩岸的緊張。海峽兩岸緊張一降低，也可以有助於降低要求中國領導人加速統一台灣的壓力。

有時候，簡單的比喻有助於擬訂背道而馳的不同戰略。假設台灣是一艘不沉的航空母艦，坐落在中國武力攻擊距離之內，然後再假設它是健康的細菌，可以刺激中國的實體政治。

如果台灣被看成是一艘不沉的航空母艦，美國就應該幫助台灣盡可能與大陸分離，因此美國的目標就是深化兩岸差異。雖然美國不能明白地支持要求台灣獨立的聲音（因為這將明白違反美國和中國就台灣議題簽訂的協定），它可以發出間接訊號，暗示它同情台灣人主張獨立的聲音。它也可以和民主進步黨（以下簡稱民進黨）更加密切合作。因此，當民進黨籍的台灣總統前往拉丁美洲訪問邦交國，要求在美國路過停留時，美國可以准許，即使此舉會讓北京大為憤怒。美國也可以提供台灣更多的先進軍事武器，即使這樣做違反了一九八二年八月十七日《中美聯合公報》中清清楚楚的條款。《八一七公報》明白表示：

> 美國政府聲明，它不尋求執行一項長期向台灣出售武器的政策，它向台灣出售的武器，在性能和數量上將不超過中美建交後近幾年供應的水準，它準備逐步減少對台灣的武器出售，讓雙方經過一段時間得到最後的解決方案。[31]

但是反過來，如果台灣被認為是健康的細菌，美國就應該鼓勵台灣和大陸擴大接觸，盼望大陸接觸開放與隨心所欲的民主政體後，會導致中國逐漸轉型成為全面的民主國家。因此，看到台灣與大陸更多往來，將吻合美國的利益。為了推動這一目標，美國應該與國民黨更加合作，而不是親近民進黨，原因是國民黨反對台獨。

理論上，中國應該反對與自由民主的台灣發展更密切關係的政策，因為這有可能導致人民要求在中國大陸實行類似的政治制度。因此，近來的中國政府全力增進及便捷大陸與台灣擴大交流，實在令人矚目。二〇〇八年，有十八萬八千七百四十四人次台灣旅客到中國觀光，而大陸旅客訪問台灣的人數也達到三十二萬九千兩百零四人。二〇〇八年至二〇一六年，國民黨籍總統馬英九執政時期，兩岸關係大為改善，台灣赴大陸觀光旅客人數在二〇一六年大增至三百六十萬人，而陸客到台灣人數於二〇一五年締造四百一十八萬人次的高峰數字。[32]

兩岸關係的大突破發生在二〇〇八年，中國決定開放觀光客班機直航。[33]從上海到台北的飛行時間從五小時（不包括在香港轉機時間）縮短為兩小時。如果美國人想了解中國對台灣政策相對是多麼開明，請把它和美國對古巴政策做個比較。沒有一個美國總統有勇氣在卡斯楚還在人世時和他見面。可是，二〇一五年習近平在新加坡和馬英九總統會晤。

美國有強大的尚武文化，領導人要受民眾敬佩必須顯得堅強和好戰。卡特和歐巴馬被認為是軟弱的總統，就陷入苦苦掙扎。然而有時候，比較柔軟的做法可以更有效保護和促進美國利益。對台灣議題採取事緩則圓的做法，可能比波頓主張的方式更符合美國利益。這也是為什麼美國對台灣議題應該發展出強大的政治共識，以避免在中國並不想動武時，卻迫使它對台灣採取軍事行動。

除了台灣議題之外，還會造成美中軍事緊張的另一個問題是南海。漢克・鮑爾森二〇一八年提到，「（中美雙方）最近的意見不合，使得我們的海軍在公海上差點撞船」。他建議中國「嚴格要求遵守交戰規則，以防止解放軍海軍艦長再有類似動作，它上個月在南海差點造成撞船事件。」[34] 鮑爾森對於中國一艘海軍軍艦在美國軍艦旁進行危險動作，很明白地表示不愉快。到目前為止，我們不知道真正發生了什麼狀況。

然而，我們很清楚，美國海軍艦艇例行性地在中國海岸十二英里之外執行巡邏任務。目前，中國海軍艦艇可沒有在加州或紐約海岸十二英里之外巡邏。根據國際法，美國海軍（以及其他國家海軍）絕對有權利在中國海岸十二英里之外航行。這些巡邏並不是天生帶有挑釁意味，但是執行巡邏的方式卻可能是挑釁。

美國主張在南海執行這些氣焰強悍的巡邏有其道理，是因為它保護全球公共財——「公海自由航行權」。對美國這個說法挺諷刺的是，美國所保護的這個全球公共財，最大的受益人是中國。中國今天和全世界各國的貿易量，超過美國和其他各國的貿易量。行遍各地的中國產品多過美國的產品。因此，任何一個周全、理性和明智的觀察家都搞不懂，美中兩國為自由航行權這個問題在吵什麼。這個全球公共財適用在全球百分之九十九點九九的海域，完全吻合他們的利益呀。

問題發生在不到百分之零點零一的國際海面。即使在南海也沒有什麼歧見，因為絕大部分航道是開放的國際水域，許多船隻可以沒有困難或阻礙通過它們。至於在南海有爭議的礁岩，中國只控制少數。越南在二十七個地物（features），占了四十九至五十一個據點。相形之下，中國只在西沙群島有二十個據點。同樣的在南沙群島，中國控制了八個海上地物，如島嶼、礁岩和低潮高地，而菲律賓占領九個、馬來西亞占領五個，台灣在南沙群島只控制太平島一個據點。[35] 當馬來西亞、菲律賓和越南在他們控制的地物四周開始填海造陸時，中國決定跟進。然而，馬來西亞、菲律賓和越南只能在他們控制的地物四周填造出幾英畝土地，中國卻動用它的龐大資源造出兩千英畝的土地。

填海造陸的舉動引發一個問題。中國主張從它新蓋的地物往外延伸十二英里是它的領海。對中國而言，不幸的是，聯合國《海洋法公約》對這個議題的條款寫得清清楚楚。即使在礁岩四周人工造島、填出土地，各國也不允許主張四周水域為領海。根據國際法，中國主張這些地物四周是它的領海是不正確的；美國堅稱它們是國際水域是對的。

接下來的問題是：有什麼最好的方法解決美國和中國之間對南海觀點的歧異？派美國海軍艦艇開進這些中國地物的十二英里之內海面，是證明它們是國際水域的上策嗎？或者，如果國際法清楚地站在美國這一邊，美國把中國告到國際法庭以證明美方勝訴，會是明智之舉嗎？

習近平試圖提供一個讓雙方都保留顏面下台階的方法，以降低在南海議題上的緊張。他提議，如果美國不派任何海軍艦艇去刺激中國人，中國不會把它在南海填海造陸搞出來的島礁軍事化。對雙方來講，這是降低爭議的大好機會。但是美國錯失了機會。美國將會繼續和中國談判嗎？在未來的一、二十年裡，中國可能崛起成為世界最強大的國家，而且還不是擴張主義的國家。中國兩千年的悠久歷史已經創造出一種戰略文化，不建議派兵到遠方打不必要的戰爭。因此未來很有可能的情況是，儘管中國在全世界的戰略分量和影響力大幅成長，它的行為舉止卻不會變得像是有侵略性和好勇鬥狠的軍事大國。如果美中之間的實際競爭不是在軍事領域，而美國卻在實際競爭發生在非軍事層面時，還專注於加強軍事力量，會是明智之舉嗎？因此，現在華府是不是應該改變它對中國的戰略共識呢？

第五章 美國能一百八十度大轉向嗎？

目前美中之間這場地緣政治角力，美國行徑有如冷戰時期的蘇聯，而中國行徑則有如當年的美國。

冷戰期間，當蘇聯僵化、無彈性又死守教條時，美國在做決策時則常是靈活柔軟、有彈性和理智的。蘇聯逐漸捲入不必要、又痛苦的衝突，在國際衝突中消耗資源和精神；美國在撤出越南後，避免直接捲入大規模的軍事衝突。蘇聯採取單邊行動，忽視國際輿論；美國則採取多邊行動，爭取全球輿論站到它這邊。美國保持經濟動力和強大，而蘇聯停滯的經濟卻把資源消耗在軍事支出上。

把「美國」這個字換成「中國」，把「蘇聯」這個字換成「美國」，你就會意識到美國的行動相較於冷戰戰略是多麼不同。很顯然，我們必須加注一些限定條件和細微差別，但令人驚訝的是，這個比較竟然令人如此印象深刻。

本章的主要論點是，美國決策的僵化、沒有彈性，變成根深柢固的結構，這在美國處理軍事衝突的方式上特別明顯。即使美國在一些重要領域做出一百八十度大轉向可能是合理的，但僵化、不靈活的決策程序也會阻止它這麼做。

以國防預算為例，降低預算是合理的。如果美中之間爆發全面戰爭，實在令人難以想像（因為兩國都將被徹底殲滅），即使美中之間發生短暫的小衝突也不可行（因為這將導致雙方朝著全面戰爭的滑坡一路滑下去），對任何理性的戰略思想家來說，顯然這兩個大國間的地緣政治競賽結果不能以軍事手段解決。因此，美國增加軍事開支並不合乎理性，因為它已經有足夠武器摧毀整個中國好幾次。的確，減少美國的軍事開支，把新資源轉移至其他重要領域，例如科學技術的研發，才是理性的。

美國海軍有十三個航空母艦戰鬥群，如果封存一個，或甚至三個戰鬥群，也不會損及美國國家安全。這樣做可以節省大量開銷。根據美國海軍上校亨利．韓德里克（Henry J. Hendrix）的說法：「要購置和營運一個航空母艦戰鬥群是非常昂貴的。包括派駐母艦上的空軍聯隊、五艘水面作戰船艦和一艘快速攻擊潛水艇整個生命期的費用，再加上將近六千七百名官兵，要營運這樣一個戰鬥群，每天花費約六百五十萬美元。」[1]同樣地，很多其他軍事費用也可以削減，省下的經費可提供與中國進行地緣政治競爭的非軍事層面之用。許多年前（二〇一一年），札卡瑞亞就頗有先見之明提出警告，認為美國軍事開銷已經膨脹到失控的地步：

五角大廈的預算已經連續十三年成長，這是前所未有的情況。二〇〇一年至二〇〇九年間，整體國防開銷從四千一百二十億美元上升到六千九百九十億美元，增加幅度達百分之七十，與韓戰以來任何時期相比都是大增幅加。包括用在伊拉克和阿富汗的追加支出，與冷戰期間美國平均國防支出相比，我們多花了兩千五百億美元。而冷戰期間，蘇聯、中國和東歐軍隊是一起對抗美國及其盟國的。過去十年，我們沒有嚴重的國家敵人，美國的國防開銷卻從占全球國防支出的大約三分之一，大增至百分之五十。換句話說，我們花的國防經費比全世界其他國家統統加總起來還更多。

如果美國夠理性，就會少花一些國防經費。然而，實際上美國不可能降低國防開銷，因為採購武器的決策過程早已鎖死。即使選派一些最優秀的人才，如艾許·卡特（Ash Carter）和吉姆·馬提斯（Jim Mattis）等人擔任國防部長，可悲的現實是，美國的國防部長不論多麼優秀，都無法降低國防支出。

為什麼不行？因為國防經費並不是經由完全理性的國家戰略，評估當前的地緣政治環境下美國需要什麼武器系統後才決定。武器系統之所以採購，是國防承包商一套複雜的遊說系統運作之後的結果；這些國防承包商很聰明地把軍備生產工廠分布到所有關鍵的國會議員選區去。因此，想要維護選區內就業機會的參眾議員們決定要替美國軍方生產哪些武器系統。溫斯洛·惠勒（Winslow T. Wheeler）在參議院和美國政府責任署（Government Accountability Office）服務三十年，負責國家安全相關事宜。他記錄下浪費的情況：

他們（參議院國防小組委員會）削減軍人待遇和備戰項目經費，以便增加國防部研發暨採購項目經費。這是最多專款的項目——並不是國會特殊利益項目——之所在。在研發方面，他們對五角大廈的要求再加撥三十九億美元，使這一部分由九百一十億美元上升為九百四十九億美元。採購方面，五角大廈要求一千三百零六億美元，他們加上四十八億美元。某些專款項目數字極大。有爭議的F-35戰鬥機在好幾項專款項目中多了二十億美元，臭名昭彰的近岸作戰船艦（Littoral Combat Ship）得到九億五千萬美元，C-130運輸機沒有提出要求，也分配到六億四千萬美元。等等不一而足。[2]

如此不合理又浪費公帑的國防支出繼續花下去的話，正好吻合中國的國家利益。美國把愈多經費花在根本不會用來對付中國的武器系統上，中國得到的好處就愈大。簡單來說，美國的軍事支出成為送給中國的地緣政治禮物。如果美國的國防支出是理性評估過後的結果，現在就應該來個一百八十度大轉向，必須聰明地削減，或甚至凍結美國的國防支出。然而，這種情況不會發生。就和前蘇聯一樣，目前的美國已經被不理性的過程綁死，無法脫身。

反過來說，中國軍方的手並沒有被國防遊說勢力綁住。他們可以做出理性的長期國防決定，以維持中國的安全。如果他們的思維僵固，只知機械性的反應，就會抄襲美國，試圖建立十三個航空母艦戰鬥群，若這麼做，絕對是愚蠢至極。因此，他們專注於採用軍事力量較弱一方會採取的戰略，進行不對稱作戰（asymmetric warfare）。中國把預算花在尖端的陸基飛彈，這些飛彈可使美國的航空母艦戰鬥群完全失去作用。一艘航空母艦可能要花費一百三十億美元興建，[3]中國的東風26（DF-26）彈道飛彈，據中國媒體聲稱可以擊沉航空母艦，[4]它的造價一枚只需幾十萬美元。新科技也有助於中國對抗航空母艦，哈佛大學教授提摩西・科爾頓（Timothy Colton）告訴我，航空母艦面對超音速飛彈的威脅時，將變成坐以待斃的待宰羔羊，因為這些飛彈可以極快的速度，在不同的高度操作和飛行。

這種不對稱作戰的戰略是被美國人的行動逼出來的。陸伯彬（Robert Ross）詳述一九九六年台灣海峽發生危機的經過：「李登輝總統訪問康乃爾大學之後十個月期間，美國和中國就美國對台政策重啟艱苦談判。談判在一九九六年三月達到高潮，中國鎖定台灣附近為目標，以軍事演習和飛彈試射展現強大武力，美方的回應同樣戲劇化，派出兩個航空母艦戰鬥群。」[5]柯林頓總統派遣兩個航空母艦戰鬥群趕到台灣海峽口，並威脅說要派它們通過台灣海峽。這使得中方醒悟，他們沒有力量抵抗美國的航空母艦戰鬥群。中國當時只能有一個理性回應：埋首開發，確保未來不再受美國威脅。今天，任何一位美國總統若要派航空母艦穿越台灣海峽，都必須三思而後行。對中國軍方而言，它們將成為很容易進攻的目標。美國軍方用「反介入／區域拒止」（Anti-Access Area Denial, A2AD）這個名詞，形容中國的戰略是攻勢性質。在表達抗議的同時，也等於間接承認這是有效的。

中國在國防方面的理性，充分展現於他們決定不增加核武的庫存數量。美國有六千四百五十枚核彈頭；中國只有兩百八十枚。然而，如果兩百八十枚就足以嚇阻美國（或俄羅斯）對中國發動核子攻擊，幹嘛還多花錢增產？歐巴馬總統很聰明，籌畫了四次核子安全高峰會議和兩次「核不擴散條約」（Nuclear Non-proliferation Treaty, NPT）檢討會議，[6]討論削減核武。雖然他可以談論核武議題，卻沒有權力把美國的核武數量削減到合理水平。中國領導人有這種權力，但也明智地運用這種權力。

美國如果降低介入費用浩大、身心痛苦又無必要的衝突，也將很合理的。蘇聯因為在一九八〇年代介入阿富汗及支持越南入侵柬埔寨而被拖垮，美國雖然支持許多祕密行動來對付蘇聯的代理人，但它在當時（越戰之後）並沒有直接捲入任何重大衝突的地面作戰。這是明智的策略。

今日的美國卻背道而馳。陷入阿富汗戰局的是美國，不是蘇聯。美國花費數兆美元，卻眼睜睜看著介入阿富汗完全失敗。美國在二〇〇一年介入阿富汗，師出有名，因為賓拉登利用阿富汗為基地，發動對美國的九一一攻擊。實質上，包括中國和俄羅斯在內，全世界都支持美國動武。然而，如果美國柔軟、有彈性和理智，它應該是發動外科手術般的作戰，剷除掉阿富汗境內的蓋達組織（Al-Qaeda，又稱基地組織）成員，然後撤兵。傷害更強的是，美國並沒有採用務實的外交交涉解決阿富汗衝突。

二〇〇三年進軍伊拉克則根本師出無名，不論是就國際法或理性評估美國的國家利益，華府都不應該開戰。在這裡，美國又虛耗了數兆美元。

如果美國是由一群精明、有遠見的戰略思想家妥當管理，冷戰結束後，合乎邏輯的結果應該是，美國大幅減少介入國外衝突，它之所以介入許多這類衝突，是因為在地緣政治博弈中和蘇聯對抗。蘇聯垮了，美國就贏得很漂亮。美國應該抓住大勝的成果，從介入國外衝突抽身。可令人震驚的是，美國卻反其道而行。

約翰．米爾斯海默（John Mearsheimer）在其著作《大幻想：自由主義之夢與國際現實》（*The Great Delusion: Liberal Dreams and International Realities*）中有詳盡分析：

> 一九八九年冷戰結束，一九九一年蘇聯崩潰，美國崛起成為地球上最強大的國家。不意外地，柯林頓政府從一開始就擁抱自由主義的霸權，而小布希和歐巴馬政府也一路堅守此一政策。同樣也不意外，美國在這段時期介入無數次戰爭，而且幾乎在所有這些衝突中都沒有獲得有意義的成功。華府也扮演核心角色，造成大中東地區動盪不安，貽害生活在當地的人民。自由派的英國在這些戰爭中一直是華府忠心耿耿的助手，美國所造成的動亂，英國也難辭其咎。

美國的決策者也扮演重要角色，為了烏克蘭與俄羅斯之間出現重大危機。在本書執筆時，此一危機尚無緩和跡象，根本不吻合美國的利益，更不用說，也不吻合烏克蘭的利益。[7]

國會研究處（Congressional Research Service）是一個獨立機關，它曾經提出一份研究報告：〈美國武裝部隊海外用兵實例，一七九八年至二〇一八年〉（Instances of Use of United States Armed Forces Abroad, 1798–2018）。如果美國聽從世界最大戰略思想機構的忠告，這份報告應該顯示，一九八九年之後美國減少了在海外介入的事例。但這份研究指出，在冷戰結束之前的一百九十年期間，美國部隊奉派參戰兩百一十六次，平均一年一點一次。可是，冷戰結束之後的二十五年期間，美國的海外軍事用兵案例大增，動用武裝部隊一百五十二次，平均一年六點一次。[8]

是誰做的決定？這是全面評估美國的全球戰略優先次序後的結果嗎？中國如果處於相同處境，也會這樣做嗎？或者說，這純粹是「集體思維」（groupthink）[9]的結果？所有證據都顯示是後者。甚且，證據清楚顯示，美國選民並不認可這種等級的積極海外用兵；這些任務有許多並未從法律上界定為戰爭，國會對海外用兵決策的監督，也降低到總統勉強作態，讓國會在形式上稍微辯論的地步。

美國會走向這種集體思維傾向，委實令人震驚，因為全世界再沒有其他國家像美國這樣，擁有如此眾多經費充足的戰略智庫。的確，沒有一個國家像美國這樣花大錢在智庫上。結果應該是能夠更深入周全思考才對，不料卻是相反，反而看不太到美國深入周全思考。很顯然，如果這些戰略智庫認為美國沒有注意日益浮現的戰略挑戰，他們的角色和責任就應該提出戰略警惕，向美國政界提出建議。智庫彼此之間的競爭非常激烈。每個智庫裡面，從左翼到右翼，每一種不同政治光譜的意見都有。美國參與戰略思考工作的總人數非常多。這些人並不局限於在智庫工作的人，還有許多人在龐大的國家安全機構中工作，如國家安全會議、中央情報局、聯邦調查局、國家安全局等等。所有這些人都是生態系統的一部分，他們經常伴隨華府政黨輪替而在政府中流動出入。美國很明顯擁有全世界最大的戰略思想產業。回過頭來，這個戰略思想產業又出自地球上最自由的社會，這個社會鼓勵大膽的獨立觀點，以及不囿於傳統觀點的不同意見。理論上，沒有一個社會更能比美國免於集體思維的病症。

但是，集體思維已經控制華府看待中國的方法。中國雖在冷戰結束後的三十年中緩慢、穩定的崛起，但美國的戰略思想產業仍然分神困陷在各式各樣不必要的軍事干預裡，由於美國的思緒不集中，正好符合中國的戰略目的。

有位學者試圖了解這種集體思維產生的根源，他就是哈佛大學的教授史蒂芬・華特。華特在他的書《以善意鋪成的地獄：菁英的僵化和霸權的衰落，重啟大棋局也注定失敗的美國外交政策》（*The Hell of Good Intentions: America's Foreign Policy Elite and the Decline of U.S. Primacy*）中詳細敘述，有一種產業如何在華府發展起來，這種產業因為美國在海外大肆進行軍事干預而發財，因干預減少反而賠錢。套用中國的說法，如果美國不再搞軍事干預，相關產業從業人員的「飯碗」會打破。對於戰略智庫和國防工業遊說集團的共生關係，華特有如下描述：

像喬治・馬歇爾（George Marshall）這樣的公僕，以及拒絕從擔任公職獲取私人利益機會的時代，早已成為過去。今天，在華府事業有成——有時候甚至沾滿汙名也無妨——可以替轉往民間部門擔任高薪工作鋪路，前提是不要脫離「可敬」的共識。[10]

華特又加上以下觀察：

誇大威脅也很盛行，從誇大威脅可以得到利益的個人和團體，比起想要辯駁威脅的個人和團體更多，經費也更多，而他們通常也享有更大的政治聲望。整個軍事—工業複合體有明顯動機要誇大外國構成的危險，以便說服政治圈撥給他們更多資源。鷹派智庫得到國防承包商和個人慷慨掏錢支持；相比之下，提出比較不恐怖的評估之團體，通常資金不足而且影響力較小。[11]

為數眾多、色彩各異的戰略思想產業中的許多成員痛恨前述說法。可是，有許多實例顯示，這種集體思維明顯浮現出來。第一個最明顯的案例，是二〇〇三年伊拉克戰爭開戰前的醞釀時期。巴西、埃及、法國和德國等美國盟邦，有許多領袖人物強烈警告指出，開戰將不合法又會帶來災難。這些警告事後都證明完全正確。

由於此一集體思維的結果，美國花了將近一兆美元[12]，除了使伊朗在波斯灣地區影響力大增、傷害到美國在當地的友邦之外，毫無其他成就。最重要的是，中國在美國入侵伊拉克之後的十年內經濟突飛猛進。毫無疑問，伊拉克戰爭是送給中國的一個巨大戰略禮物。

相繼在伊拉克和阿富汗玩火自焚之後，美國如果柔軟、有彈性和理智，合乎邏輯的反應該是退出，不再捲入伊斯蘭世界不必要的衝突。但是它沒有辦法做出一百八十度大轉向，美國就像舊蘇聯，已經變得僵固、沒有彈性、死抱教條。讓人大為驚訝的是，美國政府內外的主要戰略思想家，繼續支持美國在一些伊斯蘭國家，如利比亞、敘利亞、葉門、索馬利亞等等，進行軍事干預。

如果喬治．肯楠今天還在世，他一定會清楚看到，美國因介入伊斯蘭世界不必要的衝突，無論內外都受創甚深。如果美國的戰略是優先集中焦點在中國身上，它應該合乎邏輯、理性的決定——如果不可能全部退出的話——退出在伊斯蘭世界大部分的干預行動。美國最大的地緣政治優勢，是它和伊斯蘭世界的實體距離十分遙遠。大西洋和太平洋又把美國和伊斯蘭世界的兩端——摩洛哥和印尼——隔離開來。

二十一世紀人類史上最重要的一個動力，是廣大的伊斯蘭世界內部巨大的鬥爭，十三億人要與現代新世界和諧共處。這裡頭將出現許多跌宕起伏。世界上有許多國家在地理位置上是伊斯蘭國家的鄰國，他們已經學會如何小心、敏感地與伊斯蘭鄰國相處。譬如，澳洲小心翼翼、細膩地面對印尼；泰國了解馬來西亞的敏感議題。美國還未發展出這種靈敏度。美國是世界上唯一一個大國，可以不理會伊斯蘭世界這些鬥爭。可是，美國卻貿然決定直接或間接介入許多伊斯蘭國家的衝突。它一直很不明智地把手指伸進蜂窩，當然就一直被螫咬。因此，美國夠聰明的話就是完全退出伊斯蘭世界。

令人驚訝的是，美國沒有重要人物支持這一符合常識的動作。不過，喬治・索羅斯和查爾斯・科赫（Charles Koch）倒是相當明智，在二〇一九年成立的「昆西治國方略研究所」（Quincy Institute for Responsible Statecraft），它所揭櫫的宗旨是，「為以外交交涉和軍事節制為中心的新外交政策奠立基礎」。[13]

過去，美國持續介入中東，尤其是波斯灣事務，有一個戰略上的理由，那就是美國需要來自阿拉伯國家的石油。現在，美國變成石油輸出國。因此，美國每天花幾百萬美元派軍駐守波斯灣地區，只幫到一個國家，那就是中國，因為這保護石油運銷到中國。由於美國持續深度介入中東已經沒有戰略收穫可言，反而只有戰略損失，我們現在應該可以看到華府正在出現強大共識，主張該是美國退出中東的時候了。

奇怪的是，儘管美國有全世界最大的戰略思想產業，現在的發展卻是逆向而行。歐巴馬和川普這兩位總統可說是最不同的總統。實質上，兩個人沒有對一件事有過相同意見。可是，他們兩人都看到，美國介入敘利亞毫無意義，也都試圖降低美國介入敘利亞的程度。兩人都應該因為他們的戰略常識受到讚美，可是，他們反倒備受批評。

二〇一三年八月，敘利亞發生化學武器攻擊事件之後，歐巴馬決定不轟炸敘利亞[14]，戰略思想專家幾乎全面一致譴責歐巴馬不懲罰敘利亞政府，因為他曾經說過，敘利亞政府若是動用化學武器，就是踩到「紅線」。可是，這些主張沒有一個說明轟炸能達成什麼目的。它能推翻阿薩德總統嗎？恐怕未必。如果阿薩德真的下台，敘利亞人民會有好日子過嗎？或者就跟先前西方介入之後，伊拉克人民和利比亞人民反而死傷更加嚴重呢？轟炸敘利亞，美國的國家利益能增強嗎？最重要的是，美國有位開國元勳曾提出明智的忠告，認為美國應該顯示「對人類意見適當的尊重」，那麼請問有哪一位主要的戰略思想專家注意到，世界上大多數國家會不贊成片面轟炸敘利亞的行動呢？

全球對美國任性介入他國事務的感受，印度前任外交官薩仁山（Shyam Saran）有相當深入的觀察，他寫道：

> 在大多數案例上，干預之後的情勢變得更加惡劣，暴力變得更加致命，原本應該受到保護的人民，遭遇的苦難反而比先前更嚴重。伊拉克是個比較早的案例。利比亞和敘利亞則是比較晚近的例子。烏克蘭的情況也一樣。在每一個案例上，都沒有審慎思考過干預可能會有什麼後果。[15]

二〇一八年十二月十九日，川普總統宣布將從敘利亞撤走美軍部隊，他應該為這個戰略常識受到讚賞才是，不料卻遭到抨擊。有一個典型的評論，來自中東研究所（Middle East Institute）資深研究員查爾斯．李斯特（Charles Lister）。他說：「下一次美國需要在世界某地挑戰迫在眉睫的恐怖威脅時，我們應該是希望透過當地夥伴，和他們合作一起承擔。你認為他們現在會相信我們嗎？門都沒有！」[16]

當李斯特批評川普放棄在敘利亞對抗伊斯蘭國的作戰時，我心裡暗忖，不曉得他知不知道，這些伊斯蘭國（ISIS）戰士——美國理論上是跟他們相互交戰的——從阿富汗進入敘利亞，是由歐巴馬政府鼓勵和協助的。[17]日後檔案公開時，歷史學家將可查證清楚，美軍究竟是把伊斯蘭國戰士送進敘利亞，還是在敘利亞和伊斯蘭國部隊作戰？這兩種動作都對美國實質國家利益沒有幫助。我在美國之外的許多朋友都相當疑惑，即使美國介入這些衝突無助於美國的實質利益，在戰略思想界卻有十分明顯的共識，認為美國應該繼續在伊斯蘭世界自找麻煩。

有位學者試圖從知識面說明美國必須介入軍事衝突的理由，他就是羅伯特．卡根（Robert Kagan）。他認為，美國如果撤出的話世界將陷入混亂。他寫了一本書《叢林將會長回來》（*The Jungle Grows Back*，暫譯），就已經講白了。如果美國從世界撤退，世界只會倒退回去再變成叢林，陷入原始蠻荒和動亂。卡根是這麼說的：

> 我們自由主義者所謂的進步，是由於在美國國力所創造的地理和地緣政治空間內，自由主義得到了保護而得以實現……問題不是什麼會破壞自由主義的秩序，而是有什麼能支撐它？如果自由主義的秩序像花園一樣是人造的，並且永遠受到大自然力量的威脅，要保護它就需要與藤蔓和雜草進行持久、無休止的鬥爭，因為藤蔓和雜草會不斷地從內部破壞它，從外部淹沒它。[18]

這本書引起廣泛注意，在美國得到許多正面評論。扎卡里・卡拉貝爾（Zachary Karabell）在《紐約時報》上寫道：「卡根可能誇大了美國往後繼續前進可以且應該扮演的角色，但是他有力地強調了世界秩序過去一直是多麼脆弱。」[19]可是，沒有一個書評家說出這本書最明顯的一點：它侮辱了不生活在美國的七十億人。卡根無法想像一個不由美國領導的文明世界，這麼一來洩露了他的立論弦外之音，他深信美國是地球上唯一真正的文明社會——是二十一世紀「白人重任」無可逃避的承擔者。簡單來說，如果美國撤退，世界就陷入蠻荒和混亂。

會這樣子嗎？很幸運地，對於這個問題我們可以提供一個經過實證的答案。許多學者已經花了許多篇幅記載，為什麼世界從來不曾像現在這麼文明。史蒂芬・平克（Steven Pinker）在《啟蒙運動在今天》（*Enlightenment Now*，暫譯）這本書中提供強大的證據，證明世界是如何進步，演化成為今天空前無比的文明。平克宣稱：「世界在人類福祉的每一個方面都取得驚人的進步。」[20]他在書中各章詳述世界在許許多多層面是如何進步，包括人類壽命、世界生產總值、人均GDP、社會開支、民主和人權擴張，以及母嬰死亡率降低、童年發育遲緩、營養不良、極端貧窮、全球貧富懸殊、因傳染病死亡、天災、饑荒、戰爭和種族滅絕等等。

同樣的，哈拉瑞（Yuval Noah Harari）也記錄了世界如何變得更文明。他說：

在過去的五百年間，我們見證了一連串令人驚嘆的革命。地球在生態和歷史上，都已經整合成單一的領域。經濟呈現指數增長，今日人類所享有的財富，在過去只有可能出現在童話裡。而科學和工業革命也帶給我們超人類的力量，以及幾乎可說無限的能源。不僅社會秩序完全改變，政治、日常生活和人類心理也徹底改觀。

然而，我們今天已經打破了這個叢林法則。現在呈現的是真正的和平，而不只是沒有戰爭。對於大多數的政體來說，都沒有什麼合理可信的情況，會在一年之內導致全面開戰。有什麼可能，會讓德國和法國忽然開戰？中國和日本開戰？巴西和阿根廷開戰？

雖然可能會有某些小規模邊境衝突，但現在除非發生了某個世界末日等級的事件，否則幾乎不可能再次爆發傳統的全面戰爭。如果說明年這個時候，阿根廷裝甲師要一路橫掃到巴西里約的大門口，而巴西又要地毯式轟炸阿根廷的布宜諾斯艾利斯，機會只能說微乎其微。當然，有幾對國家之間仍然可能出現戰爭，像是以色列和敘利亞、衣索比亞和厄立垂亞、或是美國和伊朗，但這些只是少數例外。

卡根應該注意第二段第一句：「我們今天已經打破了這個叢林法則。」世界上有一個地區，熱帶叢林真的會迅速、凶猛地長回來，那就是東南亞。這也是全世界最適宜測試「美國若是停止轟炸，世界就會變得不文明」這個論點是否能成立的地區。美國在越戰期間投擲在東南亞的炸彈數量，比在整個二次大戰期間投擲在歐洲的炸彈數量還要多。英國廣播公司這樣說：「歐巴馬總統形容，寮國是歷史上挨炸彈轟炸最慘烈的國家。從一九六四年至一九七三年的越戰期間，平均每分鐘挨八顆炸彈——比整個二次大戰期間所使用的炸彈還多。美國出動五十八萬零三百四十四次轟炸任務飛過寮國領空，投下兩億六千萬顆炸彈——等同於兩百萬噸的炸藥，南部及北部許多目標被炸了好幾回，目的就是要孤立共產黨在北越的部隊。」[21]

許多美國人知道美軍狼狽地撤離東南亞，直升機從西貢美國大使館屋頂救出人員的畫面歷歷在目。在美國這場轟轟烈烈的撤退，以及全面停止轟炸之後，東南亞應該要陷入一片混亂才對。可是，我和孫合記（Jeffery Sng）在《解讀東協》（*The ASEAN Miracle*）這本書中指出，自一九七五年以來，東南亞種種表現十分卓越。箇中原因很複雜。然而，有一個關鍵原因是，東南亞已醒悟過來，認知到他們的命運要由自己的決定來打造。東南亞過去長久被稱為「亞洲的巴爾幹半島」。美國撤退之後，此地再爆發衝突並不令人意外。然而，這個區域成為名副其實的和平與繁榮的燈塔。

卡根這本書預設的前提完全錯了。過去幾十年世界並沒有退回到叢林狀態，誠如平克和哈拉瑞所記載，世界從來沒有如目前這麼文明。因此之故，美國如果柔軟、有彈性和理智，它應該善加利用這個積極的全球新環境，來個一百八十度大轉彎，不要再使用軍事力量做為它對外交往時的主要武器。捨棄使用昂貴的武器系統後，美國應該借助老式的外交交涉。外交手段比動用武力便宜多了。

為什麼要借助外交交涉？美軍灰頭土臉徹底失敗、撤離東南亞之後，東南亞的卓越成功，應該給了美國戰略思想家一個寶貴的教訓，就是有時外交工具可以比世界上最強大的軍隊還更有效。一九八四年至一九八九年我擔任新加坡駐聯合國大使時，與美國外交官員密切合作，成功爭取到對東協組織外交工作的支持，扭轉蘇聯支持的越南對柬埔寨的占領。

全球外交動員孤立越南的行動非常成功。冷戰結束以及蘇聯崩潰使得越南的占領無以為繼，越南在一九八九年從柬埔寨撤退。由於越南一九七八年十二月入侵柬埔寨之後，十年來它和東協各國尖銳對峙，接下來的發展從邏輯上來說應該是十多年的痛苦和敵對，就好像一九七九年伊朗人質危機之後，美國和伊朗之間的情況一樣。可是，越南在一九九五年加入東協，離它撤出柬埔寨才六年。人類史上很難再找到更棒的外交調和成功範例。

很不幸的是，美國倉皇撤出之後，即使東南亞的外交交涉非常成功，理應教會美國優異外交的價值，但美國仍有結構性的原因，使其無法更專注在外交上面。要執行優異的外交交涉，需要有優秀的外交官。要有優秀的外交官，你必須承諾美國年輕的外交官會有前景光明的外交事業，有朝一日，出類拔萃的外交官會出使世界重要國家首都，如北京、東京、倫敦、巴黎、柏林和布魯塞爾，擔任大使。然而，今日前景看好的美國年輕外交官所能盼望到最好的大使職位，可能是派到非洲國家馬利的首都巴馬科（Bamako）擔任大使。

為什麼會這樣呢？因為現在美國的大使職位是待價而沽。大家嚮往的國家，要由總統競選時花大把銀子捐助的金主出任。奇妙的是，即使對這個問題相當了解的歐巴馬總統，酬庸富有金主擔任駐外大使的人數卻破了紀錄。根據美國外交官協會（American Foreign Service Association, AFSA）二〇一四年的一項報告，「歐巴馬的第二任期迄今，已經提名了破紀錄的政治委派人員擔任大使（超過半數以上的職缺），相形之下，近年其他總統派金主和好友出任大使，約占三分之一職缺。」[22]毫無疑問，有些捐款大戶，如駐中國大使洪博培（Jon Huntsman）表現優異。[23]由於美國的總統候選人必須籌募很多經費，也由於慷慨解囊的金主希望被派到一流國家擔任大使，實際上美國現在已經不可能培養出堪與中國匹敵的專業外交官隊伍。更糟的是，即使國務院的預算高達三百一十五億美元，跟國防部的預算六千兩百六十億美元一比，還是寒傖得很，[24]而許多美國政客還想再砍它。札卡瑞亞描述這麼做的危險：

自從冷戰以來，國會傾向提供五角大廈充裕的經費，要外交政策機構縮衣節食。前國防部長羅伯特・蓋茨（Robert Gates）指出，軍樂隊的成員人數還超過整個美國外交部門的人數。任何曾在實地觀察美國外交政策運作的人士，都能看到這種不平衡。負責談判重要事務的國務院資深官員在沒有助理陪伴下，搭乘經濟艙班機，飛了十四個小時後披頭散髮的抵達。軍方談判代表則搭乘專機機隊，在數十名助手簇擁之下現身，還有滿滿的錢可以花用。當新聞媒體描述理查・郝爾布魯克（Richard Holbrooke）是當時美軍中央司令部司令大衛・裴卓斯（David Petraeus）將軍的「文人對等同袍」時，郝爾布魯克笑著說：「他手下的飛機可比我的手機多得多。」（郝爾布魯克的確有許多手機）[25]

雷克斯・提勒森（Rex Tillerson）擔任國務卿的時間不長，又頻頻出紕漏，但是他試圖削減國務院預算。《芝加哥論壇報》報導他的工作狀況是：「提勒森星期一告訴國會，國務院將進行組織調整，大部分特使職位將被裁撤、工作另外委派其他單位接手，包括氣候變遷和伊朗核談判特使。至於阿富汗—巴基斯坦、傷殘權利和關閉關塔那摩灣拘留中心的特使，也將依此一計畫裁撤掉……目前的六十六名特使或代表，有三十人將留任，裁掉百分之五十五。九個職位將完全裁掉……預計將會削減大約三分之一預算，以及數千個職員。」[26]提勒森去職，換上邁克・蓬佩奧（Mike Pompeo）接任後，起先情況略有改善。然而，改善曇花一現。二〇一九年十月，美國最資深的外交官威廉・伯恩斯（William J. Burns）提出他的觀察：「我在美國外交界服務三十五年，很榮幸地追隨過兩黨五位總統、十位國務卿，從來沒有看過目前進行中的對外交工作之攻擊，它不僅傷害國務院這個組織，也傷害我們在國際上的影響力。」他指的是對「駐烏克蘭大使瑪麗・約瓦諾維奇（Marie Yovanovitch）卑鄙的不當待遇——她因為阻擋總統爭取外國干預美國大選的計畫，遭到革職」。[27]各界很難相信美國的外交官員不會因為這一類的發展而士氣低落。

如果美中之間日益上升的地緣政治角力的結果不可能在軍事領域解決，而是比較可能運用外交交涉解決，那麼美國強化軍事力量、減弱外交力量，就完全不合邏輯。可是，這正是目前發生的情況，而且還會繼續下去。因為美國在結構上不可能來個一百八十度大轉向，深層結構支持著既得利益者。

未來的歷史學家可能會正確的記載，在冷戰結束後，美國後患最為無窮的決策是捨棄外交交涉。這裡頭也有一個簡單的結構性原因，可以解釋美國為什麼這樣做。歸根究柢，外交交涉的本質一向就是有給有取，做出合理的妥協。冷戰結束之後，美國崛起成為唯一的超級大國，在世界史上短暫地享有單極時刻的好處。做為唯一的超級大國，美國一直可以為所欲為。不幸的是，它失去了和其他國家妥協的藝術。

一九八〇年代末期，戈巴契夫崛起主政之後，美國變得愈來愈有自信。我以新加坡駐聯合國大使身分主持一個援助非洲貧窮國家議案的談判，這是「聯合國支持非洲經濟復甦及開發行動計畫」（UN Program of Action for African Economic Recovery and Development, UNPAAERD）的一部分。談判按照正常程序進行。各國先後陳述他們的立場。和平常一樣，捐款國家如美國和歐盟的立場，跟受援助的非洲國家之立場有很大差距。經過好幾個星期的談判，彼此互有取捨（貧窮的非洲國家別無選擇，與捐款國家的讓步相比較多），總算達成大家都能同意的折衷文本。最後一天，就在我們即將通過這份折衷文本之前，美國代表團舉手表示，他們剛收到美國財政部的新指示，財政部突然發現這份經過痛苦談判才達成的折衷文本，有些文字有問題。可想而知，會議室裡其他所有國家全都跳腳、大怒。然而美國不在乎。美國太強大了，它可以不理會其他國家的感受。

這個故事透露出，美國在外交作業上有另一個典型的結構性問題。大部分國家的外交官只會從中央收到一種指示。因此，他們把大部分時間花在與其他國家談判。美國外交官剛好相反。他們大約花費百分之九十的時間與華府的許多機關交涉，才能收到一套合理、一致的指令。與華府好幾個機關進行痛苦談判後，美國外交官的立場已經沒有太多空間可以折衷讓步。談判要成功，各國代表團必須有彈性地在談判桌上做出妥協。美國外交官在這方面受到嚴重拘束。國內機關的絕對權力，以及相互衝突的要求，使得美國談判代表沒有太多彈性空間。

與此同時，外交前線還是有些好消息值得報導。隨著時間進展，華府許多主要機關已經對了解世界各國發展出專門知識。但諷刺的是，這是機密外洩的結果——維基解密（WikiLeaks）揭露一大堆美國外交電文。機密外洩後，英國歷史學者提摩西．賈頓．艾許（Timothy Garton Ash）在《衛報》上發表文章說：「我個人對國務院的意見提高了好幾級……我們在這裡頭看到的，經常是第一流的分析報告。」[28]

我在新加坡外交部服務三十多年，與美國外交官有相當多來往接觸，從個人經驗來看，我認為美國國務院有許多傑出的外交官。我在職業生涯中認識的美國外交官，包括托馬斯．皮克林（Tom Pickering）、傅立民（Chas Freeman）和約翰．尼格羅龐提（John Negroponte）等職業外交官都很優秀。我還可以舉出更多人。很顯然，美國一定有有效的甄選、培養人才的生態系統，才能產生這些傑出的專業人才。

毋庸置疑，這套生態系統在最近兩任國務卿提勒森和蓬佩奧拙劣的領導下受到傷害。川普總統對許多美國政府機關毫不尊重，也傷害了他們。不少美國外交官辭職以示抗議。然而，大多數人堅守外交崗位。因此，國務院還有希望復活，在合適的領導人出現時，可以再度成為有效的外交機構。

如果美國政府的領導階層學會聆聽美國外交官建言的藝術，也發展出吻合全球人類觀點和感受的政策，美國的外交政策就可以大幅增強。理論上，這是最簡單的大轉向，美國政府應該要做的就是聽取自家外交官的建言。不幸的是，專家建言在美國決策過程扮演很小的角色。而且，經常是國內政治考量勝過明智的外交建議。

這一切導致令人沮喪的結論。如果美國想要有效回應來自中國的地緣政治新挑戰，它需要做出巨大轉變，包括削減軍事開銷、退出伊斯蘭世界的所有軍事干預行動，以及增強美國的外交能力。可是，強大的既得利益團體將使美國無法做出這些明智的大轉變。

我在本章一開頭做了痛苦的比較，把今天的美國拿來和昨天的蘇聯做比較。我在結尾時還要提出更痛苦的比較。歷史學家縱使沒有花好幾個世紀的時間繼續辯論，很可能也會爭辯好幾十年，探究一度是全球第二強盛的蘇聯，為什麼會那麼突然而徹底的崩潰。

歷史學家可以引述許多原因，也已經引述許多原因。然而，可能有一個重要因素沒有得到充分討論，那就是蘇聯失敗是因為沒有任何領導人設想到蘇聯會有崩潰的可能。

美國並沒有像前蘇聯一樣崩潰的危險。美國強大多了，有偉大的人民、機構和許多天然優勢。然而，美國雖然不會完全崩潰，卻會大大消退，成為自己的暗影。任何溫和派的務實分析家都能擬想出美國如何衰退的劇本。可是，許多美國人卻是盲目的，看不到這樣的結果。歷史教會我們，假如想不到會失敗，那你就會失敗。

悲哀的事實是，即使許多美國人已經因中國構成的新挑戰憂心忡忡，他們卻無法採取合乎邏輯的下一步，去思考為何美國會失敗。大多數人相信美國會贏，不論情況如何演進，因為美國就應該贏。這種必定成功的堅強信念，奠立在五個重要假設之上。

第一，美國將不可避免地贏得對抗中國的地緣戰略競爭，就好像它在第二次世界大戰，以及在冷戰勝過蘇聯一樣。簡單來說，美國會輸掉鬥爭這種念頭，是不可思議的。第二，中國的政治和經濟制度是無法永續的，它將會崩潰，所有的共產主義政府最後必定失敗，而所有的民主國家最後都會成功。第三，美國擁有豐富資源，在和中國競爭時不需要做任何根本的戰略調整或是犧牲。第四，美國本質上就是一個正義和秩序井然的社會，奠基在明智的《美國憲法》和法治的基礎上，因此在和中國角力時沒有必要從根本上改造美國的社會結構。第五，讓人們從與「自由的燈塔」、「山上閃閃發亮的城市」（即美國）結夥，或是與共產黨獨裁專制為伍，去做選擇，大多數人自然會趨向與美國當夥伴。

如果美國人要務實地思考未來美國有可能退居第二位，他們可以先從質疑上述五大假設開始。事實上，這五大假設有可能被證明全錯了。以下我們就來逐一檢視。

第一，美國人自信將一如當年擊敗德國、日本和蘇聯那樣，輕而易舉擊敗共產中國，是基於錯誤的假設，以為挑戰的規模一樣大。實際上，美國的人口和資源都優於它的昔日對手。但是，中國的人口是美國的四倍。更重要的是，中國的文明是地球上最悠久、一路綿延持續下來的文明。美國不是在跟一個過時的共產黨競爭，而是跟世界最古老、最強大的文明競爭。當強大而又堅韌的文明反彈時，它們會以極大的文明活力和力量反彈。

第二，和第一點相關聯，跟當年與蘇聯競爭不一樣，美國現在不是和中國共產黨競爭。中國領導人的目標不是要在全球推廣共產主義。中國領導人專注在復興中華文明。為了達成讓中華文明再度成為最強盛文明這個目標，中國領導人吸收全國一流人才入黨工作。我們不妨用一個小小比方來說明這個重點。當美國與蘇聯競爭時，好比是哈佛大學（美國）在和經費不足的社區學院（蘇聯）競爭。然而，美國和中國之間的競爭，好比是哈佛大學（中國）和一家中等水準的州立大學（美國）之間的競爭。今日中國決策者的智力水準相當驚人。許多美國人還沒注意到這一點。

第三，以每人平均量而言，美國的資源比中國多出太多。然而，與過去的地緣政治競爭不一樣，未來的地緣政治競爭，其勝負並不取決於實體資源。它們將取決於知識資源，尤其是投資在研究發展上所產生的資源。美國的研發預算已經到頂，今後將會下降。可是，中國的研發預算將持續攀升。詳見圖四。

麻省理工學院校長拉斐爾．瑞福博士曾經觀察到，「中國擁有無可匹敵的能力，可以迅速提高先進技術產品的大規模生產，並迅速地將創新帶到市場。」他又說：「除非美國對此一挑戰的規模和強度作出緊急而又刻意的反應，我們應該預期得到，從個人通訊到商業、健康和安全領域，中國可能會在不到十年左右的時間內，成為世界上最先進的科技國家和最尖端科技產品的來源。」[29]如果美國希望它的研發預算跟上中國的腳步（中國的經濟規模將在十年左右的時間內超過美國），就必須做出一些犧牲。美國必須從它的預算中削減某些項目。但是，正如本章所記載，美國無法做到這一點，因為華府的遊說力量根深柢固，誰也克服不了它們。邏輯和常識無法打敗金錢在美國政治中的影響力。

第四，與第三點有關，美國不再是一個堪為模範的公正、有序的社會。如果約翰．羅爾斯或他這一類的任何一位西方道德哲學家今天要檢視的話，將會清楚看到，美國實際上已成為一個階級分明的社會，不再是開國元勳針對開墾者棄置在歐洲的封建主義做出反應，所致力要創建的中產

圖四　美、中政府研發經費占 GDP 比重之比較

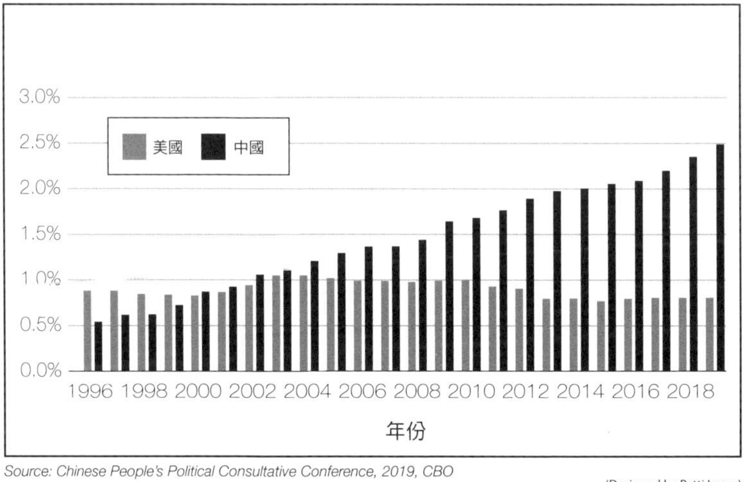

Source: Chinese People's Political Consultative Conference, 2019, CBO

(Designed by Patti Issacs)

階級社會。的確，如果開國元勳今天還在世，他們一定會大為震驚，美國的統治菁英竟然掌握了那麼多實質政治和經濟權力，只把剩下的少許政治權力丟給其他人。定期舉行的總統和國會選舉，並沒有真正從執政菁英手裡拿走實質有效權力。它們只是創造一種幻覺，讓人民以為掌握住自己的命運。實際上，人民根本沒有掌握自己的命運。

第五，曾經有過一段時候，尤其是從一九五〇年代到一九八〇年代，美國社會的表現似乎遠遠勝過地球上其他所有社會。當時的美國顯然就是「山上閃閃發亮的城市」。自冷戰結束以來，美國既失去了戰略紀律，也失去了激發其他人的物質和道德能力。

總而言之，美國對它永遠不會成為第二號國家這一信念的信心，來自五個有瑕疵的假設。美國必須重新檢視它的信心，並思考成為第二號國家的嚴重可能性。要理解這種可能性有一種方法，就是在美國展開一場公開討論，討論如果成為第二號國家時，世界將會如何看待美國。然而，要開啟這場辯論，必須有一個勇敢的美國政治家站出來提出這項建議，當然這不啻是政治自殺。令人遺憾的是，儘管美國有鼓勵公開辯論的傳統，但在此一領域，美國的思想開放程度，還不足以容忍公開討論當美國落居第二位時會是什麼狀況。即使在開啟新話題讓大家公開討論這個層面，美國也做不到一百八十度大轉彎。

第六章
中國應該成為民主國家嗎？

一小塊石頭鬆了，也會引起雪崩。二〇一八年三月十一日，中國全國人民代表大會通過修憲案，廢除國家主席任期限制，就出現了這種情況。西方媒體湧現對習近平的批評聲浪。《經濟學人》寫道：「二月二十五日宣布廢除中國國家主席習近平任期限制的決定，刺穿了中國政治的面紗。它揭露當執政的共產黨向全世界呈現中國是個現代、可靠、負責任的國家，可以保衛全球化之同時，黨所壟斷的內部政治制度是前現代（premodern）、奸詐、內觀和殘暴的。」[1]同時，《時代》雜誌把這個動作聯結到毛澤東主義專制獨裁的復辟：「中國重返強人政治，讓人們重新憶起在毛澤東領導下全民陷入苦難的黑暗記憶。毛澤東悍然推動大躍進和文化大革命，造成數千萬人喪生。而今崇拜習近平是職業晉升的必要條件，因此很少有表達不同意見的誘因，而且缺乏強大的政策辯論，令人擔心良善治理無法持續下去。如今，鑑於這個世界第二大經濟體仍是全球GDP增長的最大貢獻者，它有可能給遠離中國邊界的地區帶來災難性後果。」[2]

重要的是，美國許多思慮周全、消息靈通的中國事務觀察家也感受遭到背叛的沉痛感。夏偉（Orville Schell）說：「我這輩子從來沒有想到有這麼一天，會看到中國倒退回更貼近毛澤東主義的根柢。我現在可真的擔心了。」[3]沈大偉（David Shambaugh）也寫說：「習近平的行動，以及明顯將大權集於一身，透露出中國回到毛澤東時期強人政治父權制度的特色。雖然中國有許多人記得毛澤東時期的恐怖日子，習近平卻多次充滿緬懷的提起那個時期。因此，中國今天雖已完全踏入二十一世紀、成為全球大國，但從內部而言，它還是大大倒退回到五十年前陳舊的政治制度。」[4]

毫無疑問，即使像夏偉和沈大偉等消息靈通的中國事務觀察家，也都接受美國外交政策菁英圈許多重要成員抱持的假設，認為美國持續和中國交往可以讓美國價值滲透進中國，而中國也會逐步開放它的政治體系，加入西方自由主義的主流。曾經參與政府決策的寇特．坎貝爾（Kurt Campbell）清楚明白地說，這些是美國的期望。他和埃利．芮特納（Ely Ratner）聯名在二〇一八年三／四月號《外交事務》雜誌上發表文章，他寫道：「自從尼克森修睦關係以來，認為深化經濟、外交和文化關係可改造中國的國內發展和國外行為的假設，一直就是美國戰略的基石。即使是美國決策圈中懷疑中國意圖的人士，也同樣有此一根本信念，相信美國的力量和霸權可以隨時依自己的喜惡塑造中國。」[5]

為什麼許多思慮周全的美國人覺得，假定美中之間密切往來，就會導致美國影響中國的政治演進，而不是中國反過來影響美國？簡單又誠實的回答是，美國人自信民主是站在歷史正確的一邊，共產主義制度則站在錯誤的一邊。蘇聯共產黨一夕崩潰之後，這種信念更加強烈。希拉蕊把這個信念表達得最清楚，她說：中國人藉由堅持共產黨統治，「試圖停止歷史，開歷史的倒車，這根本是愚人幹的傻事。他們辦不到的。但他們還是盡全力盡量推遲它。」[6]

希拉蕊使用「歷史」這個字很有意思。歷史學家習慣以長期觀點看待人間事件。從這個角度明顯看得出來，美國這個共和國從一七七六年獨立以來，立國不足兩百五十年。反之，中國卻有悠久歷史，源頭至少可以上溯到西元前二二一年秦始皇首次統一中國。中國的政治文化和傳統比起美國政治史，幾近十倍之久。未來的歷史學者毫無疑問會搞不懂，美國決策者竟然會有如此強烈的信念，認為一個比較小又比較年輕的共和國，可以決定性地影響人口是它四倍大、歷史幾乎是它十倍久的國家之政治演化。

中國人則透過自己的鏡頭看待他們的歷史。在過去兩千兩百年的過程中，中國分裂的時間比起統一的時間更長。每一次，從首都發動的中央政治控制一瓦解，社會就失序，人民就遭受種種苦難，從饑荒到內戰和無休止的暴力動亂。中國的政治文化最怕的就是「亂」。鑑於這許多長時期的亂——最近的一次就是從一八四二年鴉片戰爭到一九四九年中華人民共和國建政這一段百年羞恥——使得中國人在強大的中央控制和政治競爭的動亂兩者之間做選擇時，他們直覺反射的傾向就是選擇強大的中央控制。

悠久的歷史和政治文化，或許可以解釋習近平為什麼決定廢除國家主席任期限制。西方傳統的觀點是，他將成為終身職的獨裁者，攫取個人政治大權。可是，他的決定也可能出於擔心中國又將墮入亂世之危險。在此有兩大挑戰冒出來，可能危害到中國共產黨強大的中央控制。第一大挑戰是薄熙來和周永康這兩個勢力深厚的中共黨員成立派系。第二大挑戰是貪腐猖獗。鄧小平在一九七八年提出「四個現代化」政策之後所釋放出來的資本主義到處蔓延，導致極大的經濟成長，以及個人財富大量累積。想要利用這些巨大的財富去影響公共政策，是很自然的事。如果派系主義和貪腐這兩大威脅無法有效剷除，中國共產黨很可能就會失去正當性和政治控制。在重大的政治挑戰和悠久歷史的浸透背景之下，習近平想要重新抓緊中央控制，以免中國分裂，也是很自然的事。

喬治・馬格納斯對習近平的行動是這樣描述的：「習近平上台後，他知道黨必須重新啟動和重新強化，中國必須改革。因此之故，黨已變得更加強大、也更抓緊控制，中國現在在全世界展現出前所未有的強大影響力。到了二〇二一年，中國共產黨統治中國的年份將與蘇聯共產黨統治前蘇聯的年份一樣長久，而習近平的任務是讓中國共產黨遠離自由化和開放，因為他認為這些就是造成蘇聯崩潰的因素。」[7]

幾乎任何一個西方讀者都無法被說服接受，在目前的中國和全球情境下，中國共產黨在習近平領導下繼續強力統治，對中國、對世界都是一樁好事的說法。西方人的觀念是，任何剝奪公民選舉和罷免領導人權力的不民主政治制度，就定義上而言，就是邪惡不正。這就是為何習近平取消國家主席任期制，招來雪崩式的政治批評時，沒有一個西方主要評論員或政治人物可以替他辯護的原因。不過，如果現今的西方思想家想從過去的西方思想家尋求建議和指導，他們倒是能找到可資運用的好建議。有一個好建議是由馬克斯・韋伯（Max Weber）提供。韋伯在他一篇著名的論文中寫下：「善只能來自善，惡只能來自惡，這是不正確的。有時往往是顛倒過來。任何人如果說這種話，他一定是政治嬰兒。」[8]

我們或許可以說，近年來習近平領導的中國共產黨緊握強大的中央控制，至少產生三個「全球公共財」（global public goods），全世界的確蒙受其惠。如果今天韋伯還在世，一定會很驚訝地發現，西方竟然沒有出現強大的聲音來觀察和記錄，西方以及世界其他國家如何從中國共產黨穩定而合理的統治中國而受惠良多。

中國共產黨帶來的第一個全球公共財是，遏制住中國政治圈中那條強大的民族主義巨龍。中國之所以民族主義意識強大有許多原因。絕大多數中國人都知道，在鴉片戰爭之後的百年恥辱期間備受欺壓和羞辱。中國今天的復原，提振起他們的民族驕傲。

二〇〇一年，阿富汗塔利班（神學士）政權破壞了已有一千四百年歷史之久的巴米揚大佛雕像（Buddhist statues in Bamiyan），令許多西方人士大為震驚。可是，這些震驚的西方人士對塔利班的行徑大表憤怒，卻不記得才一百五十年前的一八六〇年，英法聯軍的行徑和塔利班如出一轍。有一段記載指出：

> 做為五位清朝皇帝的主要住所，圓明園有數以百計的宮殿、寺廟、圖書館、劇院、軒榭、禮拜堂、涼亭和畫廊，裡面塞滿無價的藝術品、古董和個人財產。為了確保公平分配這些皇室寶物，各國指揮官同意任命「分配代表」專司其事。接下來就是肆無忌憚、大肆掠奪，搬不走的東西全都摧毀掉。
>
> 然後，在十月十八日，額爾金伯爵（Lord Elgin）為了報復英國及印度囚

犯被中國人處死，下令英軍展開終極打擊，火燒圓明園。巧合的是，額爾金伯爵的父親早年也曾經從希臘的帕德嫩神殿搬走大理石雕刻。[9]

由於圓明園占地面積非常大——大約是北京紫禁城的五倍，梵蒂岡城的八倍——它需要整個步兵師將近四千五百名士兵（包括四個英國兵團和第十五旁遮普兵團）來放火。鍍金的木梁崩垮，陶瓷的屋頂燒彎，灰燼填滿了湖泊，餘燼有如雪花落在北京，濃煙瀰漫遮住了陽光。三十歲的咸豐皇帝抱病在身，得知這一消息後，為之吐血。不到一年之後，他就駕崩了。[10]

如果中國突然變成民主國家，主宰政治圈的政治聲音，將不會是類似甘迺迪總統或歐巴馬總統等民主派領導人平靜和安慰的聲音，而是類似川普或老羅斯福憤怒的民族主義聲音。就中國崛起成為世界大國而言，中國在二〇二〇年的情景，相當類似美國在十九世紀末崛起成為世界大國的情景。當時老羅斯福擔任海軍部長。這正是為什麼哈佛大學教授格雷厄姆·艾利森明智地警告美國同胞，不要盼望中國人「變得像我們」。

過去十年左右，許多美國決策者和評論員強力抱怨中國在南海侵略性十足的行為。這當中許多抱怨的確有憑有據。可是，美國人應該停下來捫心自問，如果是老羅斯福主掌中國的南海政策，他會怎麼做？毫無疑問，相對於提出主權主張的其他國家，他一定覺得中國身為這個區域最強大的國家，控制的島礁這麼少是不可接受的。（相關數字參見本書第一四四頁）

在這種情況下，老羅斯福會怎麼做？他會為中國搶下在西沙群島和南沙群島的所有重要據點。這是今天的中國不費吹灰之力就辦得到的事。然而，中國卻很小心地克制自己不去做，由此可謂反映出中國共產黨不希望擾亂國際秩序的希望。

毫無疑問，如果中國突然變成民主國家，它的領導人會是像老羅斯福一樣具有干預主義和帝國主義色彩，而不是像習近平這樣節制、又無干預主義傾向的領導人。為什麼習近平有能力節制盤踞在中國政治圈中，那條強大的中國民族主義巨龍呢？他有此一能力，是因為中國共產黨已經發展成有效的政治載具，可以治理中國。理論上，中國共產黨和蘇聯共產黨一樣。實際上兩者恰恰相反。中國共產黨不是由年老體衰的老黨工主持。它已經成了唯才是用的治理體系，只挑選出類拔萃的人才晉升到最高階層。中國共產黨並不完美。沒有一個人類的組織完美無暇。它犯了過錯，譬如允許貪腐在二十一世紀頭十年猖獗橫行。可是，相對於全世界各國，中國的統治菁英實際上比起今日其他任何一個政府，都有更多的治理成績（以改善人民福祉為準）。由於中國共產黨持續不斷受到西方媒體的貶抑，西方國家很少人知道中國共產黨員已經給中國帶來歷史上最佳治理成績。

所有中國事務觀察家都應該問一個簡單的問題：當美國談判代表和中國談判代表坐上談判桌，就某個問題進行談判時，哪一組的成員頭腦更聰明呢？過去，或許在一九六〇年代至一九九〇年代，答案是美國代表素質較高。今日則可能是中方代表，因為中國政府有能力吸引第一流人才為黨服務。當我用年假到哥倫比亞大學進修時，我的研究助理是一位來自中國、擁有碩士學位且非常聰明的年輕女學生。她跟我談到她的夢想。當她從高中畢業時，希望自己是學校最頂尖的學生，才能入選加入中國共產黨。她說，很不幸她失敗了。但幸運的是，後來在大學的表現不錯，終於如願入了黨。我從一九七一年，也就是將近五十年前，開始服務於外交界，此後接觸過許多中國官員，我一直很訝異地看到，幾十年下來，中國外交官的才智素質大有精進。可惜的是，由於各種原因，美國外交官員的素質卻江河日下。

強大又能幹的中國共產黨，以理性、穩定的角色在世界舞台活動，替全球帶來公共財，它不再像個憤怒的民族主義角色，擾亂區域及全球秩序。要了解為什麼這一點很重要，美國官員應該花點時間向中國鄰國的領導人和官員請教，如果中國共產黨失去執政權，他們會比較高興嗎？由於我就住在中國鄰國，我可以相當有信心地說，絕大多數的中國鄰國寧願看到中國由類似習近平這樣冷靜、理性的領導人領導，也不願看到中國版的川普或老羅斯福當家主政。

中國共產黨在習近平領導下，送給世界的第二個全球公共財，就是以理性角色回應日益逼人的全球挑戰。當前人類整體所面臨的最大挑戰是氣候變遷。中國已經取代美國，成為目前溫室氣體排放量最大的國家，不過如果把累積排放數量統計進來，美國仍然是對全球氣候變遷的第一大貢獻者。當歐巴馬和習近平二〇一五年十二月在巴黎達成一項全球協議時，全世界鬆了一口氣。可是，川普決定美國退出《巴黎協定》，又讓舉世震驚。這個時點上，美國既已拒絕接受對付地球暖化威脅的責任，中國也可以跟進。而且，它完全有理由這麼做。

一個經由民主選舉產生的中國政府將會受到極大的政治壓力，要求跟進川普的做法，即退出協定，甩掉對中國經濟快速發展的所有束縛。反之，一個不民主的中國共產黨卻可以做長期估算，考慮怎麼做對中國、對世界會比較好。在這個基礎上，中國決定堅守《巴黎協定》。中國因為環保紀錄差，經常遭受批評。這些批評許多都有道理。一九八〇年代和一九九〇年代，中國悶著頭拚命衝刺經濟發展，根本不注意環保。可是當中國醒悟過來，了解環境所遭到的戕害時，中國共產黨有權力和權勢做出改變。因此，中國成為世界上第一個宣布要發展「生態文明」目標的國家。香港科技大學環境研究中心、環境及可持續發展學部副教授陸恭蕙描述說；

這個概念在於在中國的生態能力範圍內更好地規劃和執行未來發展，並糾正退化。它以減少汙染、有效利用天然資源、糧食安全、舒緩和適應氣候變遷，以及解決與發展有關的問題等為優先目標……從理論層面上講——這一點對黨來講，始終很重要——生態文明必須與經濟、政治、文化和社會進步並重，這是在二〇一二年第十八屆黨代表大會上確定的……這項新的意識型態定調後，政府實施了許多重大改革，包括發布針對環境損害的賠償準則，加強環境執法，擴大乾淨能源的生產和使用，建立國家公園，任命高級官員保護河流，限制工業項目，促進綠色融資為中國的轉型籌集資金。[11]

中國交出的第三個全球公共財，是崛起為「維持現狀」的大國，而不是「革命派」國家。這可以說是逆反近年歷史的邏輯。美國和蘇聯在二十世紀崛起成為全球最強大的兩個國家。儘管美、蘇兩國意識型態迴異，但他們一崛起之後就都亮出「帝國主義」的肌肉。譬如，道格拉斯．布林克利（Douglas Brinkley）寫到老羅斯福有一個堅定不移的信念，即「最強悍、最迅捷的（人類）物種」應該「統治人類王國……他心目中指的就是美國人」。[12]同樣地，蘇聯在史達林主政時期崛起成為強國，蘇聯共產黨利用它的國際機關「共產黨情報局」（Cominform，成立於一九四七年）[13]和「經濟互助委員會」（Comecon，成立於一九四九年）[14]，協調各國共產黨的活動，提供財務支援，對抗杜魯門主義和馬歇爾計畫。蘇聯共產黨毫不遲疑就支持在其他國家的革命或顛覆活動。以下是一些例子：

蘇聯在一九六〇和七〇年代，支援一波又一波針對西方的政治暴力。義大利的「赤軍旅」（Red Brigades）和德國的「紅軍派」（Red Army Faction），透過搶劫銀行、綁票和破壞活動恫嚇歐洲。蘇聯想要利用這些左翼恐怖組織造成義大利和德國社會動亂，進而瓦解北約組織……蘇聯的器材、資金、訓練和指導遍及全世界，有些由國家安全委員會（KGB）直接提供，也有些是透過主要盟國的特務機關，如羅馬尼亞國家安全局（Rumanian Securitate）、古巴情報總局（Cuban General Intelligence Directorate）等提供……巴勒斯坦團體熱烈參與蘇聯的恐怖活動。蘇聯國家安全委員會第一總處（First Chief Directorate）處長亞歷山大・沙卡洛夫斯基（Alexander Sakharovsky）在一九七一年說，「劫機是我自己想出來的點子」，他指的是「巴勒斯坦解放組織」（Palestinian Liberation Organization, PLO）的劫機行動。在一九五〇年代和六〇年代，平均每年出現五次劫機；而光是在一九六九年一年，巴勒斯坦恐怖份子就劫持了八十二架飛機。[15]

蘇聯愈是強大，它就愈介入其他國家內政事務。

相當令人驚訝的是，中國的做法卻恰恰相反。中國愈是強大，它就愈不介入其他國家的內政事務。從一九四九年中華人民共和國建政到一九七六年毛澤東去世這段期間，中國和蘇聯一樣，大力支持其他國家的共產黨，尤其是東南亞各國。緬甸、印尼、馬來亞、菲律賓和泰國的共產黨都得到中國共產黨的支持。新加坡總理李光耀一九七八年告訴鄧小平：「由於中國向東南亞出口革命，我的東協鄰國要求新加坡加入他們，不是要反蘇聯，而是反中國。」嗣後，中國這類支持逐步減少。[16]從此以後，中國共產黨就和蘇聯共產黨不一樣，停止支持它的兄弟黨。而且挺諷刺的，中國與亞洲另外兩個仍由共產黨掌權的國家——越南和北朝鮮——關係不睦。

這不代表中國沒有秀出實力。它還是有的。對大國而言，這是正常的行為。因此，當它覺得國家利益受到傷害時，它就會反應。當諾貝爾和平獎委員會把獎項頒給中國異議人士劉曉波時，挪威被中國「冷藏」起來。中國大幅減少和挪威的貿易，也拒絕與挪威有任何高階外交交流。[17]同樣的，當朴槿惠總統領導的南韓保守派政府，於二〇一六年允許美國部署終端高空防禦飛彈系統（Terminal High Altitude Area Defense，THAAD，俗稱「薩德反飛彈系統」）時，中國政府祭出報復措施，對南韓實施非正式制裁。中國禁止它的旅行社出售前往南韓的團體行旅遊方案。結果，「這一年頭七個月的中國觀光客抵韓人數腰斬，從二〇一七年同期的四百七十萬人下降至兩百五十萬人」。同時，國家媒體鼓勵民眾杯葛現代集團（Hyundai），使得現代汽車「第二季在中國的銷售量與去年同期相比下降百分之六十四」。樂天集團（Lotte）同意讓出土地給南韓政府興建薩德反飛彈系統，更遭到特別嚴重的打擊：「樂天在南韓國內的免稅店因為陸客來韓人數大降，生意大受影響。它在中國境內的數十家零售商店遭到官方封閉……公司表示它在中國的超級市場生意於第二季急降百分之九十五」。[18]在每一個案例上，中國都針對它認為的中國國家利益遭到攻擊直接做出反應，而不是對另一個國家的事務進行無緣無故的干預。

最近更傳出一些指控，說中國利用它的學者、學生，甚至海外僑民干預其他國家的事務。這方面最強烈的指控，出自一群美國學者的報告，報告名稱為《中國影響力和美國利益》（*Chinese Influence & American Interests*）。它的主要說法是，「中國共產黨的黨國體系利用廣泛的黨、國及非國家成員，推動它追求影響力的目標，近年來中國大大加速在這方面的投資和強度」。這些目標包括，「促進同情中國政府、政策、社會和文化的觀點；壓制不同觀點；吸收重要美國人士支持中國的外交政策目標和經濟利益」。甚且，「由於黨國力量的無所不在，許多名義上獨立的角色——包括中國的公民社會、學術界、企業界，甚至宗教團體——最終也聽命於政府，而且經常遭到要為促進國家利益服務的壓力」。[19] 雖然中國政府代表偶爾會介入某些事件，引起外界批評中國，但只有非常少的事例可以說中國政府有系統地干預其他國家的事務。以馬里蘭大學的中國學生楊舒平在畢業典禮上代表致詞，歌頌美國的「民主與自由」為例。楊舒平的致詞一開頭就說：「人們常常問我，你為什麼來馬里蘭大學念書？我總是回答說，空氣清新……我很快就感覺到另一種清新的空氣，我將永遠感謝它。它就是言論自由的清新空氣。民土和言論自由不應該被當作天經地義的東西。民主和自由是值得為它們奮戰的清新空氣。」幾個小時之後，這段影片傳遍中國，「吸引了五千萬人觀看，在第二天也招來中國網民數十萬則留言批評」。[20]她也遭到馬里蘭大學中國師生聯合會（Chinese Student and Scholar Association, CSSA）的批評。楊舒平後來在微博上貼出道歉聲明，她寫道：「這篇演講只是分享我個人在海外的經驗，沒有任何意圖要否定或瞧不起我的國家和家鄉。我深表道歉，也衷心希望每個人都能理解，我也學到了教訓……我深愛我的國家、我的家鄉。我對國家的繁榮發展感到非常驕傲，我希望將來能利用在海外的時間推動中華文化，積極為國家做出貢獻。」[21]

這種事件顯然非常不幸，中國政府代表對一位海外留學生的評論反應太過度了。然而，這種過度反應並不代表中國政府介入美國內政事務，沒有可信的證據能咬定中國干預美國內政。要說中國政府在海外從事間諜活動，這一點沒有疑問。所有的大國都這麼做。中國在這方面的行為沒有不尋常。簡單講，中國的行為就像一般正常國家在保衛它正常的戰略利益。針對《中國影響力和美國利益》這篇報告有一個主要批評，就是它沒有區分「正常」的間諜活動和「不正常」、有系統地試圖破壞其他社會的社會及公共結構的行為。沒有證據顯示中國正在試圖從事後者這一類的活動。謝淑麗曾在柯林頓總統任內擔任過副助理國務卿，現在是加州大學聖地牙哥分校全球政策暨戰略學院教授。她執筆的「不同意見」也收在這篇報告中。她指出：

雖然我對報告的特定部分所進行的事實研究沒有異議，但請容我帶著敬意，針對報告的評估，整體誇大了中國目前尋求對美國影響力的威脅表示異議。報告討論了中國範圍廣泛的活動，其中只有一部分構成對美國社會的恫嚇、祕密或腐敗的干預，但實際上無一破壞我們的民主政治體制。沒有把合法活動與不合法活動區分開來，減損了這篇報告的可信度。如此廣泛羅列，把合法活動與不合法活動混為一談所累積起來的效應，就是誇大了目前中國對美國生活方式構成的威脅。特別是在美國政治史上的這一時刻，誇大中國顛覆的威脅有可能引起類似冷戰期間對蘇聯過度反應之虞，包括反華版的「紅色恐慌」，它將使所有華裔陷入遭受懷疑的雲霧中。現在，我相信我們的過度反應給社會造成的傷害，實際上大過中國想尋求影響力所造成的傷害。這就是為什麼我認為自己必須不同意報告提出的總體威脅評估。22

的確，相對於中國的地廣人眾和影響力而言，它堪稱是所有大國中最不具干涉主義的國家。聯合國安全理事會五個常任理事國中，中國是唯一一個在第二次世界大戰後，不曾派兵遠出國門到外國作戰的國家。美、俄、英、法都曾派兵出國作戰。本書已在好幾個地方提到，中國統治者的主要目標是維持中國十四億人民的和平與和諧，不想去影響中國境外六十億人的生活。這就是為什麼中國的行為像個維持現狀國家，而不像革命國家的根本原因。中國這麼做，替國際體系帶來全球公共財。

做為一個大國，中國處理發生在家門口的抗議活動時，也展現出很大的戰略節制。以香港為例，自二〇一九年三月二十九日，香港特別行政區行政長官林鄭月娥不智地試圖制定一份遣送條例，可將人犯送交台灣和中國，隨後香港就陷入示威抗議不斷、街頭鬥毆的風暴。即使她在二〇一九年九月四日正式撤回立法提案，示威活動還是持續下去。自一九九七年，英國把香港歸還中國之後，香港現在依法是中國主權領土的一部分。許多分析家預測中國將會派軍隊干預，壓制香港的示威活動。它也有能力這麼做。但直到本書寫作的這一刻——二〇一九年十月——北京仍然沒有出兵干預。

的確，中國的節制很不簡單，尤其是和其他大國的行為做比較時。一九六一年，印度面臨就在自家門口的葡萄牙殖民地果阿的動亂。當時的美國總統約翰．甘迺迪和英國首相哈羅德．麥米倫，都建議印度總理尼赫魯要克制、不要入侵果阿。尼赫魯不理睬他們的呼籲，在一九六一年十二月十九日發動閃電打擊，於三十六小時之內占領果阿。同樣的，雷根總統也碰上家門口的迷你國家格瑞納達（Grenada）的麻煩，左派革命於一九七九年推翻總理艾瑞克．蓋瑞（Eric Gairy），換上莫理斯．畢夏擔任總理。格瑞納達對美國構成不了威脅，它只是很惹人厭而已。入侵格瑞納達是違反國際法的行為。但是美國才不甩這些約束，它在一九八三年十月二十五日派兵入侵並占領格瑞納達。因此，以大國而論，中國對待香港的舉動可說是相當節制。

那麼，香港人為什麼要示威抗議？西方媒體的說法是，他們想要在香港建立一個獨立的民主政府。當然，某些示威活動的帶頭者是提出了這些主張。譬如黃之鋒曾說：「有人把我貼上分裂份子的標籤。但是我可要說清楚，香港要的是改革選舉制度，我們只希望推選自己的政府，我們只希望選舉香港的特首……一九九七年之前，北京承諾讓香港人民享有自由選舉的權利……因此我們將繼續奮鬥，直到我們享有民主。」[23]渴望從中國大陸享有更大的自治權，是示威活動背後的因素之一。

不過，歷史也告訴我們，當群眾、尤其是勞動階級示威時，他們主要是受到社會經濟委屈所驅使，並不是為了理想。很不幸地，香港也是如此。即使香港經濟在過去幾十年表現不俗，但香港底層百分之五十的居民（和中國底層百分之五十的居民大不相同）看不到他們的生活水準有所改善，反而更惡劣，他們連追求基本的住屋都可望而不可求。

香港和新加坡位於同樣的發展階段。它們經常互相取經、學習。但這裡有一個令人震驚的重大差異。在新加坡，一百萬美元可以買到四套公共住宅公寓（每套面積一千平方英尺）[24]在香港，一百萬美元只能買到兩百五十平方英尺，只有新加坡十六分之一的空間。許多香港勞動階級住的就是鴿籠般的房子。尹偉文（Yin Weiwen，音譯）和張友浪（Zhang Youlang，音譯）兩位學者提出一份詳盡的研究，指出「房價肯定造成香港人的本地認同意識加大」。[25]許多對香港事務有深刻研究的觀察家都指出，香港窮人不滿現況的根本原因，就是買不起住房。

中國在香港犯了一個戰略錯誤。一九九七年，第一任香港特別行政區行政長官董建華提議，「在十年之內達成房屋自有率百分之七十的目標……並保證特區政府將增加整體房屋供給量每年至少八萬五千個單位，同時要把排隊等候公共租屋的時間減低至三年。」[26]董建華試圖在香港複製新加坡成功的經驗。不幸地，由於這項住宅計畫將使香港少數房地產大亨擁有的土地和房地產價格下跌，這些大亨運用他們在北京的影響力、推翻了董建華的住宅計畫。這些大亨瞞騙北京，說服中國政府他們最清楚怎麼做最能維持香港的穩定。後來證明這是虛假的承諾。北京若是接受董建華的方案，二十年下來已經可以興建一百七十萬戶公共住宅，香港可能少了許多民眾示威，或甚至不會有示威抗議。西方通行的論述是，香港發生的鬥爭是自由鬥士和北京高壓政府之間的鬥爭，其實真正的衝突是勞工階級無殼蝸牛和少數房地產大亨之間的對立。幸運的是現在還不太遲。北京可以運用它的影響力和資源，說服香港政府開始大規模的廣建公共住宅。它也可以勸告少數香港大亨不要再反對住宅計畫。

可是，所有這些戰略節制的故事，以及中國共產黨帶給全球公共財的敘述，卻引發一個明顯的道德哲學問題。讓中國人民承受中國共產黨的一黨統治，以便全世界能享有理性的全球公共政策之福，這樣公平嗎？美國人也受惠於中國理性的全球政策。因此，還可以提出另一個問題：為什麼中國公民應該被否定掉美國式的自由，而讓美國人因為他們的欠缺權利而享有好處呢？這樣公平嗎？

所有這些問題都基於一個假設，即美國人欣欣向榮，過著舒適的太平日子，中國人則不然。可是，事實卻與這個假設大相逕庭。過去三十年，誠如本書提出的數字，美國是唯一一個已開發社會，居於人口底層的百分之五十人口的平均所得下跌的國家。同一時期，中國人民卻享有著中國歷史上空前未有的生活水準大提升。美國人面對這個事實所能回嘴的只是：中國人還未享有美國人享有的政治權利。這話雖然沒錯，但是中國人珍惜社會和諧與社會進步，大過重視個人權利，也是事實。對於中國人過的生活如何的任何評估，都必須與中國人民悠久、豐富的歷史做對比。

以中國悠久的歷史而言，人民在朝代嬗遞中享有承平時期（如西元六一八年至九〇七年的唐朝），也有過分裂動亂的年代。中國共產黨七十一年的統治可以如何做比較？中國共產黨統治的頭三十年（一九四九年至一九七九年），中國人民的生活條件是有些改進（譬如衛生與教育方面），但是他們在大躍進（一九五八年至一九六二年）和文化大革命（一九六六年至一九七六年）中也嘗盡苦頭。從一九七九年至二〇一九年這四十年期間，中國人生活條件的改善遠勝過兩千兩百年歷史上任何一個朝代所做到的成績。簡單講，對中國人民生活最有貢獻的政治朝代，就是一九七九年至二〇一九年中國共產黨當家主政此一「政治朝代」。在此要表明一點，中國治理良善的朝代，國祚大約兩、三百年。截至目前的紀錄顯示，中國共產黨有可能執政更長久，尤其中國共產黨此一政治朝代是中國歷史上，第一個把底層百分之五十人民拯救「脫貧」的朝代。幾千年來，廣大的中國人民必須掙扎求生存。饑荒來時，死者動輒數百萬人，譬如一九〇七年的大饑荒死了兩千五百萬人，一八七六年至一八七九年的華北大饑荒死了一千三百萬人，最悽慘的是一九五九年至一九六一年的三年大饑荒。未來的歷史學家經過長期觀察，一定會稱許中國共產黨朝代的成就。

鑑於中國沒有政治自由——中國人民清楚沒有組黨的自由、沒有在自由媒體發言的自由，也沒有投票選舉領導人的自由——西方的假設是中國人民一定覺得受到壓迫。然而，中國人民不拿自己的狀況與其他社會的狀況做比較，他們是與自己過去的生活做比較。他們只看到自己經歷了中國歷史上個人自由最大的大爆炸。一九八〇年我第一次到中國。當時中國人民不能選擇住哪裡、穿什麼衣服、到哪裡念書、做什麼工作。沒有中國遊客出國觀光。今天的中國人民可以選擇住哪裡、穿什麼衣服、到哪裡念書（包括出國念書）、做什麼工作。每年有一億三千四百萬人次的中國人選擇出國旅行，包括到北美洲和歐洲等民主國家旅行，也可以到它的亞洲民主鄰國如日本和南韓旅遊。更令人驚訝的是，這一億三千四百萬中國人在渡假之後自由地選擇回到中國。

如果中國真是黑暗、高壓的「古拉格群島」般的國家，這一億三千四百萬中國人不會選擇回國，他們會尋求當難民。因此出現十分弔詭的現象：中國歷史上人民享有個人自由最大改進的這個時期，在西方的想像中，卻認為這是中國歷史上相當黑暗的時代。億萬富翁、慈善家喬治・索羅斯在二〇一九年形容中國的黑暗面。他形容習近平是「相信開放社會理念人士最為危險的對手」。他又說：「由於習近平已經宣布他對開放社會的敵意，中國人民是我們主要的希望來源。」[27]後面這段話非常弔詭。如果索羅斯向廣大中國人民詢問他們有什麼想法，他們會說習近平是他們「主要的希望來源」。關於中國，有一個清楚、不可否認的事實，但大部分美國人卻不知道，那就是中國人民信賴他們的政府。這一點得到立場獨立的國際調查之證實。二〇一八年，艾德曼信任指標（Edelman Trust Barometer）[28]針對幾個國家的信任水準做調查；它的報告指出，在國內人民對其政府信任程度這一項，中國名列前茅，美國排名第十五。中國的得分八十四也是美國的得分三十三的兩倍以上。（參見圖五）

索羅斯對一個基本政治事實的觀察是正確的。中國的確存在政治壓迫。任何一個奠基在威權主義模式上的政府沒有任何選擇，只能壓制政治異議。中國皇帝幾千年來都這麼做。然而，如果壓迫是中國政府統治的唯一目標和工具，它不會也不能持久。二十一世紀明智的中國政府知道，它必須平衡三個部分相互牴觸的目標，以確保一個健康的中國社會。這三個目標是：成長、穩定和個人自由。

基於兩個關鍵理由，經濟成長至為重要：必須改善中國廣大人民的生活，以及要讓中國再度成為強大國家。這兩個目標都以非常壯觀的形式達成了。一九八一年，離鄧小平在一九七八年發動經濟改革還不久，中國有百分之五十以上的人民極其貧窮。[29]今天，只剩不到百分之五的人民還處在赤貧狀態。[30]

即使像王賡武教授這樣經驗豐富的觀察家，也對中國的經濟成長有如下評語：「很少人預料它會發生

圖五　各國民眾對政府的信任度（2017～2018）

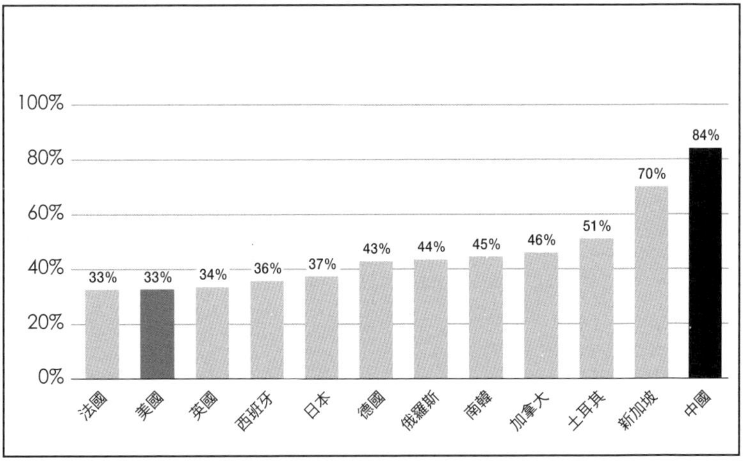

Source: Edelman Trust Barometer [31]

(Designed by Patti Issacs)

得這麼快速。」[32]經濟成長使得中國國力強大。二〇〇〇年，美國的經濟是中國經濟的八倍大。到了二〇一八年，只剩下一點五倍大。未來十至二十年內，中國的經濟將比美國大得多。經濟成長是個非常重要的目標。

可是經濟成長，尤其在中國選擇的自由市場制度中，可以在政治上產生破壞效應。它可以創造出新的政治階級，有辦法挑戰中國共產黨的一黨統治。美國已經發現，政治和金錢密不可分：自從尼克森以來，每一個共和黨總統候選人在成為總統之前就已經是百萬富翁；川普、羅斯．裴洛特（Ross Perot）、麥克．彭博（Michael Bloomberg）、霍華．舒茲（Howard Schultz）和湯姆．史泰耶（Tom Steyer）等億萬富翁具有政治雄心，活躍於政治圈；喬治．索羅斯和科赫兄弟（Koch brother）雖然沒有競選公職，卻撒了大筆銀子進行政治捐獻。歐洲歷史告訴我們，當資本主義產生新興的中產階級，可以挑戰既有的政治權威時，封建文化差不多就被徹底破壞了。中國的中產階級人數已經爆炸成長。根據一份麥肯錫（McKinsey）報告指出：「二〇〇〇年，中國城市家庭只有百分之四列入中產階級；到二〇一二年，百分之六十八入列。」[33]二〇一五年，英國《每日電訊報》

（*the Telegraph*）報導，中國現在有全世界最多的中產階級。[34]在美國，億萬富翁人數大增，可是中產階級人數在萎縮。

西方政治理論告訴我們，大量的中產階級發展起來後，會要求更多的政治參與。如果政府漠視他們的要求，可能爆發街頭革命，屆時政府就被推翻。中國現在擁有世界最多的中產階級，為什麼卻沒有起事反抗共產黨不民主的威權統治呢？西方的傳統回答是，高壓手段防止了中產階級的造反。當然高壓是一個因素，許多革命都在萌芽階段就被扼殺。可是幾千年來每一個中國政府都曉得，如果廣大的中國人民選擇起事造反，再多的高壓也壓制不下去。這也是為什麼傳統的中國政治理論是，廣大民眾爆發革命時，中國皇帝被認為是失去「天命」。國際關係學者陸克．葛蘭維爾（Luke Glanville）對這個概念提出如下說明：

> 大約在西元前七七〇年至二二一年，有五百多年期間，古代中國維持著獨立國家並存的體系。在這段期間，儒家學者，特別是孟子，發展出一種基於仁政美德的政治哲學。孟子借鑑孔子思想和中國早期的「天命」概念，宣稱國家

統治者是上天為人民謀福利而冊立的。統治者只有在保有人民支持的前提下，才擁有天命統治，因為上天的意志是通過人民的「心」來實現的。因而人民有權要求統治者負責。他們有權流放惡劣的統治者，甚至殺死暴君。[35]

因此，高壓手段不是中國中產階級基本上平靜無波的唯一原因。大部分人接受人民和政府之間存在著一份隱性的社會契約。只要中國政府繼續提供經濟成長（改善生活環境，包含改善環境生態）以及社會和政治穩定，人民將接受中國共產黨的統治。如果我們假設廣大的中國人民在盤算時是頭腦清醒和理智（他們可能的確是清醒和理智），他們寧願見到中國共產黨繼續統治將是很自然的，因為它比歷史上任何朝代都更為改善中國人民的生活環境。中國不允許太多民意調查。不過，還是會核准少數民意調查。所有這些民調顯示，中國人民是世界上最滿足、最樂觀的民族之一。二〇一五年一項皮尤調查（Pew Survey）發現，百分之八十八的中國人相信當子女長大成人時，財務情況會比父母輩好得多。有這種想法的其他新興國家只有百分之五十一，美國則是百分之三十二。[36]如果中國人民的確遭到「高壓統治」，調查會顯示有這種信心嗎？

另外還有一個功能上的原因，造成中國政府不能只依賴高壓手段來維持中國的政治穩定。畢竟只有在人們覺得擁有充分自由去追求個人夢想時，社會才能欣欣向榮。幾千年來的中國統治者都曉得，聰明的皇帝不能重重坐在人民身上。這也是為什麼雷根借用中國人的政治智慧，描述明君的仁政。他引了老子一句話：「治大國若烹小鮮，以道蒞天下。」[37]

我們要了解，相對而言中國社會沒有蘇聯那麼高壓，只要比較中國共產黨和蘇聯共產黨的統治下，他們是如何對待自己的公民就曉得了。蘇聯不允許任何俄國人出國旅行，擔心他們從國外帶回來的思想將威脅蘇聯共產黨的統治。中國則允許一億三千四百萬人自由到海外旅行。蘇聯也嚴密控制外國旅客進入國境的人數：「史達林主政時期，蘇聯幾乎根本不存在外國旅客入境觀光這回事。第一階段的國際觀光業發展，始於一九五〇年代末期、一九六〇年代初期的赫魯雪夫改革時期……當時蘇聯需要強勢貨幣，希望透過開放某些特別選擇的景點給外國人參觀，也能收到政治好處。然而，同時，國內大部分地方還是不對國際訪客開放……」一九七五年簽署《赫爾辛基協定》（Helsinki Accords）之後，「外國遊客人數由一九五六年不到五十萬人，增加到一九八一年的五百多萬人，一九八八年的六百多萬人。」然而，這些外國遊客大部分來自蘇聯集團國家：「一九七二年，他們占外國遊客的百分之六十二，一九八八年則占百分之六十七。」[38]總而言之，去蘇聯的外國遊客人數很少。反之，中國允許外國遊客入境的數字已呈爆炸性成長。二〇一八年，中國接待了一億四千一百萬人次外國觀光客。[39]

蘇聯絕不允許最優秀的年輕人思想受到美國大學沒有限制的學術自由汙染，中國卻派數百萬的優秀人才出國留學。二〇一六年至二〇一七年一個學年，就有三十五萬一千名中國學生在美國念書。二〇一六年，「五十四萬四千五百名中國學生到海外求學，是二〇〇八年海外留學生十七萬九千八百人的三倍以上。」[40]

相對於蘇聯，中國人民享有較多自由，也代表外國遊客到中國沒有碰上警察國家。除了我到過的烏魯木齊和喀什（Kashgar）等城市以外，遊客在街上很少看到警察。中國的社會秩序水準相當高，這是人民自願接受社會規矩和規範的結果。中國底層百分之五十人民和美國底層百分之五十人民的相對幸福意識，形成驚人對比。以人均所得而言，美國底層百分之五十的人民富裕得多。然而就社會進步而言，中國底層百分之五十的人民其平均所得上升得相當快速——雖然它的比較基點低。反倒是美國底層百分之五十人民的平均所得，從一九八〇年到二〇一〇年是下跌的，我在新加坡國立大學的同事柯成興（Danny Quah）教授對此進行了研究。41

政治哲學家約翰．羅爾斯在他的巨作《正義論》中提到，如果人們不知道自己會出生在社會上最優勢或最弱勢的人群之中，那麼他應該會挑選出生在最公正的社會。理性的選擇，將是選擇讓處境最不利的人能有更好際遇的社會。羅爾斯寫道：

現在看起來要實際確認誰是最弱勢的群體時，似乎無法避免一定的武斷。有一種可能性是選擇一個特定的社會地位，譬如非技術工人此一社會地位，然後將所有收入和財富與此一地位相當或更低的人視為最弱勢的群體。另一個標準是以相對收入和財富為標準，不涉及社會地位。譬如所有低於中位數一半以下的人，都可視為最弱勢的群體。這項標準僅著重所得分布的下半部分人士，優點是將注意力集中在所得最少和一般平均公民之間的社會距離上。任何一個

> 標準似乎都涵蓋了在各種條件下最弱勢的群體，並提供一個基礎做為確定什麼水平可做為合理的社會最低要求，以及從中與其他措施併同考量，使社會能夠實現差異原則。[42]

透過這些標準，一個理智的人會選擇誕生為中國的弱勢族群，或是美國的弱勢族群呢？理論上答案應該是美國，因為美國比較富裕。實際上，不無可能是中國。因為中國的弱勢族群比起美國的弱勢族群，有更大的機會改善生活環境。羅爾斯也強調，做選擇時不應該只看經濟條件。自由也應該列入關鍵考慮因素。如果羅爾斯想的只是政治自由，那我們可能又要選擇出生在美國。然而，如果考量的是個人自由，我們可能會選擇中國，因為在美國被抓去坐牢的機會（如果是出生在社會底層百分之十，尤其是黑人家庭的話）至少比中國高出五倍。美國把百分之零點六五五的人（即兩百一十二萬人）送去吃牢飯。反之，中國把百分之零點一一八的人送去坐牢（即一百六十五萬人）。二〇一九年有一項研究，想了解美國哪一個族裔有最高百分比的家庭成員坐牢？全體美國人平均百分之四十五有家人坐過牢。白人、西班牙語裔和黑人有家人坐牢的數字，分別是百分之四十二、四十八和六十三。[43]

美國司法制度明顯比中國司法制度更加獨立，在許多功能方面也比較優越。不過，我和在某個美國非政府組織擔任高職的一位美國人有過一次有趣對話。他在中國和中國法官有十年以上的合作經驗。他帶著兩個深刻印象離開中國。第一，在講究統一性的表面之下，中國法官在私底下的談話中表現出豐富的多元性觀點。第二，中國法官很關心要平等對待所有階級。有一次，一位美國法律顧問出於好意向一名中國法官提起，除了殺人罪之外，中國應該考慮廢除其他所有刑案判處死刑的律法。這位中國法官明智地回答，實行這一規則將會使中國司法制度變得像美國司法制度，只有窮人、而非富人才被判刑坐牢。

總而言之，對於社會正義雖有不同標準，但中國社會可能運行得並不太壞；人們生活富裕了，他們若是自願維持良好的社會秩序，會有更大利益。中國人的思想裡有一點是西方人百思莫解的，那就是中國人喜歡秩序。他們喜歡會導致更加秩序井然的措施。這種態度造成西方人和中國人對於中國政府為了促進社會秩序，預備實施的社會信用評等辦法（social credit scheme），反應截然不同。博古睿研究院

（Berggruen Institute）的宋冰[44]對社會信用評等制度有如下的描述：

中國政府在二〇一四年的一份文件裡列出對於這個制度的願景，提到包含四個部分：政府信用、商業信用、社會信用和司法信用制度。推動這項巨大計畫的用意，是要在中國社會建立信用的文化。[45]

索羅斯掌握西方人對社會信用評等制度的負面評價，他說：「社會信用評等制度付諸實行的話，將使習近平完全控制住中國人民。」索羅斯只看到這套制度在中國實施起來，就是喬治．歐威爾（George Orwell）的版本，國家可以完全掌控中國人民的生活。副總統麥可．彭斯二〇一八年十月在哈德遜研究所（Hudson Institute）演講時，也明白地提到：「中國統治者有意實施一個以控制人類生活每個方面為前提的歐威爾式的制度。」

歐威爾在《一九八四》這本書裡對這種社會是這麼形容的：「當然你不知道自己是否時時刻刻遭到監視。思想警察有多頻繁、或是在什麼系統連上任何人的線路，也只能用猜的。說他們在所有時間監視每個人，也是可能的。任何時候，只要他們想要，就可以連上你的線路。你必須活在一個假設之下——必須從習慣變成本能——你發出的每一聲音都被竊聽，而且，除非是在黑暗中，一舉一動都遭到監視。」

可是，即使西方媒體報導中國一般老百姓對實施社會信用評等制度的反應，它們也注意到，大部分人歡迎它，認為這代表他們在進行社會和經濟互動時可以知道，誰是能夠信賴的對象。《紐約時報》報導：「在新聞媒體受政府控制的國家，要判斷中國民眾的反應相當困難。不過到目前為止，一般中國公民顯然並不怎麼關心它。法律上對於從超速駕駛到動手鬥毆等事務的執法不力，代表中國獨裁政府的長臂可以跟日常生活完全不相干。因此之故，許多人對這項治安新措施歡呼。」[46]

中國人為什麼珍惜秩序，有一個重要原因。他們彼此生活的距離太近，彷彿摩肩接踵。對這個現象說明得最好的是傅立民大使。二〇一九年二月十二日，他在佛羅里達州聖彼得堡世界事務會議（St. Petersburg Conference on World Affairs）演講，對中國的統計數字有如下評論：

中國的陸地面積稍大於美國，它占世界陸地面積的百分之六點三，美國則是百分之六點一。但是中國人口十四億，它的可耕地面積是美國的三分之一，水資源是美國的四分之一。如果我們的人口數和農業資源的比例和中國一樣，美國人口應該將近四十億人——其中約六億人年齡大於六十五歲——而且絕大部分可能打算在佛羅里達退休養老……我猜想，如果有那麼多人擠在美國，美國人對於社會不守秩序的容忍度一定小得太多，目前我們對於家庭計畫的態度也一定不一樣。我們也會更加擔心個人安全和生存。六十年前，大約三千萬個中國人在所謂「大躍進」的人為大饑荒中喪生。中國人痛切了解他們可以犯錯的空間很小。這使得他們很自然地厭惡風險，而且在許多方面，處理外交事務時比起現今的美國人更容易預測。

中國十四億人口相對安於接受與西方秩序大不相同的社會及政治秩序，這一事實應該鼓勵西方要深刻反省。相信所有社會若要往成長和進步前進，只有一條路可走，這是明智的想法嗎？我們現在是在人類史上轉了個彎，看到另一種社會和經濟發展模式出現了嗎？印度政治學者普瑞泰布・巴努・梅塔（Pratap Bhanu Mehta）提醒我，民主的印度社會和共產主義的中國社會，兩者之間有極大不同。他精明地觀察到，印度是個思想閉塞的開放社會，而中國則是思想開放的封閉社會。這個觀察或許也可以適用在美國社會。

美國思想家和公共知識份子的腦袋在掌握與理解中國時，顯得特別封閉。美國分析家要分析政治制度時，轉向黑白分明的世界觀：開放或封閉社會、民主或極權社會、自由或專制獨裁。我們擺脫了西方主宰世界歷史兩百年的異常時期，也正在脫離黑白分明的世界。世界其他地方的社會，包括中國和伊斯蘭社會，也在努力走向自由與秩序、自由與控制、不和諧與和諧之間，有著不同平衡的世界。

中國思想家也曾一度相信，通往成功的唯一道路是複製西方社會。這也是為什麼在中國歷史上最低迷、失望的一九二〇年代，許多中國知識份子（就和日本明治維新時期的維新派一樣）主張，中國面前唯一的出路就是全面西化。中國歷史學者周策縱（Chow Tse-tsung）寫道：「魯迅宣布，中國人應該為自己而活，不是為祖先而活。學習現代科學和西方知識，遠比背誦孔子經書重要……中國人不要再崇拜孔子和關公，應該崇拜達爾文和易卜生。不必向瘟神和五祀獻祭，應該敬拜太陽神阿波羅……魯迅真誠地提出他現實、功利的觀點；他問說，如果實際上新比舊有用，何必講究它是中國的或外國的？」[47]一百年之後，中國不再匍匐趴在地，中國已經站起來，變得有自信。近年來，中國人足跡踏遍歐美各國之後，很少人相信中國在二十一世紀的命運是模仿西方。他們反而相信中國應該走自己的路。人類歷史將增添有趣的一頁。

凱因斯曾經說過一句名言：「當事實改變，我的想法也會改變。換了你，你會怎麼做呢？」過去三十年最大的事實是，世界上許多社會嘗試西方的自由民主制度，卻發現它不適合他們。在某些個案上，它甚至導致禍難。西方自由主義思想家應該好好做功課，就是客觀檢討自從冷戰結束以來，西方支持的所謂「顏色革命」（Color revolution）。這通常是指非暴力的公民抵抗運動，「顏色」指的是抗議者在示威時選擇一種顏色或圖象做為象徵。有多少顏色革命成功了？其中有多少失敗了？以下是大約的分析。

很明顯，前華沙公約國家推翻支持蘇聯的民主革命，是成功的。波蘭、匈牙利、捷克和斯洛伐克現在都欣欣向榮。可是，它們的成功是例外。它們能成功是因為已經有相當數量的中產階級，而且輕鬆容易就加入歐盟，歐盟也投注大量資源給它們。反之，前蘇聯的加盟共和國，如喬治亞、烏克蘭和吉爾吉斯，卻蹣跚掙扎走向政治穩定。外交政策研究所（Foreign Policy Institute）的梅琳達・哈林（Melinda Haring）寫道，這三個個案的失敗是由於共同錯覺的結果，他們以為革命是「民主的最高點」，事實上革命只是實現民主的一種手段。由於這種錯覺，領導人得以劫持革命並倒退回專制獨裁。譬如，吉爾吉斯鬱金香革命領導人庫爾曼貝克・巴基耶夫（Kurmanbek Bakiyev）「很快地就把自己建立為政治強人」。[48] 同樣的，受到西方知識份子喝采稱讚的埃及和利比亞革命，並沒有產生良好結果。利比亞仍然是個分裂的國家。利比亞強人格達費（Gaddafi）被推翻後，國家分裂，內戰衝突不斷，目前國家尚未恢復元氣。美國人為美國大使約翰・克里斯多福・史蒂文斯（J. Christopher Stevens）在班加西（Benghazi）慘遭殺害感到悲痛。他無謂的喪生值得哀悼。可是，還有更多利比亞人在格達費遭推翻後的亂局中喪生。美國這個國家有一種特殊能力，它可以道貌岸然的支持顏色革命，也可以不講道義地脫身，不管它們的後果。在許多思慮周全的美國人的集體記憶中，干預其他國家的道德面被記住了，但是抽腿不管的不道德面卻很快就被遺忘。簡單來說，大部分民主革命都未能實現廣泛的繁榮和民主。

對於近年來發生的顏色革命，最下功夫研究的或許就是中國。中國政府若是不研究它們，那就太不負責任了，因為中國的任何一個潛在對手，包括美國在內，顯然都會想方設法要在中國點火掀起顏色革命，即便只是讓中國政府強大的威權統治不穩定都好。由於大多數美國人認為民主制度不會造成任何傷害，因此他們認為，如果一場自發的顏色革命導致中國共產黨被推翻，將是一樁絕對的好事。

這個信念聽起來既天真又道德。正由於這個認知，它非常危險，因為中國人會認為這個信念既有傷害性又不道德。要了解中國人的觀點，美國人應該記得當奧薩瑪．賓拉登（Osama bin Laden）在美國發動九一一攻擊事件，造成近三千人喪生時的感受。攻擊發生時，我人就在曼哈頓。我經歷了美國人見到這麼多無辜者被賓拉登的攻擊奪走性命，所感受到的困惑、悲傷、憤怒和怨恨。當然，大家完全可以理解，他們報復的意念非常強大與明顯。因此之故，美國反擊了，揮兵打進阿富汗。

若美國人對九一一事件的鮮明記憶深鑄在腦海裡，應該就可以理解，若是美國支持顏色革命，造成天下大亂，中國人若不死個幾百萬人，至少也會死個好幾千人，屆時中國人會有什麼感受。數百萬人喪生可能並非誇大其詞。過去中國歷史上的動亂時期，死者動輒幾百萬人。如果數百萬人喪生，我們不難想像中國人民會爆怒、產生強大的憤怒反應。支持顏色革命的美國人，或許深信自己的心意是高尚、道德的。可是，若後果仍不脫近年大多數顏色革命的覆轍，產生巨大災難，中國人會有憤怒、尖銳的反應是完全自然的。

如果美國在和中國交往時，想要推動「道德」的議程，想達到道德的最佳辦法是節制，不要干預中國內政事務。因為出現天下大亂的危險結果機率很高，很可能斷送掉數百萬人的性命。

這並不是說，中國的政治制度將永遠凍結在目前的形式上。北京政府如果不能跟上人民的希望和期望，它是無法持久在位的。理論上，北京政府可以運用一切強大的壓迫工具來永久霸住權力。然而，北京政府若只依賴高壓手段占住權位，它將永遠無法「實現民族偉大復興的中國夢」。[49]

不過，中國的政治制度也顯得很有韌性、並不脆弱。為什麼會這樣？世界上很少有人了解有關中國治理的一個「大祕密」，其實很令人震驚。中國政治制度顯得堅韌的主要原因，是因為中國擁有全世界最聰明的政府之一。中國共產黨只吸收最優秀的畢業生入黨。每個社會都有智商金字塔。在許多社會，由於貪腐或封建心態的遺毒，統治階級不是依據才能表現來選擇。中國政府在全世界突出，是因為它是最講究紀律和嚴格要求的政府，只吸收全民之中最優秀的人才入黨。

同時，中國和前蘇聯的官僚體制相反，蘇聯僵化、沒有彈性，中國的官僚已經變成有反應、負責任。密西根大學安娜堡分校政治系教授洪源遠（Yuen Yuen Ang）形容中國已經進行的改革是：

> 自一九七八年開放市場以來，中國事實上已經展開重大政治改革——只不過不是以西方觀察家預期的方式進行。中國共產黨並沒有制定多黨選舉制度、建立對個人權利的正式保護，以及允許言論自由。中國共產黨在表層底下進行

改革，改造它龐大的官僚體系以實現許多民主化的好處——特別是問責制、競爭和部分限制權力——但是不放棄一黨控制。

雖然這些變化可能顯得枯燥和不那麼政治，但實際上它們創造出一種獨特的混合體：具有民主特色的專制政體（autocracy with democratic characteristics）。實際上，中國公共行政部門內部的規則和激勵措施做了調整，已經悄悄地把僵化的共產主義官僚體系，轉變為能夠高度調整適應的資本主義機器。[50]

幹部的頭腦水準高，說明中國在經濟和社會發展上的進步一日千里。它也說明了為什麼中國人民對於治理階級有高度信賴。吳志明（Cary Wu）和莉瑪·威爾克斯（Rima Wilkes）在二〇一七年研究亞洲社會的政治信任，他們發現中國和亞洲其他大多數社會不一樣，不僅對中央政府有高度信賴，對於中央政府的信賴度也高於對地方政府的信賴度。[51]

由於深刻厭惡共產主義和威權統治，西方學者和評論家還不能接受「中國共產黨可能是運作良好的治理工具」這個想法。有鑑於此，西方學者很少客觀、理性地討論中國共產黨。對於中國共產黨的分析有瑕疵有一個例子；那就是馬利德的《中國共產黨不可說的祕密》這本書。他說：「中國的共產主義制度從很多方面來講，是腐爛、昂貴和貪腐的，又經常是功能失調的。金融危機又替它們增添了危險的妄自尊大的架式。但是它的制度也得到證明，是有彈性的，而且有足夠的經常變化可以吸收投擲到上面的所有東西，使得許多西方人為之感到意外和恐怖。」52

這裡有一個明顯的矛盾。這個矛盾是如此明顯，透露出作者非常不願意承認的一個事實：那就是他想看到一個腐爛的體系，可是這個體系實際上根本沒有爛透。他不願承認中國目前的領導人非常小心的提防出現貪腐跡象，並試圖公開剷除它們。這是政府已經腐爛的證據嗎？還是決心消滅腐爛的政府的證據嗎？原因出在雖然中國共產黨名義上是共產主義者，但它之所以能夠「有彈性」，是因為名字裡有個代表「中國」的C字。受過良好教育的中國人思想開放、身段柔軟、知覺敏銳。大多數的中國領導人，包括受過西方現代教育的中國領導人，都浸淫在中國思想的經典古籍中。這些經典反過來又開啟他們的心智，接受許多中國古代哲學——

因為它們是一種深思熟慮的文化。他們從這裡了解到，任何一個中國領導人犯下的最大錯誤就是僵化、死守意識型態和教條主義。因此，即使許多中國領導人一再重申自己效忠馬克思、乃至毛澤東，他們也知道必須以靈活的方式來調適和實施這些範例。在中國共產黨統治下，中國古代的治理傳統仍然繼續存在。馬丁．雅克（Martin Jacques）引述歷史學家王賡武的話說，新的共產主義國家「取代了舊日的皇帝國家」。[53]他另外還引用了趙穗生（Suisheng Zhao）的觀點。趙穗生用略為不同的方式表達了相同重點，他說：「中國的民族國家是在共產黨的領導和馬克思主義的指導下打造出來的。然而，這與中國民族主義以及要重振中國舊日的光輝和未來現代化的關係，大過與共產主義的普遍原則之關係。」[54]

過去一百年，中國出了毛澤東、鄧小平和習近平三個最強大的領導人。西方人對這三位領導人的觀點，在強調他們的不同：毛澤東被認為是個殘暴、破壞力十足的統治者；鄧小平是個睿智、有耐心的改革者；習近平是個無情的獨裁者，把中國又帶回到毛澤東時代。可是，這種單一層面的描述，沒有掌握住這些傑出領導人不尋常的複雜性。毛澤東或許殘暴不仁，但他在這三位領導人中最具哲學素養，最了解古代中國思想。鄧小平耍起狠勁的無情程度，不下於毛澤東。習近平也深刻了解中國古代歷史和文化，當他必須做出艱難決定，譬如如何對付脾氣暴躁、難以捉摸的川普時，也從先人的智慧去尋求啟示。[55]

誤解中國共產黨的最大來源是，西方人專注在「共產主義」（communist）這個詞，而非「中國」（Chinese）這個詞。雖然中國人沒能成功創造完美的治理制度，但他們的治理制度倒是確實反映中國數千年來的政治傳統和智慧。中國政府加諸中國人民身上的整體重負，並沒有太重。中國共產黨並沒有積極干預公民的日常生活。事實上，中國人民在中國共產黨治理下所享有的個人自由，遠比過去其他任何中國政府還要大。到底誰比較僵化呢？是明顯可以調整他們的政府和經濟制度的中國人？還是抱殘守缺，至今還相信聯邦最高法院應該奉一七七六年的憲法為永恆不變理論的美國憲政主義者？

有一個統計數字，經常被許多西方評論員用來形容中國政治制度的脆弱和罩門——就是中國每年出現十八萬七千件民眾抗議事件。維也納大學研究員克里斯汀・戈貝爾（Christian Göbel）說明許多媒體報導是如何得出這個數字：「二〇一一年，藍德沙調查（Landesa Survey）發表一份研究，聲稱根據『中國研究人員』的研究，中國在二〇一〇年出現『十八萬七千件群眾事件……其中百分之六十五涉及土地糾紛。』[56]《大西洋月刊》引用這個數字，下了標題做出誤導說法，宣稱中國『每天出現五百件抗議事件』。儘管事實上對於藍德沙調查所引述的不具名『中國研究人員』是如何得出這個數字並沒有太多了解，大部分刊物，包括這位作者的報導，卻引用它。然而這些數字並不能讓人更了解中國的社會動亂之性質。它們反而只引起中國深陷動盪的強烈印象。」[57]

戈貝爾透過他對中國發生在二〇一三年至二〇一六年期間、七萬四千四百五十二件抗議事件的研究得出結論：「中國的抗議事件很普遍，但傾向於季節性發生，而且涉及的參與者不到三十人。大部分抗議活動出現在農曆春節前，工廠停工、外地工人要回家過年時。大部分抗議活動的中心是財務獎金，不是實體的權利，若有一小批同性質的人群涉入，尤其可能招來鎮壓，譬如農民、小販或因醫療不當的受害人等。」[58]

很顯然，北京的中央政府對任何的抗議活動都是嚴肅看待。但很明顯的是，這些抗議並沒被認為是重大威脅，因為大部分的抗議活動涉及的是地方議題。它們並不是反抗中央政府的抗議。抗議的目標是要吸引中央政府注意，人民視中央政府為對抗地方腐敗官員的救命恩人。

我曾在一九七六年訪問莫斯科，當時蘇聯共產黨似乎十分強大，神勇無敵，顯然莫斯科市民被政府嚇得噤口不語。那是一個由上而下嚴酷管制的社會。有天晚上我搭火車從莫斯科前往列寧格勒，我發現廁所的門鎖上了。我在廁所外等了一會兒，才發覺門是故意鎖上的。我跑去找列車長，最後找到一個高頭大馬、粗暴的俄羅斯大媽，朝我皺眉頭。為什麼廁所的門鎖上呢？因為在共產主義的蘇聯，法律的精神是除非明文規定可以，凡事統統不准。由於沒有法律規定火車上廁所的門必須開著，因此它當然是鎖上。

任何人若是訪問過昔日實行共產主義的舊蘇聯，以及今天也實行共產主義的新中國，將會發現，就個人自由而言，兩者是截然不同的世界。舊蘇聯從來沒有任何創業家，因為它根本沒有經濟自由。反之，新中國發展出數以百萬計的創業家。中國每年出現成千上萬的新創事業。中國也從其他現代化城市，如香港和新加坡，學習最好的做法，讓人民在上海和深圳很容易創辦新事業，它們因此成為世界上最有活力的兩個創業城市。二〇一九年世界銀行的《經商報告》，觀察了在北京和上海經商的方便程度，它指出：「中國在去年一年進行了破紀錄的多項改革，改進中小企業經商環境，使中國躍居今年全球十大改進者之一……中國的改革數量在東亞太平洋地區高居第一名。」

伯特．郝夫曼（Bert Hofman）是世界銀行前任中國業務局局長。他說的一段話被引述：「過去一年，中國在改善其國內中小企業經商環境方面有快速的進步。這些進步使中國名列世界最強五十大經濟體，反映出政府重視培養創業精神和民營企業。」[59]世界銀行的報告也觀察到：「自從去年以來廢除了三道手續，現在開辦公司只需要九天，與經濟合作發展組織高所得國家相同。此外，北京現在是全世界唯二的兩個城市之一，申辦登記新公司完全免費。」[60]在這裡必須強調一點，除非人們覺得有自由可以冒險和做出個人的決定，否則創業家是不可能出現的。

可是，即使中國逐步開放（相對於舊蘇聯），也允許個人自由大爆炸，它的領導人一定心知肚明，目前由中國共產黨絕對控制的政治制度不會永久持續下去。隨著中國社會的演進，而且中國也發展出全世界最大、可能也受過最好教育的中產階級（他們也不時在全世界各地旅行），這群人很自然地也會逐步要求有更大的發言權，管理他們的社會和政治事務。這種要求一定會出現。歷史也教了我們，要從威權主義的政治制度過渡到更多參與的政治制度是很困難的。

很有意思的是，最了解政治制度的過渡極為困難的政治領袖，就是中國人。王岐山和這一代最有影響力的政治理論家法蘭西斯・福山（Francis Fukuyama）有過一次對話，談話摘要卻在無意之下傳出來，透露出中方這個認知。他們兩人進行會面已經很不尋常。過去蘇聯領導人就不敢和美國政治思想家碰面討論政治過渡。中國領導人明白他們面臨的巨大挑戰，想方設法管好要從全面威權主義制度過渡出來的過程。他們研究、思考、準備在他們覺得適當的時間改變。

王岐山向福山承認，任何一個社會，最危險的時期就是過渡時期。他提出幾個例子：「法國大革命和英國資本主義的改革，改革與革命，哪個比較好？在不同的歷史脈絡下，會有不同結論。法國人認為革命可以徹底解決問題；英國人則認為改革的社會成本比較低。中國的帝制結束後也出現極大辯論，我們是應該建立君主立憲制度，還是建立共和制度呢？」[61]王岐山說：

在討論這個新開端時，應該提到另一個中國特色：中國有十三億人口。加上有悠久的歷史——這是中國重新開始時的背景，我們循著偉大的歷史意義探索（我們的道路）。我們完全明白你對中國改革提出的建議，然而，我們應該謹慎考慮改革的幅度。我們相當了解箇中的差異：所有已開發國家的人口加總起來是十一億人，而中國就有十三、四億公民。我一再和我的美國朋友提到這個差異。中國的改變太大了：經濟上，十三億人脫離貧窮非常不得了；但是在文化和教育方面，我們還有很長的路要走，而這個問題對我們的政治和經濟發展有很大影響。我曾經在這個房間告訴季辛吉先生：「一旦中國往某個方向發展，就不可能讓十三億人走在懸崖邊上；就我們要實現的目標來講，這十三億人每一個都重要。」在中國推行政策時，我們仍然必須很小心。[62]

明白挑戰就在眼前，並不代表你就能處理好它。而且所有的過渡也不會一樣。

東亞民主制度與歐美的民主制度不同。在西方的政治情境下，同一個政黨持續當家主政幾十年，幾乎是不可想像的事，可是長期執政在東亞卻是常態。日本的自由民主黨雖然在一九九三年至一九九四年，以及二〇〇九年至二〇一二年，短暫失去執政權柄，但實質上它治理日本超過五十年以上。同樣的，新加坡的人民行動黨從一九五九年掌握政權迄今，超過六十年。很顯然，東亞社會的文化比較舒坦，能接受政治持續和政治穩定。改變本身並不受歡迎。

美國為什麼應該在中國推動美式民主？民主是絕對讓人渴望的東西。它應該一直受到支持。可是，即使是美國近來的歷史也顯示，美國並沒有一直支持民主。沙烏地阿拉伯和埃及維持穩定政權，一直攸關到美國的重大利益。因此，當美國必須在促進理想或利益之間做選擇時，它會選擇把民主擱到一旁。這麼做可能明智，但肯定不吻合理想。同樣的，在冷戰期間有很長一段時期，中國被視為對抗蘇聯的重要夥伴，美國就沒有試圖向中國輸出民主。哈佛大學教授江憶恩（Alastair Iain Johnston）說：

中國的人權，更不用說它的民主化，從來不是美國推動交往政策時的主要元素，很少從外部對它施加壓力。不能因為它沒有實現結果就責怪交往政策，因為從來就沒有人把結果認真當一回事，也沒有人預期它要有多大進展。63

傅立民大使也明白講：

那些批評美國與北京的交往政策只在促使中國民主化，以及在人權和經濟做法上虛晃兩招的美國人，現在又說交往失敗吻合他們的期望，把它當成政策失敗的證據。但是，政策是否成功，只能根據它的目標來衡量。無論美國人有多麼希望或期待中國能夠美國化，美國的政策幾乎完全放在改變中國的對外行為，而不是其憲政秩序做為目標。64

那麼，美國為什麼要在中國促進民主觀念呢？美國人認為，民主制度比獨裁專制更好，因為它們提供自由給個人，自由反過來又使個人可以全力發揮自己的天生才智，充分追求繁榮發達，這將使社會變得更加繁榮和強大。這種信念有很多優點，它認為，如果中國也這樣做，將成為一個更有生產力的社會，經濟將會更快成長。的確，如果這項政治實驗成功，一般中國公民的生產力成為一般美國公民生產力的一半，中國的經濟規模將是美國經濟的兩倍大，甚至還有潛力可能成為美國的四倍大。

但是，中國的經濟變成美國的兩倍大，甚至四倍大，真的吻合美國的國家利益嗎？目前美國國家安全部門的一個重要目標是，盡可能長期維持美國的霸主地位。因此，如果民主是那麼強大的成長引擎，在中國促進民主明顯就不符合美國的國家利益。由於美國的國家安全部門有眾多的聰明才智之士，他們可能主張美國應該立刻停止輸出民主到中國去，以防製造出一個更加強大的敵手。

可是，美國的國家安全部門還繼續推動向中國輸出民主。這又是為什麼？因為在實務上，促進民主可以產生和理論完全背道而馳的效應。它可以使社會動盪、不安定、削弱，而不是強化它們。

葡萄牙、西班牙和某些前東歐集團國家可以列入民主革命成功之列——但是它們全都具有共同因素，就是它們有發展良好的社會、強大的中產階級和基礎堅固的公民文化。同樣重要的是他們的鄰國。他們所有的近鄰國家都是歷史悠久的民主國家，是可以學習效仿的對象。他們可以加入歐盟，歐盟提供強大支持，協助他們建立體制。簡單講，必須存在某些關鍵因素才能成功過渡到穩定、繁榮的民主統治。

其他大多數案例，若關鍵的因素不存在，往民主的過渡就出現災難。南斯拉夫土崩瓦解，大約十萬人在衝突中喪生。同樣的，即使蘇聯崩潰，它的主力部分俄羅斯也因經濟大跌，人民吃盡苦頭。好幾個前蘇聯共和國，如喬治亞和烏克蘭則陷入衝突。

在近來的這些歷史背景下，許多中國領導人認為，美國在中國促進民主其實居心不良，不是要增強中國，而是想要讓它更不統一、更分裂，成為一個陷入亂局的中國。如果中國的命運變成這樣，美國就可以再繼續維持一個世紀以上的霸主地位。

這樣一個馬基維利式的目標似乎太牽強。可是，一個大國若是認為霸主地位受到挑戰，會這麼做也是十分自然的動作。中國領導人毫不質疑，認為這就是美國人在中國試圖促進民主的真正用心。因此之故，他們認為自己別無選擇，必須採取一切必要措施，讓所有這些企圖削弱、動盪和分裂中國的馬基維利式陰謀不能得逞。中國的統治菁英對於這一點有相當高度的共識。習近平廢除對他繼續擔任國家主席的任期限制之後，他在國內的聲望仍然很高。中國悠久的歷史教了中國人一課重大教訓：國家的領導人太弱，國家就危殆。

我這一輩子一直研究西方哲學，深刻理解西方哲學家幾千年來不斷辯論什麼形式的政府最好。許多西方人深信民主就是政府的最佳形式。不過，愛德華・陸斯提醒我們，西方哲學鼻祖柏拉圖曾經警告，「民主就是暴民統治——它的字源就是demo（人民）和krato（統治）。」安德魯・蘇利文（Andrew Sullivan）認為，選出川普當總統足證柏拉圖是先知。這也是為什麼柏拉圖說，最上乘的治理形式是「哲君」（philosopher king）統治。

習近平其實很可能成為一位中國哲君的，他早年經歷過許多困厄，歷盡艱苦鬥爭才在共產黨內脫穎而出。他曾仔細研究世界大勢，在公開場合講話時面面俱到、謹言慎行有所節制，不搞推特瘋狂貼文。當今世上，具有如此豐富資歷與條件的統治者不多，如果他能給中國帶來一、二十年的政治穩定和經濟成長，就可名登青史，成為使中國脫離好幾百年窮困、躋身現代開發國家之列——完全不遜於西方第一流經濟體——的統治者。廢除任期制，使他遭遇猛烈批評，但此舉說不定反而成了對中國最大的福庇。它或許是中國與美國角力時，中國能夠得勝的關鍵因素。

可是，即使習近平能給中國人帶來數十年的穩定和繁榮，熟諳歷史的他也曉得，即使中國有個明君，稍後也會出現衰退與敗亡。比方，乾隆皇帝從一七三五年至一七九六年，在位六十一年，可能是中國最後一位聖明天子。但在他去世之後不到幾十年，中國就經歷了它的百年恥辱。

習近平的主要挑戰，將是確保在他交棒之後，中國能繼續維持穩定和繁榮。歷史告訴我們，這不是一件容易的事。除非習近平開始組建一個強大的潛在繼任者團隊，以及加強能在他退休後順利接班的體制框架，否則他所有的成果都會受到侵蝕。中美之間的競爭不會是短期的，它將是一場馬拉松比賽。若想要確保中國贏得這場馬拉松，習近平必須建立健全的接班機制。如果他成功做到了，中國的勝算將會增加；如果他失敗了，美國就會獲勝。

第七章
美國以美德自居

改善美中關係的最大障礙，是一道強大而無形的精神建構，這種精神建構已深植於美國人思想中，那就是以美德自居（the assumption of virtue）。

我們很難描述這種假設對美國人的態度和行為，影響的確切範圍和程度有多廣，但毫無疑問，「以美德自居」為美國人如何看待自己及其在世界的角色提供了基礎。幾位美國學者曾描述為何美國人認為自己與眾不同。史蒂芬・華特指出：「過去兩個世紀中，傑出的美國人將美國描述為『自由的帝國』、『山上閃閃發亮的城市』、『地球最後的希望』、『自由世界的領袖』以及『不可或缺的國家』。」[1]

他也說明為什麼許多美國人深信美國是世界最好的國家：「大多數有關『美國

優越論』（American exceptionalism）的言論，都自認為美國的價值觀、政治制度和歷史是獨特的，值得全世界欽佩。它們還暗示，美國注定、並有權在世界舞台上扮演獨特而積極的角色。」他進一步提出的看法，則可能會讓多數美國人無法接受，他說：「這種對美國全球角色自我恭維的形象，唯一不妥的地方就是——它大部分是神話。」我不預備總結他令人信服的論點，而是把他簡潔、精采的文章做為本書附錄，以便美國人能夠讀到自己的同胞是如何闡述的：「美國具有獨特的美德這種觀點或許能令美國人感到欣慰。但問題是，可惜了，這並不是事實。」

以美德自居的假設，不僅僅奠立於聲稱「美國在世界舞台上是個良性角色」的說法上（史蒂芬．華特揭穿了這個說法），也有賴於「美國提供給公民世界上最好的生活品質」這個想法。簡言之，意思就是：就改善公民生活而言，美國是世界上最偉大的社會。

這個信念奠立在一個強大的歷史基礎上。從殖民地時期起，美國人的生活水準就比同一時代的歐洲人高。晚近又有一個時期，大約從二戰結束至一九八〇年，美國廣大的民眾，包括底層百分之五十的人民，經歷生活水準的大幅提升。那真是一段美好的快樂時光。我一九六〇年代在新加坡長大，經常帶著羨慕的心情看美國電視連續劇，如《三代同堂》（*My Three Sons*）、《我愛露西》（*I Love Lucy*）；它們展現美國中產階級享受田園詩般的生活，住在獨立家屋，有兩個車位的車庫，周圍是綠茵草地。在這個時期，全世界都羨慕美國在社會和經濟發展上的成績。

然而，那個年代早已遠去。現在，世界各地有為數不少的專家，他們對美國事務有更完整的觀察，已經看到美國社會出現嚴重的問題，許多重要指標都轉向負面發展。令人吃驚的是，新加坡國立大學柯成興教授的研究指出，在一九八〇年至二〇一〇年這三十年期間，在已開發國家當中，美國是唯一一個底層百分之五十的人民平均所得停滯不前者。他提出一份篇幅不長但很精采的論文，描述美國社會某些社會經濟狀況的顯著事實。首先，從一九八〇年起，「後續的三十年，美國底層的半數人民平均所得下降。全世界其他主要集團或經濟體都沒有出現這種狀況。其他國家都沒有窮人有系統地變得更窮的狀況。」[2] 圖六比較了美國、歐盟、中國和亞洲全部國家底層百分之五十的個人之平均所得，它清楚顯示美國底層百分之五十人民所得下降的情況，這在其他主要區域並沒有出現。鑑於這個不尋常的紀錄，我們不免要沉思，為什麼察覺這種情況的美國人這麼少？柯成興教授因而認為，從這一點來看，美國還真是一個「特殊」的國家。

遺憾的是，所得停滯也造成人民許多痛苦和災厄。普林斯頓大學兩位經濟學者安妮．凱斯（Anne Case）和安格斯．迪頓（Angus Deaton）的研究指出，過去美國白人勞工階級心中懷抱美國夢，憧憬自己能改善生活水準，過更好的生活。可是，今天他們陷於「絕望的大海」裡。他們兩人的結論是：「最後，我們看到的故事是受過高中教育的白人勞工階級，在一九七〇年代初期鼎盛時期之後的崩潰，以及伴隨沒落而來的病態。」[3] 凱斯和迪頓的詳細研究顯示，「由於家庭功能喪失、社會孤立、藥物成癮、肥胖和其他

圖六　單一國家（或區域）底層 50% 人民的個人平均所得

所得（歐元／千）	1980	1990	2000	2010	2015
美國	7.8	7.3	6.6	6.8	n/a
歐盟	8.3	8.2	8.1	9.9	10.3
中國	0.8	1.2	1.3	2.6	3.9
亞洲（不含中東）	1.1	1.5	1.7	2.3	2.8
全球	1.7	2.0	2.1	2.7	3.0

Source: Quah, "The US Is, Indeed, the Exceptional Nation."

病態長期下來的複合影響」，經濟前景並不樂觀。[4]

美國近代史上最偉大的道德與政治哲學家之一的約翰・羅爾斯，又是如何看待美國的經濟和社會發展軌跡呢？他設計了一項測驗，用以衡量社會實現社會正義是否成功，他說：「唯有處於優勢地位的人們參與改善社會弱勢人群的期望時，前者的更高期望才合乎正義。」[5]簡而言之，如果美國想要根據羅爾斯的建議來判斷它是否為世界上最偉大的社會，它必須研究相關訊息，了解「社會弱勢成員」的現狀才行。

如果羅爾斯還在人世，他一定十分震驚，美國的弱勢族群竟然生活水準日益下滑。美國政治學者傑佛瑞・溫特斯（Jeffrey Winters）在他的大作《寡頭統治》（*Oligarchy*，暫譯）也提出驚人資料，顯示美國貧富懸殊已經相當可怕：「美國最富有的前百大家庭之平均財富，和居於底層百分之九十的家庭相比，其財富的天壤之別，有如羅馬帝國鼎盛時期的參議員與奴隸。」[6]貧富懸殊的惡化現象發生在近幾十年，柯成興也提供寶貴資料，比較美國與其他主要地區的貧富懸殊狀況。詳情請參見圖七。

柯成興指出：「在美國，富人與窮人的所得在一九八〇年的差距是四十一比一。往後三十年更擴增為三倍以上，達到一百三十八比一。從這個表逐行往下看，我們看到全世界各地貧富差距都在增大。根據這個尺標，中國在過去三十年的平均所得差距增為四倍；亞洲幾乎增加一倍。然而，全世界沒有一個地方的貧富懸殊加劇成美國這樣。」[7]

美國的開國元勳打算創造一個與移墾者拋棄在歐洲的封建主義截然不同的社會。他們若讀到今日美國作家描述目前的美國社會類似封建歐洲，一定很震驚。喬伊・柯特金（Joel Kotkin）對今天美國的重大差異有如下描述：「目前的衝突基本上就是法國封建時代末期的重現，當時由

圖七 「1%」與「底層 50%」平均所得差距

「頂端1%」與「底層50%」人民平均所得差距	1980	2015
美國	41	138 (2010)
歐盟	24	32
中國	12	47
亞洲（不含中東）	38	66
全球	100	108

Source: Quah, "The US Is, Indeed, the Exceptional Nation."

平民組成的第三階級挑戰由教會和貴族組成的第一和第二階級的霸權。」他又說：「今天的新封建主義使人回想起十七、十八世紀民主革命之前存在的社會秩序，兩個崛起的階級填補了從前統治階級的角色。」[8]

美國其他有影響力的人士，也評論美國社會重大的惡化跡象。瑞・達利歐負責管理全世界最大、最成功的避險基金，它能成功是因為進行十分徹底的經驗研究。達利歐現在應用這種研究來了解美國的貧窮及不平等現象。達利歐在他的「領英」（LinkedIn）貼文，討論美國多數人的生活水準大幅下降，他指出「底層百分之六十的大多數人是窮人」，又引述「聯邦準備理事會最近一份研究顯示，百分之四十的美國人遇到緊急事故時要掏出四百美元都很困難。」[9]達利歐指出，更糟糕的是，「他們愈來愈困陷於貧窮境地……底層五分之一人口在十年內上升到中層五分之一或更高五分之一的機率，從一九九〇年約百分之二十三下降到二〇一一年僅剩百分之十四。」美國社會惡化的數據已經無可否認。它傷害到了宣稱美國是只要努力就會得到報酬的社會這種主張。對大多數人而言，報酬的大池已經乾涸。「美德就是它本身的報酬」這句陳腔濫調變成相當冷酷的現實。

美國為什麼表現這麼差？有兩個說法能解讀這些數據。第一個說法是，這個時期是暫時的情況，類似一九二九年至一九三九年經濟大蕭條時期（Great Depression），社會經濟暫時性衰退。美國很快就復原，隨後又有數十年繁榮。這一次，同樣情況也會發生。美國會再度全面復原，尤其是如果你相信它的民主政治制度有自我糾正機能的話。美國的民主應該保證，大多數美國人的利益一直都會受到保護。

第二種解釋是，這顯示美國的政治布局出現根本性的改變，可是美國人沒有注意到。每兩年至四年，美國人投票選出國會參眾議員、州長和各州議會議員。可是在選舉行禮如儀的民主政治正常運作表象下，美國已經變成由富有的貴族階級控制的社會，他們運用金錢做出主要政治和社會決定。結果，這個階級得以造成美國史上最大的財富轉移。

羅爾斯解釋說：「只要那些擁有最大私人工具的人，被允許利用優勢控制公共辯論的方向，受到參與原則保護的自由就會失去很大價值。」幾乎在五十年前他已經提出警告，如果擁有「最大私人工具」的人被允許控制公共辯論的方向，美國的民主政治會被顛覆。[10]

聯邦最高法院在二〇一〇年指標性的「聯合公民控訴聯邦選舉委員會案」（Citizens United v. Federal Election Commission, FEC）[11]之裁定以及其他一些決定，推翻對利用金錢影響政治過程的許多立法限制之後，羅爾斯擔心的狀況就出現了。「公共誠信中心」（Center for Public Integrity）[12]的一份報告指出：「二〇一〇年一月公布的聯合公民控訴案之裁決，廢除對公司與工會關於獨立支出和資助競選傳播的禁令。此舉為公司和工會開了綠燈，允許它們在廣告和其他政治工具可以花費不受限制的金額，尋求個別候選人之當選或落選。」[13]聯邦最高法院這一裁決和其他裁決的影響非常巨大。它們實質上可能改變美國的政治體系。馬丁．沃夫說，「最高法院二〇一〇年關於『聯合公民』此一不當裁決，認定公司就是人，金錢就是言論。它證明，這是美國走向富豪政治的重要一步。」[14]美國法律學者勞倫斯．特里伯（Laurence Tribe）對聯合公民案裁定的愚蠢有很到位的批評，他說：最高法院「已經做出不公正的裁決，同時令人不敢置信竟輕描淡寫，甚至還否認美國政治的殘酷腐敗，它們的手法只差沒有犯下刑事賄賂罪——正是因為這些手法合法才特別可悲。」[15]由於法院這一系列裁決的結果，美國立法者做出的重大實質性公共政策決定，因為受到選舉經費影響，不再是一人一票表決產生的結果。

普林斯頓大學兩位教授曾經敘述，美國老百姓是怎麼失去政治權力和影響力。馬丁·吉倫斯（Martin Gilens）和班哲明·佩吉（Benjamin Page）從一千七百七十九個案例，去研究一般美國人和大眾利益團體對政策結果的觀點，與經濟菁英觀點的相對影響。他們發現：

> 經濟菁英和代表企業利益的組織團體，對美國政府政策有相當大的獨立影響，一般公民和大眾利益團體只有少許，或根本沒有獨立的影響……當經濟菁英的偏好和有組織的利益團體立場遭到控制時，美國一般老百姓對公共政策的偏好顯得微不足道、幾近零或不具統計意義的影響……甚且，經濟菁英的偏好對政策變化的獨立影響力大，過於一般公民的偏好……我們的發現指出，在美國，多數人並沒有統治力——至少在實際決定政策結果的因果關係上，他們並不具影響力。

他們得出以下美國社會必須警惕的結論：

> 美國人的確享有許多攸關民主治理的特色，譬如定期選舉、言論與結社自由，以及普及的（雖然有時候仍有爭議）投票權。但我們認為，如果決策是由強大的企業組織和少數家財萬貫的美國人所主宰，美國號稱是民主社會的說法就受到嚴重威脅。[16]

過去，美國廣大的中產階級在決定美國社會的根本方向上具有強大發言權。今日，他們不再有發言權。美國國會的決定並非由選民做主；它們是由政治捐獻者決定。因此之故，美國在功能上變成愈來愈不像所有的公民都有平等聲音的民主國家，它看起來愈來愈像富豪政治，只有少數富人擁有不成比例的巨大權力。

哥倫比亞大學國際暨公共事務學院三位學者亞歷山大・赫特爾－費南德斯（Alexander Hertel-Fernandez）、狄達・史柯普爾（Theda Skocpol）和傑生・史克拉（Jason Sclar）二〇一八年的一項研究更進一步提出主張：

自二〇〇〇年代中期以來，新成立的保守和進步的捐助者組合——尤其是科赫研討會（由查爾斯和大衛．科赫兩兄弟創立）和民主同盟（Democracy Alliance, DA）——通過募集和輸送更多資金，不僅注入選舉，而且投入各種合作的政治組織，擴大富有捐助者之影響力……科赫研討會……允許將捐款用於圍繞著「追求繁榮的美國人」（Americans for Prosperity, AFP）[17]組建實質的第三黨，這是一個全面的政治網絡，不僅能夠在選舉中支持共和黨，而且可以推動和引導候選人和公職人員，支持他們喜好的極端自由市場政策……在一定程度上，富有的捐助者組合已經成功建立了組織架構，他們把可用的資源轉移到制定政策建議、對議員施壓提出要求，以及動員一般美國人參與政治……當富豪集體對爭取財務奧援的政治組織提出新議程主張時，捐助人將重塑美國政治中的常規、目標和權力中心，而不僅止於特定捐款在預算上產生影響力而已。[18]

圖八摘自他們的研究，顯示富有的金主們每年從捐款組合中募集數億美元，資助他們的共同政治利益。

三位作者因此得出如下結論：

> 我們對科赫和民主同盟組合的分析凸顯出，除了個人或企業對選舉和遊說活動的捐贈之外，大量的巨額金錢影響還透過其他機制流動……要了解富人如何重塑

圖八　科赫及民主同盟夥伴的捐款金額

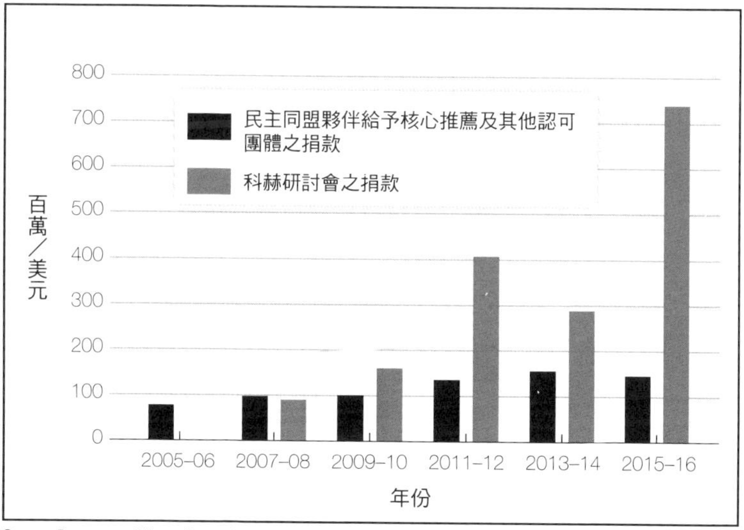

Source: Democracy Alliance figures from LaMarche 2014, supplemente with correspondence from the Democracy Alliance. Koch seminar figures from media reports of the seminars.

美國政治，我們不僅需要看他們的選舉和遊說支出，還要看他們對在各個領域和職能上運作的許多政治組織的協同投資。只有這樣，我們才能理解馬丁・吉倫斯、賴瑞・巴特爾斯（Larry Bartels）和班哲明・佩吉等研究人員所記錄的政府回應中所出現的嚴重不平等現象。[19]

理論上，美國人民的選票若是被搶走，他們會造反。可是，事實上他們的選票早已經被富人劫持，大部分美國人卻沒有注意到。《紐約時報》前任專欄作家阿南德・葛德哈拉德斯（Anand Giridharadas）在《贏家全拿》（*Winners Take All*）這本書中詳細記錄，美國中產階級的夢想是如何實質上蒸發掉的。他說：

成功的社會是一個進步的機器。它撿起創新的原料，產生廣泛的人類進步。可是，美國的機器故障了。最近幾十年，改變的果實落在美國，非常幸運的少數人，幾乎把它們全撿進自己的籃子裡。譬如，美國頂端十分之一人口的平均稅前所得，自一九八〇年以來增加一倍，而頂端百分之一的平均稅前所得則增為三倍，而十萬分之一的人士平均稅前所得，更是增為七倍以上——可是居於底層一半的美國人，其平均稅前所得幾乎原地不動。這些熟悉的數字相當於過去三十五年奇妙、令人暈眩的變化，對一億一千七百萬美國人的平均工資影響為零。[20]

阿南德・葛德哈拉德斯聲稱，美國人民正開始「感覺」到制度不公平：

因此，數百萬的美國人，不分左翼或右翼都共同感受到一件事，那就是：比賽受到舞弊操縱、對他們這類人不利……不分意識型態立場，左、右兩翼都普遍認為制度遭到破壞，制度需要變革。[21]

美國研究政治制度的學者喜歡引用阿克頓勛爵（Lord Acton）的一句名言：「權力使人腐化，絕對的權力使人絕對腐化。」引述完這句話後，他們可能私底下低聲說：「感謝主，我們是個分權制的民主國家。這種事不會發生在我們身上。」

這些學者應該考量把阿克頓勛爵的話稍微更動：「金錢使人腐化，絕對的金錢使人絕對腐化。」

在美國的政治討論中，應該更重視金錢腐化政治過程的效應。在大部分社會，當個人或企業使用金錢影響公共政策決定時，它被人稱為貪汙腐敗。第三世界國家的人普遍飽受貪汙之苦，雖然他們通常沒有辦法反對，但也都曉得貪汙是不合法的。可是在美國，使用金錢影響公共政策決定並不被認為是貪汙腐敗，因為聯邦最高法院將它合法化。

美國國會在一九七七年通過《國外腐敗行為法》（Foreign Corrupt Practices Act）實在是極大諷刺，它明文規定，禁止「核准支付金錢或有價物品給予任何人，尤其是當你明知全部或部分金錢或有價物品，將以直接或間接方式提供、贈予或承諾給予外國官員，去影響此一外國官員依其公職身分之行為；或誘使該外國官員違反其合法職責而做或不做某事；或獲取任何不當利益，以協助他人獲得或保留與之相關的業務，或將業務導向任何人。」[22]這項法律的實質意思就是，如果一家美國公司利用金錢影響一名埃及或印尼議員，他將會根據美國法律受到處罰。然而，如果同一家美國公司運用金錢（透過選舉和超級政治行動委員會）去影響美國議員，它被認定是民主程序的一部分。

羅爾斯針對這一點早已提出警告：「擁有最大私人工具的人，被允許利用他們的優勢控制公共辯論的方向」，將會產生腐化的結果：

最後，這些影響力將使處境較佳的公司可對立法的走向發揮較大的影響力。在適當的時候，至少在他們通常同意的事項上，也就是說在可讓對他們獲得有利條件的事項上，他們可能會占住主導地位來解決社會問題。[23]

過去幾十年的情勢就是這樣發展：「在可讓他們獲得有利條件的事項上」，富有的人「占住主導地位」。財富和政治權力就從美國大多數人手中，移轉到握有特權的超級少數人手中。

在一個機會真正平等的社會中，所有年輕人都有公平的競爭環境，可以競爭、成長和繁榮，我們不應該看到所得最高的百分之一人口，與所得位於底層百分之五十的人，兩者之間存在柯成興教授在圖七所揭示的巨大差異。機會「平等」實際上已正在消失中。數據已經充分顯示。紐約大學的麥可．郝特（Michael Hout）指出：「出生在一九八〇年以後的美國青年男女——所謂千禧世代——向上流動的機會比起前幾個世代的美國人少了許多。」[24]為什麼會這樣呢？完整答案很複雜，但是有一個簡單的觀察，那就是雖然過去有許多階梯容許底層的人向上攀升，譬如良好的學校、可得到良好的醫療照護、治安良好的街坊社區、雙親家庭等等，但現在這些階梯都已經朽壞，本章稍早提到凱斯和迪頓的研究有詳細記載。美國人現在才剛開始注意到，因此追問究竟是怎麼一回事。

美國是個機會平等的社會這個迷思沒有被打破，真是太了不得。儘管有強大證據指出截然不同的狀況，美國人相信機會平等的觀念卻仍然強大有力。這個信念也解釋了為什麼只有少數美國人痛恨億萬富翁。如果我相信自己也能夠發財致富，我為什麼應該痛恨已經成功的人？成功的人告訴我，機會之門洞開，等著我邁步前進。過去三十年冒出來的許多億萬富翁，包括比爾．蓋茲、賴瑞．佩吉（Larry Page，谷歌共同創辦人）、馬克．祖克伯和傑夫．貝佐斯等人，使美國人「人人都有機會」的大夢一直存在。

美國實質上已經變成階級森嚴的社會，底層百分之十的人要攀升到頂端百分之十，機會極其低，比起世界上其他許多先進社會的確來得低。《經濟學人》最近的資料顯示，「出生在所得居於底層百分之二十家庭的美國人，長大後只有百分之七點八的機會晉升到頂端百分之二十。」[25]《美國經濟評論》（*American Economic Review*）做了一項研究，我們把它提出的數據整理為圖九，它顯示了幾個不同國家實際的世代之間移動和認知的世代之間移動兩者之間的差異。[26]

如果有人問思慮周全、消息靈通的美國人，你認為美國和中國哪一個可以提供更大機會讓底層百分之十的孩童晉升到頂端百分之十，百分之九十九的人會毫不猶豫回答，當然是美國能提供更大的機會。可是數據顯示，中國社會流動（Social Mobility）的機會比美國大。二〇一八年十一月，《紐約時報》報導說：

> 和美國一樣，中國的貧富懸殊也很大——而且最窮的中國人更是窮困極了，有將近五億人，即全國約百分之四十的人口，根據世界銀行的統計，每

圖九　各國社會階級轉移狀態

	美國		英國		法國		義大利		瑞典		美國 vs. 歐盟	
	實際數值	認知數值	實際數值	認知數值	實際數值	認知數值	實際數值	認知數值	實際數值	認知數值	美國認知數值	歐盟認知數值
	(1)	(2)	(3)	(4)	(5)	(6)	(7)	(8)	(9)	(10)	(11)	(12)
Q1 to Q5	7.8	11.7	11.4	10.0	11.2	9.1	10.4	10.1	11.1	9.2	11.7	9.6
		(0.00)		(0.00)		(0.00)		(0.48)		(0.00)		(0.00)
Q1 to Q4	12.7	12.0	12.9	10.6	12.8	10.5	15.6	11.2	17.3	11.2	12.0	10.9
		(0.00)		(0.00)		(0.00)		(0.00)		(0.00)		(0.00)
Q1 to Q3	18.7	22.3	19.9	19.4	23.0	21.5	21.0	21.9	21.0	24.5	22.3	21.6
		(0.00)		(0.13)		(0.00)		(0.03)		(0.00)		(0.06)
Q1 to Q2	27.7	21.8	25.1	22.2	23.8	23.6	25.8	23.1	23.8	23.1	21.8	23.0
		(0.00)		(0.00)		(0.55)		(0.00)		(0.09)		(0.00)
Q1 to Q1	33.1	32.2	30.6	37.8	29.2	35.3	27.3	33.6	26.7	32.0	32.2	34.9
		(0.07)		(0.00)		(0.00)		(0.00)		(0.00)		(0.00)
從綜合測驗得到的認知數值觀察結果		2,170		1,290		1,297		1,242		881	2,170	4,710
		0.00		0.00		0.00		0.00		0.00		0.00

圖九左上角先按照財富多寡分成 Q1 ～ Q5 五種階層，再一一檢視其轉移的狀況。例如，美國所得後 1/5(Q1) 的人有 11.7%認為自己可以攀升到前 1/5（Q5）；但實際上只有 7.8%的人真的實現了這個社會階級的轉移。這也是在本圖中呈現的各國數字中最低的數字。

Source: Alberto Alesina, Stefanie Stantcheva, and Edoardo Teso, "Intergenerational Mobility and Preferences for Redistribution," American Economic Review 108, no. 2 (2018): 521–554, https://pubs.aeaweb.org/doi/pdfplus/10.1257/aer.20162015.

天生活所資不到五點五美元。但是依據某些評準，中國的貧富差距水平約略相當於美國。

圖十很明顯地顯示，中國比起美國有更大的社會流動機會。《紐約時報》報導，這張圖是原有的圖表，沒有任何添注：

現年四十九歲的許麗雅（Xu Liya，音譯）原本在華東沿海的浙江省農

圖十 世界各國的社會階級流動

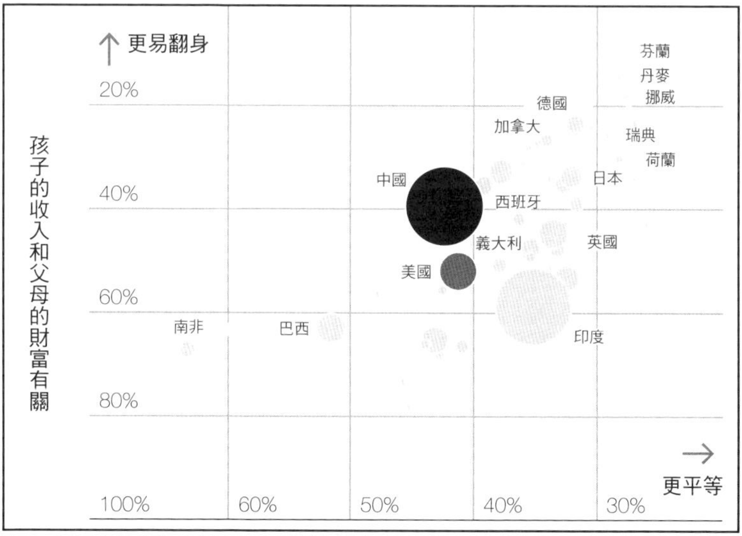

Source: Javier C. Hernández and Quoctrung Bui, "The American Dream Is Alive. In China," New York Times, November 18, 2018, https://www.nytimes.com/interactive/2018/11/18/world/asia/china-social-mobility.html.

(Designed by Patti Issacs)

田裡耕作。她的家人每週只能吃一次肉，而且每天夜裡她和七位親戚擠睡在一間臥房裡。後來她拿到獎學金、上了大學，然後開設一家衣飾店。現在她擁有兩輛汽車，以及一間價值逾三十萬美元的公寓。她的女兒在北京念大學。她說：「貧窮和貪汙傷害中國老百姓太久了。今天的社會雖然不完美，窮人卻有資源也可以和富人競爭。」[27]

圖十一出自世界銀行貧富懸殊資料庫，它也指出在社會平等上，中國比美國強。[28]雖然從一九八〇年至二〇一五年，中國前百分之十的人累積的所得增長率是百分之一千兩百三十二，美國則是百分之一百二十四，不過美國前百分之十的人，其整體所得增長率是底層百分之五十的人之四十一倍，而中國只有約四倍大。

有這麼多的資料點破美國是機會平等的樂土這個迷思，為什麼這個迷思還繼續存在？有一個解答是，這個迷思是美國認同的根本部分。如果抽走了它，美國精神就更加貧乏。同樣重要的是，機會平等的迷思和另一個迷思綁在一起。第二個迷思認為，美國是個非常成功的社會，是因為它對個人自由只有最低程度的限制。自由在美國是個神聖的詞，由於美國人享有格外的政治和經濟自由，他們相信不必立法保護所得平等，就可以達到舒適的中產階級生活水準——美國崇拜自由。

但是美國人也崇拜理智。大多數美國人相信美國根本上是個理性的社會。所有思想都攤在陽光底下——現在則常放到網路上——接受公共辯論。相較於許多社會，對於理性的討論很少有限制。因此之故，許多美國人認為美國社會沒有不能冒犯的聖牛。

圖十一　中美所得成長率與貧富不均一覽（1980-2015）

群體收入所得	中國		美國	
	平均年成長率	總收入成長率	平均年成長率	總收入成長率
全部人口	**6.4%**	776%	**1.4%**	63%
底層 50%	**4.6%**	386%	**0.1%**	3%
中層 40%	**6.2%**	733%	**1.9%**	44%
上層 10%	**7.7%**	1232%	**2.3%**	124%
上層 1%	8.8%	1800%	3.3%	208%
上層 0.1%	9.5%	2271%	4.2%	325%
上層 0.01%	10.2%	2921%	5.0%	460%
上層 0.001%	10.8%	3524%	5.9%	646%

Source: World Inequality Database, https://wid.world

(Designed by Patti Issacs)

那麼，為什麼沒有更多美國人質疑運用金錢影響選舉呢？答案是他們和聯邦最高法院多數大法官的看法一樣，認為對使用金錢有任何限制，就是對參與選舉的自由設限。由於美國社會不能接受對言論自由的任何限制，對於競選活動使用金錢加以限制也被視為不能接受。

不過，也有例外。伯尼・桑德斯（Bernie Sanders）和伊莉莎白・華倫（Elizabeth Warren）支持對選舉經費設限，他們都當選、進入參議院。同樣的，公開宣示自己是社會主義者的亞歷山德里婭・歐加修－寇蒂茲（Alexandria Ocasio-Cortez）也當選為國會眾議員。然而，這些例外當選的案例唯一有效的影響，反而是更強化迷思，讓人以為廣大的美國人民可以自由選擇他們的代表。這些案例保護、又強化了迷思，它們替國會參眾兩院制定通過的法律提供正當性，其實這些法令有許多是替有錢有勢的貴族階級或是經費充裕的特殊利益團體服務，不是替大多數老百姓服務。舉例來說，美國大多數民眾長期以來支持某種槍械管制法令。[29]在二〇一九年八月第一週，德州艾爾帕索和俄亥俄州代頓市相繼發生濫射殺人案之後，美國記者伊莉莎白・朱兒（Elizabeth Drew）撰文哀悼：

表面上看，在發生這種慘劇之後，通過有意義的槍械控制法令應該不是問題才對。民調顯示，百分之九十二的民眾支持堵住購槍人背景檢查規定的漏洞——目前的規定沒有包括在槍械展示會購買、向另一個個人私下購買，或是在網路上購買，必須做檢查——另外，支持禁止大容量彈匣販售的人士有百分之六十二。傷心欲絕的受害者家屬，來到華府支持槍械管制法，他們展現出令人難以置信的情感吸引力。然而，即使在桑迪胡克（Sandy Hook）小學槍擊案[30]之後，美國參議院還是否決兩項嚴加管制槍械的法律措施。[31]

美國國會沒有辦法表決通過槍械管制法，是因為任何支持槍械管制法的議員將會發現，下次選舉時，對手將得到支持擁槍法令的遊說團體踴躍捐助。

同樣的，大多數美國人也支持對年所得極高的人增稅。CNBC有一項調查發現：

百分之六十的百萬富翁支持伊莉莎白・華倫參議員對資產超過五千萬美元富人課稅的計畫……民調顯示大多數美國人也支持開徵富人稅。但是來自百萬富翁的支持——其中一些人想必會被課到稅——顯示，某些百萬富翁在各方關切貧富懸殊和富人財富暴增的聲浪中，也願意接受增稅。百分之八十八的民主黨人支持開徵富人稅，獨立派也有百分之六十二支持，而共和黨人支持者有百分之三十六。即使是頂尖層級的百萬富翁（資產五百萬美元以上）支持富人稅的也有三分之二。[32]

可是，國會議員幾乎不可能投票支持提高稅率，因為他們勢必遭到特殊利益遊說團體打壓。更詭異的是，大部分美國老百姓不知道他們實質上的稅率比極端富有的人還高；極端富有的人可以利用狀似無害的稅法條款，有效降低他們的稅率。有一個例子就是附帶權益所得稅（the tax treatment of carried interest）。《紐約時報》二〇一七年報導：

數十年來，附帶權益所得稅使富有的私募股權投資管理人、避險基金管理人和房地產投資者，能夠以較低的資本收益稅率（百分之二十，未計入百分之三點八的歐巴馬健保附加費），而不是以普通收入（最多高達百分之三十九點六）的稅率來課稅……反對附帶權益漏洞的主要爭議……是「附帶」（即作為管理人的補償，其所獲得的投資收益比例）應被視為服務的收入，並像普通收入一樣課稅，而不應被視為管理人將資產置於風險之中的投資回報。[33]

在這種方式下，新興、富有貴族階級的利益，勝過大部分老百姓的利益。美國人如此崇拜自由，卻出現一個弔詭現象。理論上，美國和中國政治制度之間的深刻差別，在於美國人有自由可以改變他們的政治制度，中國人卻沒有自由這麼做。實際上，在這個歷史時點上，兩國人民一樣沒有什麼自由可以根本改變或修正他們的政治制度，以確保它有利於大多數人民。然而，由於美國人的幻象是他們可以改變美國的政治制度，因此他們傾向於支持它。這使得美國的政治制度比起中國更加穩定，因為美國人基本上無意改變自認為是由他們控制的制度。

美國人是全世界最愛國的民族之一，也有很大幫助。他們非常有感情地、真心地向國旗敬禮，非常熱情地大聲唱國歌。他們效忠《美國憲法》，以及由憲法賦以法律地位的政治制度。美國人對共和國的政治理想和實務的強烈感情，讓外界的觀察家不論是有多好的用心，都很難去質疑它們。

事實是，美國的社會契約變成立足在一個意識型態支柱——自由——上面，而不是民主政治傳統的兩個支柱——自由和平等——上面。從功能面來說，美國政治制度從民主轉移到富豪政治，背棄了美國開國元勳的理想。

我們不妨想像一下美國開國元勳對美國當前的社會契約會有什麼說法。首先，他們會說，美國社會的進步應該拿偉大歐洲政治哲學家所闡述的原則來衡量，這些哲學家的思想啟發他們寫出《獨立宣言》和《美國憲法》。譬如，湯瑪斯・傑佛遜採用孟德斯鳩（Montesquieu）的作品做為他的指南針：

> 他認為政治美德或愛國主義是民主共和國的活力原則，溫和適度是貴族共和國的原則；榮譽是有限君主制的原則，恐懼則是專制獨裁的原則，並表示

每個政府都應該規定其活力原則應成為其青年教育的項目……其法律也應關係到同一原則。在民主國家中，法律應該促進平等和節儉，因為它們保護愛國主義。[34]

傑佛遜如果今天還在世，他在現在的美國會很難找到平等或節儉。約翰．亞當斯（John Adams）在寫給友人的信中也嘆息，「這個國家缺乏共和精神……很擔心殖民主義者已經由於君主專制原則而變得如此腐敗，以致於他們無法表現出維持共和政府所必須的節儉和美德。」[35]

羅爾斯明白地高舉洛克、盧梭、孟德斯鳩和康德所倡導的社會正義思想。根據他們的著作，羅爾斯提出正義的兩項原則：

第一、每一個人都應有平等的權利，享有最廣泛的基本自由權；其所享有的基本自由權與其他人所享有的同類自由權應相容。

第二、社會和經濟上的不平等應再做調整，讓它們（一）合理的照顧每一個人利益；（二）職位和職務應在機會平等下，向人人開放。[36]

第二項原則強調，唯有在「合理預期對人人有利」之下才允許不平等，這一點很重要。羅爾斯又強調下面這一點：「所有的社會價值——自由和機會，所得和財富，以及自尊的社會基礎——都應平均分配，除非任何或所有這些價值的不平等分配有利於每個人，才能有例外。」[37]

若看到當前美國的貧富不均，以及這種貧富不均讓政治制度只利於富人，而未照護到劣勢族群，我相信羅爾斯一定會很失望。洛克、盧梭和康德全都強調自由與平等的重要性，因為他們經歷過歐洲階級森嚴的貴族制度統治所引起的扭曲。美國開國元勳從這些哲學家承繼了對貴族制度概念的反感。可是，如果一位十八世紀的歐洲貴族來到今天的美國，他一定會非常羨慕有錢的貴族為本身所建立的階級特權。記者愛德華．陸斯曾引述下列統計來強調一個觀點：「研究顯示，出身於所得較低階層的八年級（十四歲）孩童，即使數學成績名列前四分之一，他從學校畢業的機率，還是比出身高所得家庭、但數學成績居於末段四分之一孩童的畢業機率小。這正好與菁英制度的精神恰恰相反。」38

菁英制度的反面就是貴族制度。在菁英制度下，如果你出身家庭尚可，你的命運由你生平的表現成績優劣所決定；在貴族制度下，你的命運在你出生時就已決定。即使美國的制度實質上已經創造一種全新的有錢貴族階級，許多美國人卻看不到。抨擊這個制度的人，通常被貼上「社會主義者」的標籤——意指他們不接受美國開國元勳的理想，但其實是制度本身辜負了這些理想。新一代思想周全的菁英正在全世界各地崛起，其中許多人在西方著名大學的一流傳統中受過教育，而且許多人開始同時看到美國目前社會契約的優劣利弊。他們受到美國創業能量的啟發，但是很少人願意在自己國家複製當前美國的社會契約。當他們需要一個社會經濟樣板時，可能轉向北歐國家，因為北歐國家的制度重視自由和平等，不只是著重自由。同樣重要的是，每當討論美國今日的社會和政治制度時，美國的決策者和評論家動輒就要提到「美德的假設」，他們感到迷惑。美國的制度是有許多值得敬佩的地方；可是也有嚴重的瑕疵。

許多美國人會反駁說，美國的政治制度當然比中國好。要改革民主制度要比改革共產主義國家來得容易。你不妨看看當共產黨放棄壟斷權力時，蘇聯是怎樣一個狀況。這正是中國面臨的挑戰：隨著中國逐步發展成為世界最大的中產階級社會，它的政治制度勢必要調整，給予人民更大的政治發言權。中國已經很小心研究蘇聯時期終結時發生在俄羅斯的痛苦經驗，它不會允許俄羅斯經驗在中國重演。

可是，即使確實如此，要改革中國的政治制度還是比較難；同樣地，以今天中國的政治制度而言，大多數人民生活品質的改善，比在美國相對開放的制度下來得更大。從社會福祉的許多重要指標來看，美國大多數人的情況在退步，不是在進步。雖然許多美國人因為這些數據感到不安，他們對未來前景仍然樂觀，因為他們相信美國的政治制度有自我療癒的功能。如果有重大問題，民主制度開放和彈性的過程將會找出適當的解決方法。

當然，過去美國的政治制度有過激烈改革，以解決深刻的結構問題。美國政治改革巨大的成功故事，包括廢除蓄奴制度（雖然必須打一場大內戰才達成），一九六〇年代的民權法案立法（保護非洲裔美國人的投票權），以及進步主義時期（一八九〇年至一九二〇年）的經濟與政治改革。同樣的，在經濟層面，當國會制定通過造成災難的《史姆特—郝利關稅法》（Smoot-Hawley Tariff Act），加劇經濟大蕭條時，美國的政治制度也可以自我糾正。新政時期（New Deal）通過的立法，提升了許多美國人的生活水準，後來的國會避開極端的保護主義。簡單講，相信美國的政治制度天生就能自我糾正的人士，可以提出許多證據支持他們的信念。

美國政界如今面臨的大問題是，究竟它面臨的是小病，透過正常的政治程序就可輕易治療？還是有性命之危的重症，需要動大手術和痛苦的治療（會對某些重要選民集團造成傷痛）？到目前為止，即使美國人感到經濟與社會狀況日益敗壞，老百姓還是沒有普遍意願要對政治制度進行大手術。美國也還沒有任何主要的政治人物支持改造。但是，或許制度需要的就是大開刀。

愈來愈多美國人開始察覺到，美國的政治和經濟制度可能需要重大改革。范珍提出一個重要的觀察：「美國正面臨治理危機，我們需要了解本身的失敗，需要努力應付意料之外的成功示範——即使它們來自非自由主義的社會。中國的成功挑戰著美國對治理的隱含意識型態和深層假設。我們要研究中國的成功，不僅是為了促成更好的協調，也因為從中可能會找到促成美國復興所需的重要真相。」[39]

美國和中國政治制度的相對優劣利弊，是本書主要論述的核心。如果美中之間的競爭，是健全與靈活的民主制度對上僵化、沒有彈性的共產黨制度，那麼美國將會勝利。然而，如果這場角力，是僵化、沒有彈性的富豪政治對上柔軟、靈活的菁英主義政治制度，那麼中國將會勝利。

第八章
其他國家如何選擇？

世界上有一百九十三個國家，美國和中國只是其中之二。但是，我們大概可以確信，其他一百九十一個國家正在積極準備，迎接由美中地緣政治角力所引起，且將持續下去、有如雲霄飛車般的險境。少數勇敢的領導人已經開始公開討論此一趨勢對其他國家構成的危險。二〇一九年九月，德國總理梅克爾（Angela Merkel）在訪問中國時提到：「我們希望在（中國）和美國的貿易糾紛會有解決方法，因為它影響了每一個人。」[1]同樣的，二〇一九年五月三十一日，新加坡總理李顯龍在聲譽卓著的香格里拉對話（Shangri-La Dialogue）開幕儀式講話時，勇敢地表示，美國和中國發起的倡議，如一帶一路倡議和印太合作等，「應該強化集中在東協國家既有的合作安排上面……不是破壞它們、製造對立集團、深化斷層或強迫各國選邊站。它們應該是有助於糾合，而不是分化各個國家。」[2]

梅克爾和李顯龍提出警告，認為美中沒完沒了的貿易戰正在傷害其他國家的利益，他們倆可能說出了許多國家的心聲。然而，其他領導人默不出聲並不代表他們呆坐一旁，不設法保衛自身的利益；許多國家正在積極努力保衛及加強他們的長期利益。理論上，當川普主政的美國開始退出自由貿易協定時，這個舉動可以替自由貿易協定敲響喪鐘。可是，情勢發展卻恰恰相反。即使美國不智地退出「跨太平洋夥伴關係」（Trans-Pacific Partnership, TPP），其他十一個國家卻把它換上新名字「跨太平洋夥伴全面進步協定」（Comprehensive and Progressive Agreement for Trans-Pacific Partnership, CPTPP）繼續推動它。歐盟和南方共同市場（Mercosur）也在二〇一九年六月宣布一項原則協定，將推動自由貿易協定。同樣重要的是，非洲國家也在二〇一九年五月三十日推出「非洲大陸自由貿易協定」（African Continental Free Trade Agreement, AfCFTA）。[3]更重要的是，二〇二〇年可能會完成一個最大的貿易協定（以各會員國加總起來的人口數及占全球GDP

的份額計算）。這個協定將涉及到東協十國和澳洲、中國、日本、紐西蘭和南韓。印度可能在稍後也會加入。「區域全面經濟夥伴關係」（Regional Comprehensive Economic Partnership, RCEP）這項貿易協定肯定將會導致亞洲各國經濟更加緊密整合。它將包含中國在內。這正好顯示川普的顧問建議美中經濟「脫鉤」的不智。如果這些顧問成功脫鉤，結果將是美國不只和中國脫鉤，也和「區域全面經濟夥伴關係」十五個經濟體龐大的成長機會脫鉤。

簡單來說，不論是北京或華府，若是假定其他國家會自動列隊支持它們，那就太不智了。其他國家都將小心地護衛本身的長期利益。由於篇幅有限，本書短短一章無法涵蓋一百九十一個國家的反應，我只討論少數幾個將會直接或間接受到影響的重要角色，分別是澳洲、歐盟、日本、印度、東協和俄羅斯。

美中兩國在即將出現、無可避免的這場地緣政治競爭中，都會試圖運用本身強大的地緣政治力量，哄騙、收買、施壓和強制其他國家加入他們這一邊。這是超級大國的正常行為。

自冷戰結束以來，世界已經繼續往前走。美國相對的經濟實力和文化影響力已從全盛時期開始走下坡。中國相對的經濟實力則遠大於前蘇聯的實力。最重要的對比數值，是美中總合實力與世界其他國家對比。許多國家和區域已經大到足可離開美國或中國。絕大多數國家也變得更加精明，曉得如何善加運用自己的地緣政治利益。一九九六年至二〇一二年長期擔任新加坡駐美大使的陳慶珠（Chan Heng Chee）觀察到，許多亞洲國家「小心謹慎地界定自己的立場，頂住要他們在美中之間選邊站的壓力。」[4]因此，面對變得愈來愈有自信、愈來愈不會百依百順的其他國家，美國和中國都必須習慣。

必須做出最艱難地緣政治選擇的國家，首推澳洲。就國防和文化而言，澳洲幾乎完全和美國綁在一起。在二〇〇三年，小布希總統也的確驕傲地稱讚澳洲是美國的副警長（deputy sheriff），並不是所有的澳洲人都喜歡這個名詞，但是大眾的腦海中卻牢固地保有這個印象。冷戰期間，即使澳洲和蘇聯相距何只千萬里，也沒有理由和蘇聯對抗，它卻熱切地支持美國的全球圍堵政策，美國凡有動作，澳洲毫不猶豫一定派出部隊助陣，包括出兵參與越戰，有五百二十一名澳洲軍人喪生。[5]因此之故，華府當局對澳洲的尊重和感情相當深厚。澳洲因為是冷戰期間美國最忠誠的盟友，受惠良多。

今日，澳洲若是加入美國這一邊來反對中國，恐怕會得不償失。澳洲與中國的經濟關係已經比美國來得更加緊密。二〇一八年，澳洲和中國的貿易總額是一千七百四十億澳元，[6]而它和美國的貿易總額是四百四十億澳元。如果澳洲聽從美國最極端的聲音——美國要求其盟國與中國經濟脫鉤——它將實質上做出全國經濟自殺的行動。前澳洲駐中國大使芮捷銳（Geoff Raby）說：「我們的利益和美國的利益不盡然相同。這並不代表我們不能和美國有親密、溫暖的關係。但是我們不能加入，美國把中國視為戰略競爭者為前提的政策。」[7]

對澳洲而言，這不只事關經濟，還涉及身分認同問題，這是它在二十一世紀及以後都必須面對的難題。隨著西方力量在亞洲緩慢但穩定地消退，澳洲很可能和紐西蘭成為唯二留在亞洲的西方勢力。[8]隨著西方勢力在全球消退，以西方人居多數的澳洲人民可能在亞洲感到十分孤立和孤獨。

二十一世紀的澳洲，唯有在政治與文化上和它的近鄰整合，才有安全可靠的長期前途，而它的關鍵近鄰是東南亞國協。東協是世界上僅次於歐盟的第二個最成功區域組織。東協的崛起成為澳洲和紐西蘭的地緣政治大禮物，因為它提供這兩個西方國家寶貴的緩衝，和中國在此一區域日益增長的實力和影響力保持一定距離。[9]

當澳洲正在融入「亞洲世紀」此一艱難、甚至攸關生存的挑戰之際，美國若是希望澳洲再度成為它忠心的「副警長」，將會惹出麻煩。這也正是為什麼許多澳洲意見領袖提出警告，呼籲同胞不要盲目遵循美國的利益和政策。澳洲知名學者休・懷特（Hugh White）寫道：「我們似乎仍舊抱著美國仍是亞洲主宰者的觀念，認為它將會保護我們對抗中國，而中國也能被說服欣然接受這種發展。因此，政府依然無法掌握到此一深刻改變的全面意涵，不知道它正在改變我們的國際處境。一廂情願的想法，勝過了嚴肅的政策思考。」[10]同理，中國若是試圖強迫澳洲站在和它同一邊，也將是同樣致命，因為澳洲文化已經太親近西方了，澳洲很難安逸地加入中國陣營。

北京和華府最聰明的做法，就是允許澳洲扮演在他們兩國之間中立、有助益的中間人。遺憾的是，這種智慧在北京和華府都付之闕如。即使歐巴馬是歷來美國總統當中最不好勇鬥狠、思慮也最周全的一位，當澳洲的鄰國，包括東協全部十個會員國，紛紛加入亞投行時，美國也強拉著澳洲政府，不希望它加入。美國未來的總統恐怕不會像歐巴馬如此體恤別人，澳洲可以預期將來它會受到更多阻撓和牽制。它在外交政策上不應該再消極，而應該積極說服北京和華府為什麼兩國應該給予澳洲更多空間，在未來的地緣政治競爭中扮演獨立和中立的角色。

鑑於歐洲與中國地理距離十分遙遠，如果歐盟的核心成員國在美中地緣政治角力中不追隨美國，美國的決策者將會相當憤怒。小布希總統的第二任期間，佐立克在二〇〇五年至二〇〇六年擔任國務院副國務卿。他警告歐洲國家，他們若是取消阻止歐洲企業出售武器給中國的武器禁運規定，將會面臨嚴峻後果。他用生動的語言表達他的觀點，暗示歐盟如果出售武器給中國，等於是在美國士兵的背上畫靶。[11]

像佐立克這樣溫和的中間派人士，竟然會用如此強烈的語言說話，實在令人震驚。尤其是佐立克曾經明智地主張中國應該在全球體系中扮演「負責任的利害關係人」（responsible stakeholder）角色，他當時說：

我們現在需要鼓勵中國，在國際體系中成為一個負責任的利害關係人。做為利害關係人，中國將不只是個成員，它將與我們合作，維繫使它成功大放異彩的國際制度。以利害關係人身分合作，並不是就沒有意見歧異，我們還是會有爭議，我們需要管理歧見，但是可以在更大的架構中進行，在這個各方雨露均霑政治、經濟和安全體系下，讓它們提供共同好處。[12]

如果像佐立克這樣思慮周全的人士，都呼籲歐洲要小心處理它與中國的關係，那麼對於美國建制派多數成員期望歐盟成員國，在即將到來的美中地緣政治競爭中，保持與美國一致的立場，歐洲人就不會感到驚訝。事實上這已經發生了，當歐盟幾個會員國宣布將考慮採用華為的設備組建5G電信網時，川普政府出現強烈嚴厲的反應。美國駐歐盟大使戈登·桑德蘭（Gordon Sondland）二〇一九年二月說：「只要他們的產品結構可以侵入、操縱或窺視顧客，我看不出有什麼非和中國做生意不可的理由。那些盲目往前衝，沒有考量這些顧慮就擁抱中國科技的國家，可能發現他們要和美國來往時會很不方便。」[13]美國國務卿蓬佩奧也說：

如果一個國家採用這種（華為）設備，並把它放進一些關鍵的資訊系統中，我們將無法與他們共享信息，或是並肩合作。在某些情況下，當中存在風險——我們甚至無法共同部署美國的資源、美國大使館和美國軍事基地……我們無法忘懷這些系統是出自中國人民解放軍的設計。它們給這些國家及其系統與人民的安全造成了真正的風險。[14]

比爾．蓋茲的觀點與桑德蘭和蓬佩奧的觀點相反，他譴責「偏執」的觀點助長了目前美中之間的高科技對敵。他說，試圖阻止北京發展創新技術是「超越現實的」。蓋茲在《紐約時報》「交易錄」（DealBook）[15]會議上說：「華為與所有的商品和服務一樣，應該接受客觀的檢驗。『來自中國的一切都不好』這種成見……在想要善加利用創新時，是一種瘋狂的念頭。」[16]

可是，華府如果施加壓力也不明智，因為歐洲就和澳洲一樣，有它本身攸關地緣政治的挑戰要處理。歐洲在冷戰時期高高興興答應做美國的忠實盟友，是因為蘇聯的坦克和飛彈部署在它們的邊界，直接威脅安危。基於密切的文化關聯，美國和歐洲決策者之間，有相當高程度的信賴和戰略合作。美國、澳洲和歐洲的文化根源可以追溯到共同的猶太教—基督教傳統，以及希臘—羅馬文化的基礎。文化上親近相當重要。

可是，文化親近也克服不了地緣政治的現實。美國許多思想家不了解地緣政治現實的重要性，因為美國得天獨厚，有全世界最好的地理環境。上帝賜給美國一個肥沃、龐大的大陸，有兩個大洋把它和歐亞大陸及非洲眾多的人口隔離開，美國只需擔心來自加拿大和墨西哥的軍事威脅。基於這樣的環境，美國人不了解地緣政治這個詞的真正意義，它由地理和政治這兩個字組成，而地理可能比較重要。

歐洲受到非常不幸的地理位置的詛咒。進入二十一世紀，歐洲將不會受到俄羅斯坦克和飛彈的威脅。雖然代理人戰爭可能發生在前南斯拉夫和烏克蘭地區，但歐洲和俄羅斯爆發直接戰爭的可能性實際上等於零。然而，數以百萬計的移民坐著小船由非洲蜂擁而至的前景卻十分真實。有一個人口上的統計數字，清清楚楚點出歐盟將會面臨的頭號地緣政治威脅。一九五〇年，歐盟全體會員國加總起來的人口有三億七千九百萬人，[17]是非洲全體人口兩億兩千九百萬的將近兩倍。今日的非洲人口總數十二億人（二〇一五年）[18]，反過來是歐洲人口總數五億一千三百萬人（二〇一八年）的兩倍有餘。[19]據估計到二一〇〇年，非洲人口四十五億[20]，將是歐洲人口四億九千三百萬[21]的將近十倍。

二〇一五年至二〇一七年間，大量移民從非洲和中東湧進歐洲，對歐洲政治造成極大動盪。過去數十年的歐洲政治是由溫和的中間派人士（出白左翼和右翼都有）主宰，現在歐洲湧現對極端民粹主義政黨的支持，某些極端民粹主義政黨，甚至還在奧地利、匈牙利、波蘭、義大利和愛沙尼亞等國家加入政府。德國總理梅克爾堪稱是她這一代歐洲最優秀的領導人，可惜她宣布不再連任，箇中部分原因是，她在二〇一五年決定允許一百萬名敘利亞移民進入德國，遭到國內反彈。梅克爾做出道德上十分勇敢、經濟上也相當合理的決定，但在政治上卻非常不得民心。如果非洲大陸的經濟和政治狀況在二十一世紀沒有改善，歐洲可以預期，沒有上億、至少也有幾千萬非洲人想要闖關進入歐洲，追求更好的生活。不需要是天才也能明白，外來移民蜂擁而至，將會大大改變歐洲社會的社會和政治結構，引爆不習慣見到人口如此大改變的政治界之痛恨。二〇一九年一月的世界經濟論壇會議中，我很震驚地聽到一位溫和、明智的歐洲人悄悄對我說：「凱碩兄啊，要解決非洲移民問題只有一個辦法，就是讓他們在地中海淹死。」這種道德上的冷漠，和戰後歐洲原本向世界展示的自由和開放精神完全背道而馳。的確，命喪地中海的移民人數從二〇一四年的四百二十四人，激增至二〇一五年的兩千零四十二人。[22]

有鑑於它所呈現的挑戰，如果歐洲人和澳洲人一樣，想要優先處理本身的生存挑戰（這是由於地理位置所引起），就應該專注於非洲的經濟和社會發展。要開發非洲，最佳合作夥伴是中國。事實上，中國已經崛起成為非洲最大的經濟新夥伴，[23]詳情參見圖十二。

如果歐洲想要維護本身的長期利益，它應該以和中國合作開發非洲為當下的優先目標。吸引最多非洲領導人出席高峰會議的國家是中國。歐洲領導人該做的明智之舉，就是集體出席下次在北京召開的中非領袖高峰會議。歐洲領導人如大量出席這場峰會，將送出強大的市場訊號，激發對非洲經濟新一波的投資浪潮，非洲人蜂擁移民到歐洲的誘因就降低了。

圖十二　中國在非洲的投資

自從 2000 年以來，中國在非洲從一個小小投資國一飛沖天，
成為它最大的經濟夥伴。

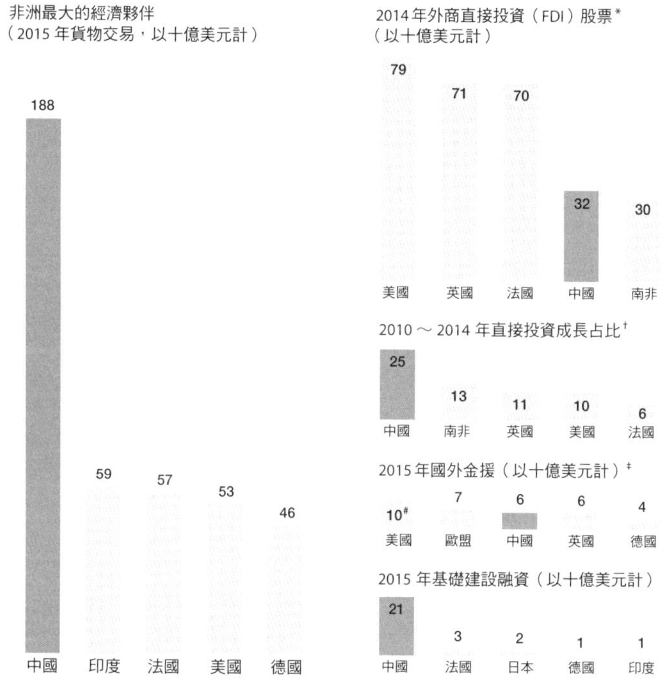

* 根據 2009 年到 2012 的年均複合增長率（Compound Annual Growth Rate，縮寫為 CAGR）所做的估算。

† 除了中國之外的國家，以歷史來估算。

‡ 政府開發援助（Official Development Assistance, ODA）以及其他官方金流，引自 2015 年經濟合作與發展組織（Organization for Economic Co-operation and Development, OECD）和 2012 年中國的資料。

\# 根據美國國際開發署（United States Agency for International Development, USAID）發布的資料，美國對非洲的金援額在 2015 會計年度是 119 億美元，在 2016 會計年度是 74 億美元。這數字跟列表中經合組織國的數字比，中間數字的差別，可能是因為美國的會計年度從十月開始，而經合組織國的統計數字則是由一月開始。

Source: Bilateral trade database, International Trade Centre trade map, 2015; Bilateral FDI database, UN Conference on Trade and Development, 2012; Foreign Aid Explorer, USAID; Ministry of Commerce, People's Republic of China, 2015; "Infrastructure Financing Trends in Africa–2015," The Infrastructure Consortium for Africa, 2015.

(Designed by Patti Issacs)

歐洲要做這件明智的事，唯一的障礙就是美國反對。你只要看看美國官員是如何勸阻其他國家參與中國的一帶一路倡議就明白了（一帶一路倡議是中國進入非洲大陸投資的主要源頭）。國務卿蓬佩奧二〇一八年十月會見巴拿馬總統之後，在記者會上提醒說：「當中國來招攬時，並不一定對你的公民有好處。」他又說：「當中國國有企業以顯然不透明、非市場導向，並且不是造福巴拿馬人民，而是有益於中國政府的方式介入時」美國會反對。[24]如果歐洲國家決定與中國合作投資非洲的未來，美國肯定會升高對歐洲盟友的壓力。

然而，要求歐洲人在與中國打交道時忽視自己的長期生存挑戰，對美國而言，確實並不明智。中國崛起並不會對歐洲構成威脅。的確，如果中國促進了非洲的發展，將有助於增強歐洲的長期安全。美國當然可以不落於中國之後，也來協助非洲開發。但是，美國承諾要投入的資金出奇的少。中國已經提議斥資一兆美元，在一帶一路倡議下推動基礎設施投資。美國承諾的數字難以望其項背。

過去一個多世紀，與中國關係處得最惡劣的國家就是日本。過去一個半世紀，日本一再羞辱中國。一八九五年，日本在甲午戰爭結結實實地擊敗中國。日本戰勝之後對中國提出的條件十分苛刻，包括將台灣割讓給日本（這也是中國十分努力想要統一台灣的原因之一，北京想要去除掉百年恥辱最後一個遺跡）。日本人從一九三七年至一九四五年的軍事占領中國，更是殘暴不仁。根據保守估計，一千四百萬中國人在此一軍事占領期間喪生，[25]包括短短幾天的南京大屠殺，中方估計就有高達三十萬人遭到日軍殺害。[26]美國人有時候相當迷惑，為什麼中國人如此痛恨日本？其實他們應該自問，如果美國有這麼多人慘遭日軍殺害，他們能夠原諒日本嗎？

許多中國民族主義者對日本的憤怒是真實的，三不五時就冒出來。可是毫無疑問，其中也有些是製造出來的，尤其當它合乎中國利益時，中國就有能力忽視中日關係慘痛的這一頁，可以證明所謂「製造出來」的確是事實。比拉哈里．考斯坎（Bilahari Kausikan）大使[27]對中國選擇性運用歷史有如下評論：

譬如，不妨想想下列這句話：「你已經為過去的帳正式道歉了，還一直要求你償還這些帳是不合理的。總不能要求你每天都道歉呀，不是嗎？一個國家不斷感到內疚是不好的……」

這可不是某些日本右翼政客為日本戰時紀錄辯護時所說的話，而是毛主席本人在第二次世界大戰結束後僅十年，接見一個日本國會議員訪問團時親口說的話。而且毛澤東一九七二年會見日本首相田中角榮時，當田中想表示歉意時，毛澤東把田中攔住，而且表示感謝日本，因為若不是日本發動戰爭，中國共產黨不可能奪得政權。28

尼克森決定在一九七二年訪問北京，展開中美關係正常化過程時，日本真的出現政治震盪。日本人甚至把這件事取名為「尼克森震撼」（Nixon shoku）。即使日本是和美國簽訂條約的親密盟國，但尼克森政府祕密展開和中國修好時，並沒有告知日本。很可惜，日本人不曾從這件事學到真正的教訓，那就是當中國和美國這樣的大國要合作時，即使像日本這樣的中等大國，他們的利益也是可以犧牲的。奇怪的是，即使已經展現日本的利益隨時可以拋棄，大部分美國決策者仍然期待，在任何情況下，日本都是美國完全忠誠的盟友。

幸運的是，日本仍為美國盟友，此點吻合目前中國的國家利益。如果美國現在退出一九五一年簽訂（嗣後在一九六〇年修訂）的《美日安保條約》防衛日本的承諾，條約第五條明確規定：「締約國的每一方都認識到，對在日本管理下的領土上的任何一方所發動的武裝攻擊，都會危及它本國的和平與安全，並且宣布它將按照自己的憲法規定和程序採取行動以應付共同危險。」[29]日本勢必別無選擇，必須強化自衛能力。日本可能被迫取得核武。季辛吉在一九七一年七月九日對中國總理周恩來說過：

> 我們和日本的防衛關係使得日本不追求侵略性的政策。如果日本覺得被我們拋棄，它會建立自己的軍事機器，如果它要建立核武器是輕而易舉的，那我會覺得你所表達的恐懼恐怕會成真。

的確，在全世界所有的非核國家裡，有能力在最短時間內發展及部署核武的國家之一就是日本。如果不是短短幾星期，最多也不過幾個月，日本人就可以整合銔和鈾材料、科技知識和在火箭科學方面的專業人才，開發出強大的核武。沒錯，日本有能力開發出僅次於美國的第二優異的核能力。屆時，美國和中國就必須開發可靠的防衛能力防備日本，這可不吻合美中任何一國的利益。

可是即使美日同盟存在，日本人若不發展獨立、合理的對中友善關係，也將是不智之舉。要這麼做，有一個非常強大的理由。在未來的二、三十年，美國仍有在東亞維持強大軍事、經濟和政治部署的高度可能。它有這個能力，目前也有意願留在東亞。可是到二〇五〇年，中國的經濟規模有可能成為美國的兩倍大，我們相信美國有可能放棄它在東亞的前進部署（forward deployment）。美國可能從西太平洋撤退，退回西半球，住在和中國有七千英里之遙的距離以外。

日本可沒有辦法撤退。它非得住在和中國只有幾百英里距離的地方不可。中國朝代史上第一次認識到日本（中國人稱之為「倭」），可以追溯到西元前第一世紀。[30]往後兩千年的大部分時間，除了少數幾次短暫的戰爭，中、日兩國彼此各自和平過日子。再往後兩千年，中日兩國也極有可能繼續和平共存。傅高義（Ezra Vogel）教授提出他的觀察：

中國和日本有希望能夠發展長期的良好關係嗎？是的。中國前總理周恩來多年前說過，後來擔任國家領導人的鄧小平也重申，中國和日本有長達兩千年的關係，雙方真正關係交惡只有一八九四年至一九四五年這半個世紀。一千多年前，正值中國的隋朝和唐朝，相當於日本的奈良時期和平安時期，日本從中國取得基本的文化——包括文字、佛教、儒家思想、建築學、政府組織、都市計畫和藝術等等。[31]

中國和日本的文化關係非常迷人。理論上，中國代表母文化。日本的許多文化源自中華文化，譬如文字、宗教趨勢、美學、藝術形式、陶瓷、儒家哲學、占卜及風水命理等。[32]甚且，「大化革新（Taika reform，西元六四五年開始）直接從唐朝搬來官僚和政治結構，以及賦稅和經濟制度」。[33]日本首相田中角榮一九七二年拜會毛澤東時，他告訴毛澤東：「唐朝時期，日本有個非常著名的僧人空海和尚，又稱弘法大師。他在唐朝時渡海到中國學習佛法，後來回日本創立佛教真言宗

（Shingon Buddhism）。我就是真言宗信徒，但是我不太嫻熟他的義理。」[34]中國和日本之間深厚的文化關係，在許多學術著作中有詳盡記載。有一本書提到：

> 禪宗在國家承認的佛教體系，即鎌倉五山和京都五山的寺廟網絡建立基礎……頂層是京都的大型城市寺廟，為國家執行密宗儀式，贊助與中國的貿易，管理幕府的財產，而最重要的是，弘揚最新的中國文化風格。五山寺廟系統成為學習新儒家理學、中國詩詞、繪畫、書法以及物質藝術（例如印刷、建築、園林設計和陶瓷）的研修中心。五山禪寺在將新的中國藝術風格引入中世紀日本所扮演的角色，有助於在禪宗與中世紀藝術表現形式之間建立起不可磨滅的聯繫。[35]

因此之故，中國人和日本人之間深刻的文化親近感是真實的。他們的關係也很複雜。理論上，日本人從高超的中華文化學習。實際上，日本人把許多中華文化的形式帶到更高的層次。大衛．皮靈（David Pilling）在《外交政策》上曾發表文章討論日本文化的特色：

前任東京都知事石原慎太郎，二〇一二年計畫買下中日兩國都提出主權聲索的東海尖閣群島／釣魚台列島，進行開發，引爆目前的中日對峙。他曾經很驕傲地告訴我，日本的詩歌非常特殊。他說，小說家安德烈．馬勒侯（Andre Malraux）曾經親口告訴他，日本人是「唯一一個能夠在一瞬間抓住永恆的民族」。石原又狡黠地眨著眼說：「和歌（haiku）是世界上最短的詩體。這不是中國人創造的，它是日本人創造的。」[36]

這說明了為什麼今天有那麼多中國人選擇到日本旅行。許多人習慣在電視上看到若沒有成千至少也有數百中國人對日本人示威抗議的畫面，但我們在電視上看不到的是，好幾百萬——說不定很快就是上億——中國人選擇到日本旅行，欣賞眾多日本文化產品的美。的確，我們可以想像得到，中國人實際上可能會從日本文化中，看到中國文化未來在許多領域進一步發展的潛力。

中日之間這種文化的共生關係提供希望，使我們盼望兩者能夠克服二十世紀上半葉痛苦的一章，回到千年前傳統的寧靜和諧關係。從地緣政治來講，如果長期下來可以這樣發展，許多美國地緣政治思想家可能認為這將是美國的「損失」。其實它不會是損失。

有一點幾乎可以很確定，那就是即使中國門戶開放，把自己和世界融合起來，它也不會成為西方自由民主社會的政治和社會複製品。中國和西方之間的文化差異太大，大到中國人無法舒坦地複製西方的社會和政治形式。然而，中國和日本之間的文化差異就不是那麼大。理論上，日本已經成為西方俱樂部的一員，尤其是它加入經濟合作發展組織和七國集團經濟體之後。實際上，日本在文化上和社會上還是一個保守的社會。日本的「心靈」沒有西化。因此，日本和美國之間經常出現文化上的不適應。馬利德如此描述：

> 著名的戰略家肯楠稱，日本和美國的夥伴關係是「不自然的親密」，從兩個非常不同的國家之間的衝突和痛苦衍生出來，經過一段長時間，發展成為

一種親密的關係。這種親密如果是真的，那也是歷經波折，得來不易。相當多位美國高階官員，從季辛吉、貝克（James Baker）到佐立克，都不掩藏他們不喜歡和東京打交道。史考克羅（Brent Scoucoft）是美國國安事務圈的資深老將，在白宮擔任高職時，與各式各樣凶暴難纏的政府及領導人打過交道。可是，史考克羅在經他核准的傳記中，認為在美國必須打交道的國家中，日本「可能是最難搞的一個國家。我不認為我們了解日本人，我也不認為日本人了解我們。」[37]

即使日本複製了西方民主國家的選舉方法，它也產生非常不同的結果，實際上維持了五十多年的一黨政治。如果中國會走向民主模式，其結果恐怕也更像日本，而非美國。

中國和日本之間若有更親密的共生關係，長期下來可以影響中國的政治演進。日本雖然採取西方選舉方法的種種花樣，但還保持著政治穩定、社會保守和文化精髓。我們可以相信，長期下來，中國人可以受到影響，引進日本模式的許多面向。

然而，這必須透過共生的程序發生，不能由外界施加壓力促成。

在中國製造一個更開放的社會，最自然的方法不是對中國說教或施加壓力，而是鼓勵數以百萬計的中國人到日本旅行、作客。幸運的是，這已經發生了。然而，中日政治關係如果負面影響更少一點，訪客人數可以急遽大增。因此美國應該鼓勵中日之間增加高層交流。譬如，德仁天皇在二〇一九年五月登基，新任天皇第一次出國訪問的行程應該考慮列入中國。這將是個強大的訊息，可以導致數百萬中國人到日本觀光旅行。

如果說，接觸日本的民主政治，可以說服肯深思的中國人思索民主政治的益處，接觸印度的民主政治恐怕效果恰恰相反。日本的民主政治是令人安心的平靜和穩定（反映日本人重視人際關係和諧和儒家傳統），印度的民主政治則吵吵鬧鬧，反映印度人好辯論、愛抬槓的精神。我很清楚這種精神，因為我生下來就是一個好辯的印度人。

當一位中國的高階重要貴賓訪問印度，卻發言批評印度民主政治空有表面功夫時，我個人也在現場。他的確是令人震驚，出口完全不顧外交禮節。二〇〇六年，薄熙來擔任商務部長，還沒有被醜聞搞下台。絕大部分中國領導人在海外發言謹守外交分寸，客客氣氣，但他沒有。他大放厥詞批評民主制度，《紐約時報》如此報導他的發言：

次日，中國商務部長薄熙來代表中國高層人物進行反擊，將民主形容為「手段」，而不是「目的」。薄熙來通過口譯員說：「我不認為我們應該將國家區分為民主國家和非民主國家。」當下贏得由兩百多名官僚和商人組成的中國代表團熱烈的掌聲。他又說：「如果你把民主簡單地理解或解釋為允許人們走上街頭抗議，那麼我認為這不見得是一件好事。」薄熙來沒有提到印度的名字或居住在大會會場附近貧民窟或棚戶區中的許多孟買老百姓，而是提到「某些發展中國家」把他們的窮人塞進「棚戶聚集區」，區裡的生活苦到自由根本不具有任何意義。他說：「那些地方的窮人甚至好幾年都沒有辦法沖澡淋浴。而且這些人──他們大多數沒有受教育的機會──他們根本就是文盲、不識字，你怎麼想像他們有能力談論民主呢？」[38]

他說這番話時，我就在會場中。我記得特別鮮明，他的發言得到中國代表團成員強烈的掌聲。他們鼓掌讚許他有勇氣反駁占了會場極大多數的印度人和美國人，挑戰他們對民主政治優點的主張。我從來沒有看過中國任何一個高階官員在公開場合如此肆無忌憚發言，這或許說明了為什麼薄熙來爭取中國最高領導人的地位沒有成功。如果他成功躍登大位，他的言行舉止必定像川普一樣反覆無常。幸運的是，中國還沒有預備好接受一個川普型的領導人。

然而，儘管印度文化和中國文化之間有如此重大的歧異，他們仍然遵循亞洲文化。他們的某些根源是相同的。譬如，佛教起源於印度，對中國的文化和中國人的心靈有極大影響。有一篇學術著作如此描述佛教對中國的影響：

> 佛教傳入中國，是對於中國思想文化和佛教本身的發展，產生深遠影響的一個重大事件。經過漫長而艱難的同化期之後，這套新思想成功坐穩主要思想體系的地位，為豐富中國哲學做出巨大貢獻，同時也成為對中國世俗宗教產生

持久影響的主要宗教實踐體系。它與本土傳統的儒家和道家思想並列為三大思想流派或三大宗教，達成平起平坐的地位。[39]

由於佛教起源於印度，家母雖是印度教徒，卻常帶我這個小孩到印度教和佛教寺廟參拜，毫無文化違和感，雖然新加坡佛寺裡的僧人大多是華人而非印度人。中國和印度兩者之間共同的文化根源，肯定會在他們未來的關係上扮演相當角色。

這也是為什麼任何一個美國決策者或時事評論員，若相信有朝一日印度將成為一個可靠順服的盟友（類似日本或英國），可用來對付中國，那就大謬不然了。印度是有一些響亮、有影響力的聲音，主張印度應該成為美國盟友，對抗中國。拉加・莫罕（C. Raja Mohan）[40]二〇一〇年在《外交政策》上發表文章說：

隨著中國勢力逐漸崛起，照耀著次大陸、印度洋和西太平洋，平衡北京已經成為迫切的要務——尤其是美國相對也在式微。過去，印度透過與蘇聯結成實質盟國，以平衡北京。今天，它需要與美國成立戰略夥伴關係，以確保中國崛起仍是和平的。[41]

拉加・莫罕在一個關鍵重點上可說得一點都沒錯。在這個快速變化的地緣政治大環境裡，現在該是印度好好重新啟動其全球戰略政策的時候了。印度再也不能以自動駕駛的方式前進，假定過去神聖的政策能在新時代繼續指引印度。講句公道話，印度在莫迪（Narendra Modi）總理領導下，已經開始這麼做。顯然他很清楚，在這個新的地緣政治環境裡，和川普總統及習近平主席都保持良好關係，可以最大化印度的地緣政治優勢。莫迪已經開始這麼做。二〇一九年九月二十二日，莫迪在德州出席一項印僑集會，當著在場的川普總統的面，向興奮的聽眾暗示支持川普，他稱呼川普是「我的朋友、印度的朋友、偉大的美國總統」。[42]時隔不到幾個星期，莫迪在十月十一至十二日，於馬馬拉普拉姆（Mamallapuram）[43]的古寺接待來訪的習近平。莫迪和習近平在這兩天裡促膝密談。印度工業聯合會（Confederation of Indian Industry）前任執行長塔倫・達斯（Tarun Das）觀察到，莫迪和習近平在二〇二一年之前將會有五次非正式的高峰會談。他相信「經過五次非正式的高峰會談，縱使有許多挑戰，應該可以建立相當程度的信賴。這是對於二〇二二年合理的預期。」[44]

可是，即使莫迪已在加強他和習近平的私交，卻沒辦法說服自己的政府要務實。如果是像李光耀和季辛吉等具有戰略敏銳性的人士為莫迪進言獻策，他的政府可能會奉行更加務實的中國政策。當原則勝過地緣政治的務實時，寶貴的機會往往就錯失了。即使加入中國的一帶一路倡議可以帶給印度極大的經濟紅利，提升印度的基礎設施能力，印度卻基於原則，拒絕加入一帶一路倡議，因為在「中巴經濟走廊」（China-Pakistan Economic Corridor）這個項目下，中國和巴基斯坦將興建一條公路，穿過巴基斯坦控制的喀什米爾（Kashmir），而這個地區在印巴邊界糾紛中，被印度視為己方領土。

就原則而言，印度絕對有道理。然而，明智的地緣戰略思想家在做出長期戰略決定時，一向都會平衡原則與務實。中國在處理台灣議題時，對這一點表現得不錯。台灣議題對於中國的政治敏感度，比起喀什米爾之於印度更大。印度在現實上心知肚明，當喀什米爾的最終解決方案出爐時，它不可能收回由巴基斯坦控制的這塊地區。目前喀什米爾的實質控制線，最終將成為法理上的控制線。兩國領導人佩爾韋茲．穆夏拉夫（Pervez Musharraf）和阿塔爾．比哈里．瓦巴伊（Atal Bihari Vajpayee）在二〇〇一年差一點就以此達成協議。反之，中國一直沒有放棄對台灣的主權主張，以後也絕對不會放棄。

儘管中國對台灣議題十分敏感，它也不能允許務實勝過原則。當中國在一九七九年一月與美國建立外交關係時，美國撤銷對台北政府的外交承認，轉而承認北京。由於卡特總統的舉動被認為是拋棄在台灣的長期盟友，美國國會立即通過《台灣關係法》（Taiwan Relations Act），意在保衛被北京視為叛離中國的台灣政府。這項法案即使不算違反美中之間簽署的建交協定之文字，至少也違背了協定的精神，中國可以本於原則，停止和美國所有的經貿往來。

然而，中國反而做了一些仔細考慮過的長期務實評估。北京體認到中國的經濟太過落後，以鄧小平為首的中國領導人決定「吞下羞辱的苦藥」，先利用美國龐大的經濟來提振中國的經濟成長。四十年之後，我們知道中國這個務實的決定太精明了。《台灣關係法》在一九七九年通過。這一年，以購買力平價為準，中國的經濟大約只有美國的十分之一。到了二〇一四年，中國的經濟大了許多。這顯示在國際關係上，務實勝過原則的價值十分可觀。

今天，印度的經濟以購買力平價為準，大約為中國的百分之四十。放棄參加一帶一路倡議，印度犧牲了經濟快速增長的寶貴機會。然而，拒絕加入一帶一路倡議還不是印度加在自己身上唯一的戰略不利。二〇一九年底，印度也宣布它將不加入「區域全面經濟夥伴關係」，即使印度為了加入這項協定，花了好幾年時間積極談判。

說句公道話，莫迪總理個人很想加入「區域全面經濟夥伴關係」。他清楚看到印度加入「區域全面經濟夥伴關係」可以得到長期的經濟和戰略利益。不幸的是，他不能加入是因為他自己的政治盟友「民族志工組織」（Rashtriya Swayamsevak Sangh）以及反對黨國大黨反對。印度不參加「區域全面經濟夥伴關係」這項決定令人傷心的一部分是，印度這麼做等於是開槍打自己的腳。印度最後將成為大國。然而，它如果想要快步崛起成為大國，就必須效法中國在經濟上的做法：採用從外國搬進來的震撼療法，甩掉中國經濟中不具競爭力的部分，開發有競爭力的新領域。這是中國在二〇〇一年加入世界貿易組織時，朱鎔基談判訂下的目標。這一招震撼療法果然起功效。二〇〇〇年，以名目市場而論，中國的經濟比起美國的經濟小了八倍。二〇一六年，差距大幅縮小，只小了一倍半。運用從國外引進的震撼療法，的確使得中國經濟快速增長。

印度放棄好幾次快速發展其經濟的機會，使得本身在廣大的地緣政治博弈中陷入不利的地位。印度商務部長皮攸什．果雅爾（Piyush Goyal）宣布印度雖不加入「區域全面經濟夥伴關係」，但是將加速推動與歐盟的自由貿易協定。他可能忘了，由於印度經濟相對較弱，歐盟試圖對印度實施某些羞辱性的條件。在前幾回合的談判中，歐盟試圖在與印度的協定中，加入一些有關人權的標準條款，歐盟在它簽署的所有合作協定中都會加入這些條款。這些標準條款要求印度尊重某些基本人權。二〇一三年有一項報導說：

> 某些（歐盟）會員國推動在自由貿易協定中加入某些條款；印度不太能接受，因而造成談判停頓。譬如，荷蘭力主加入人權條款……印度在整個談判過程中的立場是，人權條件以及環保標準或核不擴散條款不應該列入自由貿易協

> 定或與它連結。根據印度著名作家拉堅德拉．賈恩（Rajendra Jain）的說法，歐盟需要改變它的態度，尋求與新興經濟體合作，而不是要求別人遵守它的價值。[45]

過去沒有任何國家抗拒歐盟這些標準條款。印度是第一個不肯接受的國家。雙方談判在二〇一三年中止。

歐洲人相當不解。如果其他每個國家都可以接受有關人權的標準條款，為什麼印度要反對？歐洲外交官員可能私底下竊竊私語：這些印度人怎麼竟敢反對？我們大方地在財務上給予援助，而這些印度人竟然膽大到拒絕在歐印合作協定中表達歐洲的價值？少數幾個歐洲人明白印度人為什麼感到受辱。夏希．塔魯爾（Shashi Tharoor）[46]二〇一二年在專欄中寫道：

> 印度人對於遭到說教相當敏感。歐印夥伴關係有一大敗筆，就是歐洲很喜歡向印度說教，而我們覺得自己有能力處理這些問題。身為六十多年的民主國

家（比起歐盟某些會員國還要資深），印度認為人權是重大的內政議題。「國際特赦組織」（Amnesty International）、「人權觀察」（Human Rights Watch）或任何一個歐洲機構揭露的印度人權問題，沒有一個不是先由印度公民、新聞記者或非政府組織揭露，以及在印度民主的政治空間之內處理。因此歐盟想把人權條款列入自由貿易協定之中，彷彿這是汽車排放廢氣標準，讓印度人很不爽。貿易不應該被歐洲對人權宣示所鬧的國內政治角力劫持為人質；人權的實質內容遠比文字或形式來得重要。[47]

任何一個印度官員若是接受這種條件，一定會被同胞責備，竟然允許五億歐洲人來教訓十多億印度人，大談什麼才是對印度好。印度的民主跟歐洲的民主一樣健全。印度的人權紀錄並不完美，但是歐洲的紀錄也不完美啊。

歐盟想要把它的觀點加諸在印度身上，並不驚人。歐盟的經濟以名目市場而論，大約比印度大了七倍。然而，真正令人震驚的是，澳洲這樣一個小小的西方國家，人口區區兩千五百萬，跟印度的十三億人口比都沒得比，經濟規模也比印度小很多，當印度在一九九八年進行核子試爆時，竟然有膽對印度實施制裁。澳洲政府有一份報告記載：

一九九八年五月十二日，核試爆消息宣布還不到幾個小時，澳洲外交部長召見印度最高專員，傳達澳洲政府「對試爆最強烈的譴責」。澳洲政府也從新德里召回它的最高專員。印度第二輪試爆之後，（澳洲）政府宣布已經決定：中止與印度的雙邊防務關係，包括撤回澳洲派駐新德里的防務顧問；取消機艦訪問、軍官交流和其他防務相關之訪問；撤回目前在印度受訓的澳洲國防軍人員；要求目前在澳洲國防學院受訓的三名印度防務人員立刻離境；中止非人道之援助；以及中止部長級及資深官員的訪問。[48]

為什麼澳洲認為對印度實施制裁，卻不用顧慮印度會反彈報復呢？簡單的答案是印度的經濟還不夠強大到足以嚇壞澳洲。相反地，沒有一個澳洲政府敢夢想對中國實施相似的制裁。因此，印度選擇遵守原則、緩慢經濟成長的路，而非務實、快速發展的路，不啻給自身招來真正的傷害。只要印度的經濟成長繼續牛步行進，它就不會像中國一樣得到全世界的尊重。

印度必須面對的另一個難堪真相是，美國也不尊重印度。近年來，許多美國人驕傲地宣稱，美國和印度的友誼建立在堅強基礎上，因為兩者都是民主國家。這個說法並沒有讓心裡有數的印度人釋懷，因為他們絕大多數都記得冷戰期間及之後，數十年來美國都與共產主義中國和獨裁專制的巴基斯坦並肩而立。華府有一個很要命的缺點，就是執政者和官員定期更換；他們的記憶力很差。

許多美國人就和許多西方人一樣，對中華文明的尊敬大過對印度文明的尊敬。許多美國人會否認這一點，因為它是讓人不舒坦的事實。他們將會大聲宣稱，他們尊重印度絲毫不亞於對中國的尊重。但尊重是假裝不了的；尊重必須透過行為，而非語言可以充分表露。世界上每一個國家都透過在某個國家身上花多少時間和注意力，來展現對它的尊重。而美國花在中國身上的時間，遠多過花在印度身上的時間。如果美國希望長期下來發展出和印度的長期緊密關係，它必須正視美國對印度相對不尊重的根本原因。是因為西方學者認為印度文明沒有中華文明光明璀燦嗎？

還是美國媒體持續不斷報導印度貧窮的事實所造成的？美國人很自然地把非洲和貧窮聯想在一起，所以他們聽多了印度貧窮的故事，也就自然聯想到印度的落後嗎？或是美國瞧不起印度文化，是因為受到英屬印度時期的英國戲劇之影響，認為印度文化低下？除非美國人反省他們不夠尊重印度的根源，否則不會發展出和印度平起平坐的強大夥伴關係。

不幸的是，這種夥伴關係會給兩國帶來極大好處，卻沒有發展出來。隨著美國世紀在未來數十年逐漸淡去，以及亞洲世紀強大崛起，美國將需要搭建橋梁，以便和自信日益增強的亞洲新社會交往。很顯然，中國不能提供橋梁給美國通往新亞洲，因為中國將被視為未來數十年美國的主要挑戰者。然而，印度可以，而且有許多共同聯結可以做為基礎。第一是印度僑民在美國極其成功。美國的自由企業制度從許多方面來說，是全世界人類追求成就競爭最激烈的市場，全世界各國第一流的人才都往美國移民。美國的移民群代表全世界各個社會成就最高的部門。當世界第一流的人才在公平的競爭環境競賽時，哪一個族裔社群表現最卓越？數據顯示是在美國的印度裔社群。

印度裔在美國的中位數家庭所得最高，在二〇一八年是十一萬九千八百五十八美元。[49]相當多美國著名企業是由印度裔在經營。我們信手捻來就有谷歌的桑達爾・皮查伊，微軟的薩蒂亞・納德拉，百事可樂的盧英德，奧多比（Adobe）的山塔努・納拉延（Shantanu Narayen），諾基亞的拉傑夫・蘇里（Rajeev Suri），萬事達信用卡（MasterCard）的阿傑・班加（Ajay Banga），以及美光科技（Micron）的桑傑・梅羅特拉（Sanjay Mehrotra）。同樣的，美國許多知名商學院也由印度裔學者出任院長，譬如桑尼爾・庫瑪（Sunil Kumar）現任約翰霍普金斯大學教務長、曾任芝加哥大學布斯商學院（Booth School of Business）院長；馬達夫・拉揚（Madhav Rajan）現任芝加哥大學布斯商學院院長；尼汀・諾利亞（Nitin Nohria）現任哈佛商學院院長；藍嘉拉江・桑達蘭（Rangarajan Sundaram）現任紐約大學史騰商學院（Stern School of Business）院長；以及保羅・阿梅達（Paul Almeida）現任喬治城大學麥克唐納商學院（McDonough School of Business）院長。

有鑑於印度裔在美國擔任許多重要菁英職位，我們或許可以說美國和印度之間的菁英對菁英聯結關係，高過於美國和其他任何國家的聯結。

鑑於地緣政治的利益匯合（相對於中國），以及菁英的聯結這兩個因素，美國和印度彼此之間的關係走得愈來愈近。美國最近四任總統中有三位，即柯林頓、小布希和歐巴馬，長期下來對印度發展出某種個人感情。反之，在他們之前的老布希、雷根兩位總統就沒有對印度顯示出興趣或感情。從邏輯上來講，當川普當選總統時，美、印關係應該達到新高點，因為做為右翼民族主義領導人，川普的意識型態和印度總理莫迪是同一掛的。兩位領導人之間的關係起先也很不錯。莫迪在二〇一七年六月二十四日至二十六日訪問華府。訪問期間，川普和莫迪「保證以美國承認印度是主要防務夥伴為基礎，深化防務與安全合作」。[50]但是川普還未報聘回訪印度，在二〇一八年他也婉拒接受邀請，做為首席貴賓，出席印度獨立日大遊行（Republic Day Parade）。但是，普丁、薩科奇、安倍晉三和歐巴馬等世界領導人過去都曾經欣然接受邀請參與此一盛會。[51]

甚且，當川普執政進入第二年，印美關係卻浮現一些問題。由於川普關切美國人的就業情況，他大幅削減發放H1-B簽證。這個措施影響印度最大，因為它是特殊技能外國工人最大的供應國家，尤其是資訊科技業這個領域。過去幾十年，根據世界貿易組織的標準，印度列為開發中國家，在「普遍化優惠關稅制度」（Generalized System of Preferences, GSP）之下，印度出口到美國的商品享有優惠關稅待遇。「普遍化優惠關稅制度」是美國在一九七六年制定的一項「貿易方案，旨在促進開發中國家的經濟」[52]，它准許印度「將近兩千項產品免稅出口到美國」。[53]二〇一九年五月三十一日，川普政府決定終止將印度列為開發中國家，片面撤銷這些讓利優惠。川普總統宣布：「我已經斷定印度沒有向美國保證，印度將會提供平等、合理的機會准入其市場。因此自二〇一九年六月五日生效日起，（美國）將終止印度做為開發中國家受惠的待遇。」[54]由於印度出口到美國的商品只占美國進口量微不足道的份額（二〇一八年只有五百四十四億美元，占比百分之二點一）[55]，對美國經濟的淨影響幾近於零，因此為何要為微小的經濟收益搞得潛在友人或盟友不痛快呢？

更糟的是，川普在若干場合取笑莫迪。《華盛頓郵報》在二〇一八年一月報導：「資深政府官員說，總統曾經故意以印度腔調模仿印度總理莫迪講話。」[56]二〇一九年一月，川普也嘲笑莫迪出錢在阿富汗興建一間圖書館：

> 川普在內閣會議上當著記者的面，為他推動減少美國在海外投資做辯解，他提起印度對外援助的事。他雖然表示和莫迪處得不錯，而這位印度領導人「不斷告訴我，他在阿富汗興建一家圖書館」。川普說：「你們曉得這像什麼嗎？這就像我們只花五個鐘頭做的事。我不曉得在阿富汗有誰會用到圖書館。」[57]

幸運的是，莫迪沒有覺得受到冒犯。他對這些侮辱一笑置之。不過，全世界可以清楚地看到很明顯的差別，川普提到習近平時口氣溫和、充滿尊敬，可是對莫迪就出言調侃。由於中國逐漸崛起成為美國的頭號地緣政治競爭者，而印度則很可能崛起成為美國頭號的地緣政治盟友，這種態度從地緣政治角度來看完全沒有道理，除非它們不經心地洩露一個事實：美國對中國的敬意大於對印度。

或許在二〇二一年，也可能是在二〇二五年，我們將踏進一個後川普的世界。

當這個時代來臨時，美國可以開始試圖打造和印度深刻交往的、長期一致的政策。美國總統和印度總理應該每年進行高峰會談。就和美國在二〇一九年設置和中國的高階策略對話一樣（涉及財政部長和國務卿），美國也應該和印度建立同樣的高層級對話。美國甚至應該更加大膽，提議和印度簽訂自由貿易協定，給予印度某些片面讓利。美印之間深刻的夥伴關係可以使印度扮演重要角色，擔負起美國和亞洲世紀之間的橋梁。

東南亞國家協會也可以扮演重要橋梁角色。然而，如果說印度在華府得不到美國的戰略尊重，東協就更等而下之，遭到的是戰略漠視。美國許多高階決策者或許聽過東協這個名字，但是他們更不了解東協對於美國戰略利益的重要性。

要解說為什麼東協對美國是個奇蹟，最好的方法是拿東南亞和伊朗相比。一九七〇年代美國有兩項重大的戰略失敗。一九七五年，它灰頭土臉從越南退出，以及一九七九年被伊朗掃地出門。這兩次大失敗期間，中南半島（柬埔寨、寮國和越南）被共產主義政府接管，東南亞更是岌岌可危。某些美國時事評論家提出警告，認為東協原始的五個非共產主義國家——印尼、馬來西亞、菲律賓、新加坡和泰國——最後將淪為骨牌倒下。不過後來的發展卻恰恰相反。不到二十年，三個共產主義國家全都加入東協。

今天，東協代表全世界經濟前景最光明的區域。東協國家從原本落居世界最貧窮國家之列，在二〇三〇年之前將發展成為世界第四大經濟體。[58]伊朗的七千萬人民繼續構成對美國的戰略挑戰，可是東協的六億五千萬人口卻代表美國的一個重大戰略機會。美國決策者該做的明智之舉，是注意這個戰略機會。不料美國決策者卻更加注意伊朗，讓東協在華府繼續遭到漠視和忽視。美國官員必須安排總統和國務卿訪問東南亞的行程時就唉聲嘆氣。的確，許多位美國國務卿動輒以中東爆發「新危機」為理由，取消或縮短出席在東南亞召開的會議。這種行為其實並不理智。

幸運的是，現在時間還不算太遲。東協對美國而言，還是地緣政治機會很大的區域。當東南亞議題浮現時，美國人經常只會想到越戰的慘痛經驗。一九七五年丟人現眼的慘敗記憶，是美國人極力想忘掉的一幕，因此他們忽視了過去四十五年的成績。在這段時期，美國支持的非共產主義東南亞經濟體的確成功，而且崛起躋身開發中世界最成功的國家之列——別忘了，在美國人的想像中，它們幾乎就是隨時會倒的骨牌。關於東南亞還有一件事是絕大多數美國人不曾察覺的——東南亞是全世界最親美的區域之一。

未來的歷史學家毫無疑問一定會覺得很奇怪，為什麼在冷戰結束後十分重要的三十年，中東不再是美蘇競爭的場域並失去重要性，而東南亞則可能成為美中角力的場域而重要性日益上升，可是美國戰略思想家和決策者卻仍然繼續那麼重視中東，而非東南亞？對於中東，美國耗竭精神和資源打徒然白費力氣的戰爭，卻忽略東南亞這片和平繁榮的綠洲。絕大多數美國人也不曉得，東南亞許多領導人和菁英曾到美國著名大學院校留學。常春藤盟校某些最活躍的海外校友分會，就在東南亞。

令人欣慰的是，這個情感親美的大水庫在東南亞不會那麼快消失。如果美國能夠針對東協訂出明智、周全、全面的長期戰略，美國將會找到一個堅強的夥伴。

今天，美國絕大多數決策者和時事評論員看待東南亞，是透過美中對敵此一扭曲的稜鏡觀看。東南亞地理位置鄰近中國；區域內最大的航路通稱為南海。許多美國人以為東南亞國家很自然地會成為中國政治上和文化上的附庸。但儘管地理位置靠近中國，東南亞十一個國家當中，有九個具有印度文化的根基。具有中華文化根基的一個東南亞國家是越南。由於曾經被中國占領約一千年之久，它最為珍惜能夠擺脫中國而獨立。

絕大多數美國人對東南亞的歷史認識十分有限。讓人感到十分驚奇的是，東協有六億五千萬人口，其中穆斯林有兩億六千六百萬、基督徒有一億四千六百萬、佛教徒（包括大乘派和小乘派）有一億四千九百萬人。此外，還有數以百萬計的儒家、道家和印度教教徒，甚至還有共產主義者，他們大都和平相處，生活在東南亞。

事實上，美國在冷戰結束後忽視東南亞，或許反而幫了大忙——這個想法想必將立刻遭到美國決策者挑戰。然而，在清醒地評估中東那些無謂的戰爭，浪費掉數兆美元的結果之後，未來美國決策者應認可以學到教訓：少才是多。

忽視也不代表完全不來往。雖然美國退出在東南亞所有的軍事衝突，它仍保持和東協的外交往來。沒有錯，美國的注意力不連貫，也不可預測。縱使如此，整體而言，美國和東協的關係基本上是正面的。

總而言之，如果美國有意嘗試以外交為先的戰略，來對付中國在世界各地影響力日益上升的情勢，東協區域仍將是世界最重要的區域之一。雖然東南亞地理位置毗鄰中國可能予人一種印象，即美國在本區域從事人心向背的地緣政治競爭，很可能會輸掉。但倘若更深入研究東南亞的歷史和文化，就會發現美國的外交接觸仍有機會。

即使二〇一九年在我執筆寫這本書的當下，這種可能性似乎根本不存在，然而我預測，經過一段時日，當美中之間的地緣政治競爭加劇之後，俄羅斯將崛起成為美國的關鍵盟友。和中國邊境線最長的國家是俄羅斯，它和中國相對的經濟和政治分量已經大大改變。一九七九年，也就是毛澤東在大躍進和文化大革命的政策嚴重戕害中國之後，以俄羅斯為首的蘇聯經濟，比起中國大出好幾倍。

二〇一九年，中國的經濟規模（十二兆兩千億美元）是俄羅斯經濟規模（一兆六千億美元）的七點七五倍。[59]到二〇五〇年，中國的經濟還會增長得更大。即使俄羅斯的核武數量令中國望塵莫及，而且俄羅斯根本不用擔心中國會斷然對俄羅斯發動軍事入侵（它根本不會發生），俄羅斯還是必須小心謹慎找個盟友，以平衡國土規模和影響力都比它大出好幾倍的這個鄰國，最自然的盟友就是美國。如果在未來幾十年的某一天，美俄之間發展出同盟關係也不無可能。

然而，美俄同盟若要實現，美國領導人必須能夠和俄羅斯領導人坦誠對話。他們必須承認某些無可否認的歷史事實，即使這些事實可能痛苦、不舒服。最近，最明顯不舒服的事實是，俄羅斯干預二〇一六年美國總統大選。

美國人若要重新啟動和俄羅斯的關係的話，還有一個更具體的事實必須面對：冷戰結束之後，美國領導人背棄了對俄羅斯領導人明示和暗示的承諾。美國曾經向俄羅斯承諾，華沙公約解散之後，美國不會把北約組織向東擴張而威脅到俄羅斯。

美國人做出北約東擴這個致命決定時，他們腦子裡有什麼樣的地緣政治盤算？難道他們以為，既然俄羅斯在一九九〇年代國力衰弱、陷入掙扎（經濟內爆和金融危機使得俄羅斯人民苦不堪言），美國可以一舉消滅掉俄羅斯這個潛在的競爭者嗎？由於絕大多數美國人心胸坦蕩、天性慷慨，我們很難相信美國會有如此陰險的陰謀，想一舉殲滅俄羅斯這個地緣政治競爭者。即使這麼說，美國在一九九〇年代和二〇〇〇年代如此不顧俄羅斯利益，還是令人懷疑有個協調一致的計畫在修理俄羅斯。

不論美國是否「有意識」的計畫要在冷戰結束後削弱俄羅斯，美俄雙方坐下來，面對面開誠布公，討論彼此對情勢發展的看法，會有相當幫助。破壞兩國關係的所有困難應該全都攤開來講，譬如北約東擴，美國支持在烏克蘭和喬治亞進行顏色革命，入侵伊拉克和干預利比亞及敘利亞等。

美國坦誠地重新評估對俄羅斯的政策，可以為美國長期的地緣政治思維產生若干紅利。逝者已矣，過去無法改變；但是，美國若是更加了解美國政策讓俄羅斯人感受到羞辱，他們可以開始移除某些擋在美俄同盟之間重要的心理障礙。

冷戰一結束，越南就開始調整，接受因為蘇聯瓦解所產生的地緣政治新環境。越南的許多宿敵也快速調整。譬如東協的五個創始會員國，在整個一九八〇年代一直和越南深陷於敵對關係。可是到了一九九五年，越南被接納成為東協會員國。東協相對貧窮的開發中國家會員國，沒有華府細膩思考的戰略智庫，他們都能迅速調整，接受地緣政治新環境，歡迎昔日敵人加入東協。幸運的是，美國跟上東協的腳步，柯林頓總統在一九九四年取消針對越南的貿易禁運，並於一九九五年和越南關係正常化。[60]

理論上，良好的地緣政治思考應該透過冷靜、務實評估地緣政治現實而進行。

進行地緣政治分析和行為時，理智應該永遠勝過情感。奇妙的是，有一部分可能是因為數十年來美國實力十分強盛，美國得以奢侈地聽任情感、而非理智，指導它的地緣政治行為——或者也因為如此而付出代價。身為全世界頭號大國，它的實力遠遠勝過任何一個可能的競爭者，這種行為或許可以被接受，或者可能恣意而為。然而，當這個頭號強國淪為第二號大國時，如果它的地緣政治思考和行為仍然聽任情感勝過理智，後果可能致命。

隨著美國不可避免地淪為世界第二號大國，它再也無從奢侈地聽任情感來指揮地緣政治政策。美國必須深刻反省，了解自己和好幾個國家（包括俄羅斯在內）的關係，為什麼在冷戰之後變差了？這應該導致美國社會更加自我了解，本身對地緣政治的反射和衝動的行為，而「知己」正是地緣政治成功的關鍵。

美國如果深刻了解它和其他國家交往時，有什麼樣的正面行為，以及犯了什麼錯誤，那麼在未來制定對中國的地緣政治政策時，就比較不會犯嚴重的錯誤。以往美國做出對的事情遠遠多過犯下的錯，因而美國與大部分國家有相當良好的關係。可是，美國也犯了許多不必要且痛苦的錯誤，尤其是和伊斯蘭世界及俄羅斯打交道時犯下錯誤，也是不爭的事實。

總而言之，在冷戰時期，顯然多數國家顯示同情成功的美國，大於同情失敗的蘇聯。可是現在的情勢和冷戰期不同，我們根本還看不清楚，在美中新角力之下是否會出現同樣的結果。大部分國家都會審慎地押寶，做出必要的避險安排。美國和中國如果想爭取其他國家和自己站在同一邊，他們都必須學習玩更細膩的賽局。

第九章
弔詭的結論

本書提出一個矛盾的結論做為結尾：美中之間的地緣政治大交鋒既無可避免，又或許可以避免。

讓我們先談無可避免這部分。本書已說明驅使美中走上地緣政治大競爭的某些動力，從中國犯了疏遠美國企業界的錯誤，到美國需要找個外國替罪羔羊，來隱藏國內社會所出現深刻的社會經濟挑戰等問題。

在此同時，美國政界已經蓄積起反中熱浪。《華爾街日報》記者葉偉平（Greg Ip）訪談好幾位合起來有數十年處理對華事務經驗的建制派人士後，得出結論：「如果說鐘擺在過去擺向過於寬容中國的一方，現在可能反彈到亟欲要和中國對抗的一方。」葉偉平引述美國前任財政部長亨利・鮑爾森的說詞：「我們有的是對中國的態度，不是對中國的政策……你看到國土安全部、聯邦調查局、中央情報局、國防部，全把中國當作敵人，而國會議員也競相表現誰是最敵視中國的鷹派。沒有人逆風而行，提供平衡的意見，提問我們能有什麼務實的做法，能有機會獲致不會有害我們長期經濟和國家安全利益的結果？」[1]

鮑爾森一點都沒錯。在一片仇中氣氛下，對美國任何一位政客或公共知識份子來講，發言主張對中國採取更理性的做法是不智之舉。反中情緒變得有多麼強大？《紐約時報》羅傑・柯恩（Roger Cohen）的專欄就是一個指標。柯恩大體上是個公正、平衡的專欄作家。可是，他在二〇一九年八月三十一日的專欄文章裡，對中國幾乎沒有一句好話。柯恩寫道：「美國現在處於和中國直接的意識型態戰爭中，爭著要決定二十一世紀世界的形貌」，而習近平發出的訊息也很清晰：「我們……有朝一日將號令全世界。」[2]

本書有一個重要訊息：雖然中國領導人想要復興中華文化，但他們並沒有傳教士那種想要接管整個世界的衝動，讓人人成為中國人。中國在世界上的角色和影響力當然會隨著經濟規模擴大而成長。可是，中國不會運用自己的影響力來改變其他社會的意識型態或政治做法。我們今天的世界有一個極大的弔詭：即使中國歷來都是封閉的社會，美國則被認為是開放的社會，現在我們卻發現，中國領導人比起美國領導人更容易和多元的世界打交道，因為他們並不期望其他社會會變得和中國一樣。他們不同於美國人，他們了解其他社會的思想和行為會不同。

遺憾的是，這種主張在美國沒有什麼影響力，美國現在已經認定中國對美國構成生存威脅，這也是為什麼美中之間的地緣政治大交鋒無法避免。

雪上加霜的是，關鍵性的決定是在各個孤立的狀況下做出的。主管工業園區的一名中國官員對美商公司施壓，要求它以分享科技做為准許投資的交換條件時，他／她可能沒有想到這種擠壓美商公司的動作模式，會導致中國最大的戰略錯誤：美國企業界因此疏離，進而替川普廣獲支持的對中貿易戰鋪路。紐約一位法官於二〇一八年八月二十七日簽發逮捕令，拘捕華為財務長孟晚舟時[3]，表面上是純依據法律做此決定。然而，中國人看到的是雙重標準，哥倫比亞大學教授傑佛瑞・薩克斯（Jeffrey Sachs）指出，當美國公司違法時，美國處罰公司，不是處罰高階經營主管。但是，中國公司犯了法，美國處罰的是高階經營主管。檢察官並沒有要傳遞美國有雙重標準的訊息，但這卻是中國收到的訊息，因為檢察官和聯邦司法部做決定時，沒有考慮此一決定會引起的廣泛地緣政治影響。

同時，短期收穫也常常壓過長期考量。中國政府在二〇一二年針對柬埔寨政府直接或間接施壓，要它否決涉及南海的一項東協聯合聲明，表面上它獲得了短期勝利。然而，它卻授予美國把柄，可以在宣傳上大作文章，利用這件事描述中國如何霸凌它的鄰國。戰略暨國際研究中心的厄尼斯特・鮑爾（Ernest Z. Bower）如此描述中國此一動作的影響：

> 在東協團結的問題上，中國已經伸出它這個局外人的手。它似乎利用本身日益增長的經濟實力，逼迫柬埔寨陷入尷尬境地，要在東協及其成員最重要的安全議題之一，採取與東協鄰國歧異的立場。中國的角色因為消息外洩，顯示柬埔寨同意和它分享文件草稿而曝光，它似乎也表明中國有意促使東協各國不團結。因此，從金邊傳出來的最重要的信息，並不是東協內部為聯合聲明發生

> 爭吵，而是中國認為軟弱而分裂的東協，符合中國最大的利益。[4]

同樣，當美國國務卿希拉蕊「伏襲」中國外交部長楊潔篪，於二〇一〇年七月在河內舉行的一項東協會議上，針對中國在南海的活動發表強烈抨擊時，她贏得美國媒體的讚譽，稱許她堅守原則，立場堅定。然而，如此的海洋核心利益的前景，在地緣政治賽局中，短期的宣傳效益往往以長期的紅利為代價。

地緣政治的決定就和所有的政治決定一樣，是由人來決定，而人常常改變——美國和中國皆然。中美合作關係的最高點出現在一九七〇年代，當時四大地緣政治重量級人物不尋常地聯手打造不平凡的夥伴關係：尼克森與季辛吉，毛澤東與周恩來。沒有這四個人的地緣政治手腕，兩大強敵之間不可能出現突破。老布希和鄧小平之間的交誼親密，也有助於緩和中美關係在一九八九年天安門事件後的嚴重下挫。

反之，小布希和胡錦濤之間的關係，就沒有他們前任彼此之間那麼親善或舒坦。同樣的，希拉蕊在二〇〇九年至二〇一二年間擔任國務卿，她和中國外交部長就沒有舒坦的關係。理論上，國家利益驅動國際關係的走向，並不是人物驅動國際關係的走向。實際上，人物很重要。未來的歷史學家可能會說，二〇一八年十月四日美國副總統麥可・彭斯一場有關中國的演講，象徵美中關係的新低點。這是用詞尖刻、氣勢凌人的一篇演講，在他之前的幾任副總統可不會發表這樣的演講。時隔一年，二〇一九年十月二十四日，彭斯又發表一篇猛烈攻擊中國各方面的演講，重申他一年前的指控。他說：「北京的許多政策嚴重傷害美國的利益和價值，如中國的債務外交和軍事擴張；它對各式宗教信徒的壓迫；打造監視全民的國家機制；當然中國還有種種不符合自由及公平貿易的政策，包括關稅、配額、操縱幣值、強迫技術轉移以及工業補貼等等。」[5] 一個更冷靜、理性的副總統會更小心，演講的用詞遣字不會那麼犀利。

國內政治經常在地緣政治的決定上扮演重要角色。我一直都搞不懂，中國為什麼要在護照上明顯印出有南海九段線的中國地圖。這麼做，就是中國政府給予人民一個印象，以為在九段線內的南海海域全是中國領海。然而，實際上中國政府對待南海大部分海域視為國際公海，允許各國商船和海軍艦艇自由通行。北京政府向國內政治低頭，印出九段線，實際上把自己局限住，沒有留下太多外交迴旋空間。同理，我也很迷惑，和中國關係良好的老布希總統，為什麼會為了爭取選票，推翻美國長期的對台灣政策，批准銷售軍事武器給台灣。

國際關係上，情感和理性都扮演重要角色。如果中國是個西方民主國家，尤其也是盎格魯—撒克遜同文同種大國，也許美國會比較容易接受另一個大國崛起。這說明了為什麼大國換人做這件事，由英國換成美國進行得相對平穩，因為這是由一個盎格魯—撒克遜國家轉移給另一個盎格魯—撒克遜國家。過渡期間沒有陰暗的情緒色彩。反之，中國是非常不同的文化，而且在西方的想像中一直是非我族類。美國和中國之間存在自然、合理的關切：他們會了解我們，以及我們的利益與價值嗎？我們能了解他們嗎？

讓情勢更複雜的是，西方人心理深處的潛意識埋著一種粗淺、但很真實的恐懼——「黃禍」。由於它埋在潛意識深處，很少浮現出來。當高階的美國決策者就中國事務做決定時，他們可以很真誠地說，他們純以理性考量，不會感情用事。可是，在外界觀察家看來，美國對中國崛起的反應，受到深刻情感反應的影響卻是十分明顯。正如一般人很難察覺驅動行為的無意識動機一樣，國家和文明也難以察覺它們無意識的衝動。

事實上，黃禍概念深藏在西方文明中已經有數百年之久。拿破崙說過一句名言：「讓中國酣睡吧；她若醒來，全世界都將為之震撼。」就是在暗示黃禍將至。為什麼拿破崙提的是中國，而不是指同樣廣土眾民的文明國家印度呢？因為過去不曾發生印度鐵騎威脅或劫掠歐洲國家首都的史例。相形之下，黃種人——蒙古鐵騎——十三世紀出現在歐洲的門口。諾琳・吉芬尼（Noreen Giffney）描述說：「一二三五年，蒙古大軍侵略歐洲，又在一二三六年至一二四二年之間入侵基輔羅斯大公國（Rus' Principalities）……蒙古人猛烈攻擊之後，卻又迅速而神祕地撤退，讓西方人大為吃驚、也鬆了一口氣。」[6]

吉芬尼追蹤十三世紀的歐洲作家，如何在蒙古人入侵歐洲之後把蒙古人建構為「可怕」的部族：

> 蒙古人入侵基督教世界及其鄰近地區後，他們在各式各樣著作中備受含有敵意的審視，他們被視為「無法無天的以實瑪利人」、「被詛咒的不敬神

> 的人」和「讓基督徒失血的一群人」〔《諾夫哥羅德編年史》（*Chronicle of Novgorod*）, 1914, 82, 83, 82〕。他們運用西方軍隊無從招架的各種軍事技術，再加上他們不斷膨脹的軍隊具有無人匹敵的能力，促使同時代的觀察家把他們描述為「敵基督的衛星」（satellites of Antichrist）〔《世界大事錄》（*Chronica Majora*）, 1852, 1: 469〕和撒旦的地獄使者，來自塔爾塔魯斯（Tartarus）的腸子，即地獄本身。[7]

對於黃禍潛伏的恐懼心理，三不五時就浮現在西方文學和藝術中。我是在英國殖民地長大的小孩，自幼就讀過有關傅滿洲（Fu Manchu）的通俗小說。它們在我心頭鑄下深刻印象。在潛意識裡，我開始相信在人類社會中，邪惡化身為人，成為一個沒有任何道德顧忌、斜著眼睛的黃種人。如果我這個非西方人會把這種有族裔色彩的漫畫內化，我擔心這些潛意識的恐懼，也會影響美國決策者對中國崛起的反應。這是對中美關係的未來感到悲觀的另一個原因。大多數美國人會抗議，堅稱種族主義在他們的外交政策中絲毫不起作用，但是許多亞洲人（不僅僅限於中國人）

會同意我的看法。

不過，即使悲觀，我們還是可以找到支持樂觀論的強大證據。如果我們可以秉持理智的力量，發展出對美中兩國實質國家利益的了解，就可以得出結論：兩國之間不應該有根本性的矛盾。事實上，美中之間存在五個「不矛盾」（non-contradictions）。如果兩國的智者都能占上風，他們應該反思和強調這五大「不矛盾」。

「不矛盾」這個字在西方的討論中很少出現。西方人的思維是黑白分明的，一邊正確，一邊錯誤。中國人的思維不一樣，黑和白都可能正確。最能掌握住雙元論思維的就是「陰」與「陽」的概念。在西方人的世界觀裡，陰與陽其中之一都可能正確。而在中國人的世界觀裡，陰與陽兩者都可能是對的。

要解說清楚陰與陽之間的關係很困難。南洋理工大學黃海教授（Dr. Hong Hai）嘗試解說。他寫道：

> 陰和陽的思想，反映了試圖解釋關係和變化的一種辯證邏輯。剝開到最基

本的要素，陰和陽只不過是掌握了大自然雙元性感知的一個標籤——光明與黑暗，強硬與柔軟，雄性與雌性。因此，陰陽學說是對世界的整體看法，它把所有實體都視為宇宙整體的一部分。這些實體不能獨立於與其他實體的關係而存在。雙元論意味著，諸如光明之類的屬性只有在相對於黑暗時才有意義，美麗相對於醜陋也才有意義。[8]

他又補充說：「最基本的原則之一就是：陰陽是彼此相對，但又相互依存的觀念。」

腦子裡有了這個雙元論觀念，就有可能看清楚美國和中國之間的五大「不矛盾」。第一，美中兩國的基本國家利益之間有個「不矛盾」。兩個社會的基本國家利益都是改善其人民福祉。一八〇九年，傑佛遜卸任總統，他在告別演說中寫下：「照顧人類的生命和幸福，而非破壞，是良政第一，也是唯一的正當目標。」[9]馬丁·沃夫注意到這一觀察，他問說：「我們要怎麼衡量『幸福』呢？是什麼因素推動它？」[10]沃夫提到，這些是年代久遠的老問題。西方功利主義派（utilitarian）哲學家，包括傑瑞米・邊沁（Jeremy Bentham）在內，思索它們很久了。

幸運的是，當今的功利主義哲學家已經接下衡量幸福的挑戰。譬如，倫敦政經學院教授理查・萊亞德（Richard Layard）在他共同寫作的書《快樂的起源》（*The Origin of Happiness*，暫譯）中說到，「生活滿意度」可以是衡量幸福很好的一個因素。因此，萊亞德認為，福祉最後將被全面接受為評估社會政策的標準方法。如果我們能夠衡量和促進福祉，也可以專注於改善福祉的政策。我們也可以決定在國家預算中應優先考慮哪些項目：國內投資、還是國防支出？

美國比起中國可是富裕太多了。美國的名目人均所得六萬兩千六百四十一美元，至少是中國（九千七百七十一美元）的六倍大。[11]可是，即使美國更加富有，美國人民的福祉，特別是居於底層百分之五十的老百姓，在過去幾十年相當惡化。有一個事實無從否認：美國在九一一事件以來，已經在中東戰爭浪費掉將近五兆美元。布朗大學沃森研究所（Watson Institute）報導：

> 把這些費用和國會在二〇一七年會計年度提出的要求加總起來，美國聯邦

政府已經花費及承諾大約四兆八千億美元在後九一一的戰爭中。此外，到了二〇五三年，除非美國改變其支付戰爭費用的方式，利息支出至少為七兆九千億美元。[12]

如果把這四兆八千億美元平均發給底層百分之五十的美國人民，每人大約可以分配到兩萬九千美元。如果把這個數字和美國三分之二家庭遇上急難事故時拿不出五百美元的統計擺在一起，它清楚顯示為什麼為了美國國家利益，應該把人民福祉擺在第一位。海蒂．賈瑞德－貝提耶（Heidi Garrett-Peltier）二〇一七年在布朗大學沃森研究所一篇論文中寫下：

> 自從二〇〇一年以來，由於聯邦政府花費數兆美元在伊拉克、阿富汗、敘利亞和巴基斯坦的戰爭，我們失去機會在國內經濟創造好幾百萬個就業機會，我們也失去機會替美國民眾改善教育、健康和環境結果……以相同水平的花費，教育和醫療照護可以比國防軍事創造多出一倍以上的就業機會，而乾淨的

能源和基礎設施可創造多出百分之四十的就業機會。事實上，過去十六年，因為把錢花在戰爭而非這些國內經濟領域，美國失去機會創造一百萬至三百萬個就業機會。[13]

簡單講，如果美國不再去國外打那些不必要的戰爭，而把資源用在改善人民福祉，美國人民的情況會好許多。由於中國的人均所得低美國人太多，中國改善其人民福祉也吻合其國家利益。美國和中國都應該以改善人民福祉為首要的國家利益，這個論點應該是無懈可擊。可是，戰略思想家見不到此一根本重點，足證他們的觀點已經扭曲到什麼地步。對美國和中國而言，有個太平洋把它們阻隔起來，實在太幸運。如果他們都埋首專注於本身人民的福祉，讓太平洋屏衛他們各自的本土，兩個社會都會有利。

他們也可以找到一些領域合作。美國現在陷於基本設施嚴重不足的困擾。中國則崛起成為興建基礎設施的超級大國。它可以比任何國家以更快的速度興建高速鐵路。《紐約時報》記者基斯・布拉德舍（Keith Bradsher）二〇一二年報導，「世界最長的高速鐵路在中國已經通車……八小時內可以行走相當於紐約市到佛羅里達州西嶼（Key West）的距離……美國鐵路公司（Amtrak）從紐約到邁阿密的火車距離較短，但仍需時近三十個小時。」[14]一般人的常識會認為兩國應該在基礎設施建設方面合作，可是，鑑於雙方彼此的政治態度敵意深刻，常識起不了作用。這也是為什麼兩大強國之間的關係，亟需有個重大的戰略重新啟動。如果兩國先試圖界定核心國家利益是什麼──尤其是在改善人民生活的核心利益上──他們會得出合乎邏輯的結論：兩者的國家利益之間基本上存在「不矛盾」。

第二，美國和中國之間在減緩氣候變遷的力量上，也是根本上「不矛盾」。如果氣候變遷使得地球愈來愈不適宜居住，美中人民都是同一條沉船上的乘客，現在還要爭論鐵達尼號郵輪甲板上的座椅要如何重新安排，會被人家譏笑。可是，美中領導人爭辯他們的地緣政治歧異，而不專注於討論保護地球的共同利益，不就一樣愚蠢嗎？

有些睿智人士曾說，人類能夠碰上的最好的事，就是太空人發現有顆遙遠的彗星正往地球飛來，但是不能確定它會落在哪一洲。只有類似這樣的共同威脅，才會使地球上七十五億人（包括中國的十四億人和美國的三億三千萬人）醒悟，他們身為地球公民的共同利益，大大超過他們各自的國家利益。哈拉瑞在《人類大歷史》（*Sapiens*）中清楚講出一個簡單真相：

> 今天，幾乎所有人類都接受同一套地緣政治體系……使用同樣的經濟制度……使用一樣的法律制度，也接受同樣的科學體系……全球文化雖然單一，卻非同質……但不論如何，他們彼此都是密切相關，而且會以許多不同方式相互影響。雖然會有各種爭鬥，但他們爭辯用的是同一套概念，戰鬥用的是同一套武器……而像今天，伊朗和美國雖然針鋒相對、劍拔弩張，但他們講的都是民族國家、資本主義經濟、國際權利以及核物理學這套語言。[15]

我們目前唯一居住的星球正面臨著巨大危險，是應該專注於彼此之間的歧異、還是相似之處？人類理當是地球上最聰明的物種。這正是我們成為主宰世界物種的明顯原因。然而，最聰明的物種現在正在採取自殺的方式行動，聽任氣候變遷日趨嚴重，不思採取共同行動來扭轉。我們現在反倒在爭論應該歸咎於哪些國家。傑出的美國前大使羅伯特·布萊克維爾（Robert Blackwill）說的沒錯，他強調，今天的中國「碳排放量約占全球碳排放量的百分之二十八，而美國僅占約百分之十五」。[16]可是，全球暖化之所以發生，不只是因為目前溫室氣體的排放量增加，還因為以煤為火力的工業革命以來，包括美國在內的西方國家所排放的溫室氣體，尤其是二氧化碳的累積所致。[17]圖十三記錄了主要大國所累積的二氧化碳排放量，它顯示中國的排放量仍然遠遠少於美國和歐盟的排放量。簡而言之，所有工業化國家都應對其行為

圖十三　全球二氧化碳累計排放量（1751～2017）

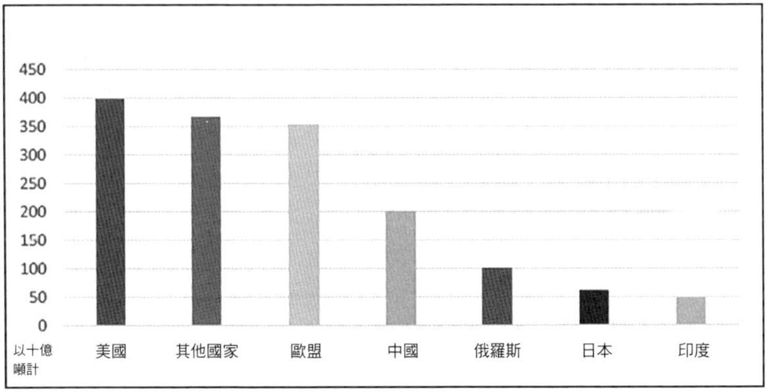

Source: Hannah Ritchie and Max Roser, "CO2 and Greenhouse Gas Emissions," Our World in Data, updated October 2018, https://ourworldindata.org/co2-and-other-greenhouse-gas-emissions#cumulative-co2-emissions.

負責，共同努力以限制環境進一步遭到破壞。

中國和印度可以說相當負責任，二〇一七年川普政府決定退出巴黎氣候協定時，他們並沒有追隨美國之後也退出協定。我們實在是住在一個奇特的世界，相對貧窮的國家如中國（人均所得九千七百七十一美元）和印度（人均所得兩千零一十六美元），尊重他們的地球責任，而相對富裕的國家如美國（人均所得六萬兩千六百四十一美元）卻逃避責任。[18]布萊克維爾說：「美國退出巴黎協定，而協定的其他簽署國家卻決定，即使美國不參加，他們也要繼續下去，這使得中國在氣候變遷方面成為全球非正式的領袖。這也造成國際上普遍認為，川普政府的政策反映出，美國正從世界事務撤退。」[19]

地球暖化不是人類面臨的唯一「全球性共同威脅」。其他許多領域也有同樣緊迫的挑戰。聯合國列出十七個「永續發展目標」（Sustainable Development Goals），以「因應我們世界所面臨的急迫的環境、政治和經濟挑戰」。[20]以下是預備要達成的十七個目標：

一、在二〇三〇年之前終結各種形式的極端貧窮。
二、終結飢餓，達成糧食安全和改善營養，以及推動永續農業。
三、確保健康的生活，推動所有年齡層人類的福祉。
四、確保兼容並蓄、品質一致的教育，促進所有的人終身學習機會。
五、達成性別平等，賦予所有婦女及女童能力。
六、確保全體人類都能享有及永續管理水資源及衛生。
七、確保全體人類享有平價、可靠、永續和現代的能源。
八、促進持續、包容和可永續的經濟成長，讓所有的人都能充分就業、從事生產工作。
九、建設強大的基礎設施、促進廣泛和永續的工業化，並培養創新。
十、降低各國之內及各國之間的貧富不均。
十一、使城市和人類居住地區具有包容性、安全性、彈性和可持續性。
十二、確保可永續的消費和生產模式。
十三、採取緊急行動對付氣候變遷及其影響。

十四、保護和永續地利用海洋和海洋資源以促進永續發展。

十五、保護、復育和促進對陸地生態系統的永續利用，永續管理森林，防止沙漠化，制止和扭轉土地退化，以及制止生物多樣性喪失。

十六、促進和平、包容的社會，俾能永續發展，提供所有人得到司法公正的機會，並在各個層級建立有效、負責和包容的機構。

十七、加強執行手段，並且振興全球夥伴關係、推動永續發展。[21]

有一個事實是無從否認的：如果這兩個世界最大國在這些共同挑戰上合作，我們更有可能找到解決方案。只要兩國之一採取行動，就可以產生重大影響。譬如，魚翅是中國人喜好的一道美食珍饈。由於中國出現世界最快速增長的中產階級，對於魚翅的需求大幅上升。結果，鯊魚即將成為瀕臨絕種的物種。幸好，中國領導人採取行動，他們下令由中國共產黨幹部做東的所有飲宴酬酢一律不准吃魚翅。中國共產黨有九千萬黨員，九千萬個中國人不再吃魚翅，對魚翅的需求暴跌，獵捕鯊魚不再是有厚利可圖的行業。由於中國此一片面行動，一個物種可能獲救了。

第三，美國和中國之間在意識型態方面也「不矛盾」。這個說法可能讓人驚訝。一般都認為美中地緣政治的角力有一個主要驅動力，就是雙方存在深刻的意識型態差異。中國的確有一段時間到處推動共產主義，我個人就經歷過這段時期。中國共產黨於一九四九年接管中國之後，它在一九五〇和六〇年代積極支持各地共產黨，尤其是鄰近的東南亞國家之共產黨活動。譬如中國支持馬來亞共產黨，而馬共則試圖接管我的國家新加坡。不過，在新加坡總理李光耀告訴鄧小平，共產中國如果繼續支持東南亞非共產主義國家（尤其是東協五個創始會員國：印尼、馬來西亞、菲律賓、新加坡和泰國）內的共產黨，它不可能與這些國家有和平關係之後，所有這些推動共產主義的活動就停止了。李光耀傳遞這個訊息之後，中國共產黨對東南亞各國共產黨的支持就逐漸撤銷。美國的中國事務觀察家，應該反思這一政策轉變的意義。四十多年前，當中國面臨具體抉擇時，它選擇促進中國的國家利益，而犧牲掉共產主義的意識型態。它也停止在全球推動共產主義。

東南亞的非共產國家，以及全世界許多國家，因此不覺得受到中國意識型態的任何威脅。許多思慮周全的美國人可能認為這樣太天真。許多美國人已經深信（幾近於宗教信仰），中國共產主義的成功對民主政體構成天生的威脅。譬如，白邦瑞（Michael Pillsbury）在《2049百年馬拉松》（*The Hundred-Year Marathon*）書中寫下：

> 中國官員當然喜歡世界上多點專制國家、少些民主國家……只要中國實力持續增長，它保護獨裁專制、親善中國的政府，以及顛覆代議政府的能力，可能都會大幅增長……他們積極展開操縱新聞與資訊的工作。它那六十五億八千萬美元的「外宣工作」計畫有一部分即明白支持專制型態的政府。[22]

如果中國共產主義是民主政體的天敵，其他許多民主國家也應該視它為威脅。以人口而言，全世界前三大民主國家是印度（人口十三億）、美國（人口三億三千萬）和印尼（人口兩億五千萬）。如果中國共產主義是對民主國家的威脅，這三個國家應該都會覺得受到威脅。某些美國決策者覺得受到威脅。可是，如果我們去問印度總理莫迪或印尼總統佐科威（Jokowi），或任何一個他們的高階副手，印度或印尼的民主政府是否覺得受到中國共產主義的威脅，他們會對這個問題困惑不解。由於印度和印尼地理位置相當接近中國，和中國有許許多多各種關聯，它們相當了解中國。中國國力崛起當然令它們關切。但是中國共產主義的意識型態並沒有讓他們驚慌。他們沒有看到中國領導人有輸出或促進共產主義的願望或努力。在這方面，中國共產黨的態度和行為與蘇聯共產黨恰恰相反。

不幸的是，即使中國共產黨的行為與蘇聯的行為南轅北轍，許多美國思想家不假思索，就把原先對蘇聯行為的假設轉移到中國共產黨身上。這麼做有一個危險。中國共產黨遠比蘇聯共產黨能幹，知道要調整適應時勢。它和蘇聯共產黨也不一樣，它沒有隨時消失覆亡的危險。新加坡總理李顯龍二〇一九年在香格里拉對話中評論說：「在龐大的國防經費壓力下，蘇聯和東歐國家僵固的計畫經濟全面崩潰，冷戰也因之終結。縱使如此，它也歷經四十年才崩潰。目前看來，中國活力十足的經濟極不可能以相同方式崩潰。」[23]中國共產黨為什麼這麼堅韌？和蘇聯共產黨不同之處，是它不騎在意識型態的浪尖上；它騎在復興文明的浪尖上，而這個文明已經證明它本身是歷史上最強大、最堅韌的文明之一。

許多美國戰略思想家曉得，即使新加坡在二次大戰期間號稱是撼動不了的英國堡壘，卻因為戰略錯誤慘遭日軍攻陷。英國人把大砲砲口朝向南方，預期日軍會從海上發動攻擊。不料，日軍卻騎著腳踏車由北方南下。新加坡的淪陷，成為教科書上戰略思維犯錯的經典案例。

美國戰略思想家只看到中國是個共產國家，也犯下類似的重大錯誤。中國共產主義並沒有威脅到美國的民主。反倒是中國經濟和社會的成功和競爭力，才是真正的挑戰。要迎接這個挑戰，美國的戰略思想家應該專注在確保美國經濟和社會的成功及競爭力。有意思的是，肯楠在他著名的X先生文章中，也強調強大的美國國內社會的重要性。他使用的兩個關鍵詞語，是美國人應該牢記在心的金玉名言。即將到來的競爭，如同冷戰，其結果將取決於美國的「精神活力」（spiritual vitality）和美國能否成功地避免「展現出遲疑不決、不團結和內部分裂」（exhibitions of indecision, disunity and internal disintegration）。換言之，決定美國能做得多好的將是內部因素，而非外來威脅。不幸的是，美國今天正陷入既缺乏精神活力，又不團結及內部分裂的窘境。美國不能把寶貴的資源，浪費在子虛烏有的來自中國的威脅上面，而應該用同樣的資源振興自己的社會。從根本上說，美中意識型態之間並不矛盾。

甚至更令人感到意外的是，美中文明之間也不矛盾。儘管杭廷頓（Samuel P. Huntington）教授在一九九三年提出警告，但西方和中國之間並沒有爆發文明衝突、迫在眉睫的危險。在這方面，同樣的，如果理智可以是各國之間關係的驅動力，我們就不需要擔心文明差異的影響。誠如偉大的哲學家告訴我們，理性和邏輯的論述在所有文化和文明裡都可普世適用。沒有理由說不同的文明就不能相互理性互動。

可是，就和人類的個人決定受到感情的深厚影響一樣，他們在做地緣政治判斷時同樣也受到感情影響。雪上加霜的是，這些感情經常深埋在潛意識中。它們雖然不浮現在表面，但其實相當活躍。

本章前文提到，在過去兩三百年裡，恐懼黃禍的心理造成各式各樣針對「黃皮膚」民族的歧視行為，從十九世紀末期的《排華法案》（Chinese Exclusion Act），到二次大戰期間將日本裔美國人關進集中營，不一而足。橫掃華府的強烈反華情緒，可能有一部分源自於對中國某些政策在理智上的不滿意，它可能出自對中國此一不熟悉文化之恐懼心理，但也有一部分出自深層的情感暗流。美國前大使傅立民曾經觀察到：「在對中國的看法中，許多美國人現在顯得潛意識裡就把以下種種印象結合在一起：陰險的傅滿洲，日本一九八〇年代對美國工業和金融霸主地位所產生的令人不安的挑戰，以及當年激發反苦力和排華法案的那種類似恐中症的生存威脅感受。[24]

鑑於這股黃禍暗流的心理事實，美國人需要自問：他們對中國崛起的反應有多少是出自頭腦冷靜的理性分析，又有多少是出自於對非白人文明的成功感到深刻不舒服而起？我們可能永遠不會知道真正的答案，因為理智和情感之間這一類掙扎發生在潛意識領域。我們應該感謝姬儂．施金納提醒這個事實：別忘了潛意識層面的作用。現在該是誠實討論美中關係「黃禍」層面的時候了，處理潛意識恐懼的最好辦法，就是把它們端出來，正面面對它們。

幸運的是，我們可以克服不理性的衝動。在現代，文明並不像撞球台上分散的球。我們已經發展成為小小地球村內相互依賴的人類社群，而我們的文明深刻地彼此連結及整合在一起。勞倫斯・桑默斯和我聯名發表一篇文章〈文明的融合〉（The Fusion of Civilizations），我們指出：

偉大的世界文明過去有各自互不相屬的認同，如今卻愈來愈具有共同性重疊的領域。現在，全世界上大多數人都懷抱與西方中產階級相同的渴望：希望自己的子女能成為穩定、和平社區的成員，接受良好教育，獲得良好工作，並過著幸福、有生產力的生活。西方不應感到沮喪，反而應該慶祝它將自己世界觀的關鍵要素注入其他偉大文明中，取得了非凡成就。[25]

美國決策者不必害怕文明衝突，他們應該因為我們提出的下述觀察大為振奮：「由啟蒙運動在西方引發的理性，正在全球散布，導致每個地區都出現了務實的解決問題之文化，並有可能設想出現一個穩定和可持續的基於規則的秩序。」

我們也觀察到西方與中國之間，正出現文明融合的強大動力。我們寫道：

許多人所擔心的第二個重大挑戰是中國的崛起。然而，中國的成功也可視為西方的最後勝利。乾隆皇帝一七九三年發給大不列顛國王喬治三世的信函提到：「天朝德威遠被，萬國來王，種種貴重之物，梯航畢集，無所不有……並無更需爾國製辦物件。」兩百年之後，中國人了解到，吸收西方現代性進入社會，攸關到中國的重新崛起。它也導致經濟快速增長、嶄新又閃亮的基礎設施、太空探險的成功、二〇〇八年北京奧運會的盛況等等。

然而，即使中國社會以極大的熱情接受現代性，它並沒有放棄中國文化的根源。中國人看著現代的中國文明，強調它的中華特色，似乎並沒有矛盾。事實上，中國現在由於新興的財富之推動，正在經歷它本身的文化復興。[26]

中國領導人也強調，儘管中國和西方有文化差異，但並不必然會有文明衝突。二〇一九年五月，習近平在北京舉行的「亞洲文明對話大會」開幕式發表講話，他說：「各種文明本沒有衝突，只是要有欣賞所有文明之美的眼睛。我們既要讓本國文明充滿勃勃生機，又要為他國文明發展創造條件，讓世界文明百花園群芳競豔。」[27]

我們的時代有一點很奇特，就是過去是西方領導人（而不是中國領導人）主張要擁抱多樣性的價值觀。約翰・甘迺迪是經歷過現實上可能爆發核子戰爭噩夢的美國總統，他深受此一經驗的衝擊，有了深刻反省，向美國同胞提出一些寶貴建議。一九六三年，他在美利堅大學畢業典禮的演講中提到：「所以，不要讓我們對分歧視而不見——而應讓我們也直接關注共同利益，以及可以解決分歧的方法。如果我們現在不能結束分歧，至少可以幫忙使世界更安全、適宜多元化。因為歸根到底，我們最基本的共同關聯是全都居住在這個小小星球上。我們都呼吸著相同的空氣。我們都珍惜子女的未來。我們全都是凡人。」[28]他這篇講話的關鍵字詞是：使世界更安全、適宜多元化。

簡而言之，過去美國有遠見的領導人已經得出合乎邏輯的結論：即使人類生活在不同的文化和文明，他們並不必然要爆發文明的衝突。如果我們聽取他們的建議，即使在這個層面美中兩國之間可能有危險的歧異，但也是不矛盾。

最後，有一個領域是美中之間顯然會有根本矛盾的地方，那就是價值領域，尤其是政治價值。美國把言論、出版、結社和宗教自由的理想奉為神聖不可侵犯，也相信每個人類都具有相同的基本人權。中國人相信社會需要和社會和諧比起個人的需要和權利更加重要，也相信防止動亂是治理的主要目標。換言之，美國和中國明顯相信兩套完全不同的政治價值。

可是，只有在中國試圖出口它的價值到美國，以及美國試圖出口它的價值到中國的情況下，才會在這方面產生根本上的矛盾。某些美國人執迷堅信來自中國的威脅，他們已開始宣稱中國正在試圖破壞美國社會的價值。聯邦調查局局長克里斯多福．瑞伊有一句名言暗示這一點。他說，現在有來自中國「整個社會」的威脅。很不幸，美國一群學者提出報告《中國影響力和美國利益》，報告也說中國正試圖破壞美國的自由。它說：「開放和自由是美國民主制度的根本元素，也是美國及其生活方式的固有力量。這些價值必須好好保護，以防中國和其他國家的腐蝕行動破壞。」[29]雖然中國和美國及世界上其他每個國家都一樣，都從事間諜活動，中國某些機構在美國也可能有某些令人反感的活動，但我們可以有信心地斷言，中國政府並沒有意願或計畫想要破壞或推翻美國的民主制度。為什麼不呢？簡單的答案是，中國領導人是政治務實派。他們不會浪費時間或資源從事「不可能的任務」。

不幸地，美國的政治制度卻不是如此。許多美國人相信他們具有道德責任，應該支持推翻殘暴共產黨制度的努力，並協助將中國人民從政治壓迫下解放出來。既然美國成功地將許多人從蘇聯的枷鎖解放出來，它可以、也應該在中國方面做出相同努力。本書已經好幾次提到，許多美國人相信中國「站在歷史錯誤的一邊」，而美國應該試圖協助中國站到歷史正確的一邊。他們也相信，由於美國是「山上閃閃發亮的城市」，它有責任在中國促進人權。

美國人也是公平的民族。他們相信人民應該實踐他們所宣揚的理想。美國人也都認同廣泛的原則，即一個國家若是違反「普世人權宣言」（Universal Declaration of Human Rights）的某些根本原則，它就沒有道德上的資格去宣揚這些人權的美德。

然而，美國人固然在理論上同意這些重點，他們在實務上並沒有付諸實行。從美國領導人對新聞報導中，中國將上百萬名穆斯林在新疆關進再教育營的反應，就可以看到這一點。許多美國人已經對中國政府如此對待無辜的穆斯林平民表達憤怒。美國人認為他們有權表達憤怒，是因為他們相信美國比較善待無辜的穆斯林平民。

但是，是哪個國家比較善待無辜的穆斯林平民呢？是美國，還是中國？如果報導屬實，中國政府曾把數十萬名無辜的穆斯林平民關進集中營。如果報導屬實，自二〇一一年九月九日以來，美國政府已經動刑或殺害數千名無辜的穆斯林平民。不幸的是，這兩項報導似乎都屬實。中國政府是把數十萬名穆斯林平民關進集中營，有相當多媒體的報導已證實這件事。同樣的，美國政府也對數千名穆斯林動刑拷問。自九一一事件以來，美國已經對伊斯蘭國家投擲數以千計的炸彈，因而殺害許多無辜平民。

約翰．米爾斯海默在《大幻想》中總結歸納下述事實：大多數美國人知道，關塔那摩灣一直有系統地對犯人進行刑求拷問。但是很少美國人知道，「小布希政府設計出惡名昭彰的非常規引渡（extraordinary rendition）政策，把高價值的囚犯送到不尊重人權的國家，如埃及和敘利亞，對他們進行刑求拷問。中央情報局顯然也在它位於歐洲的『黑地點』（black sites）、阿富汗的巴格蘭空軍基地（Bagram Air Base），和伊拉克的阿布格萊布監獄（Abu Ghraib）刑訊囚犯。這項政策明顯違反了美國法律和國際法，因為兩者都禁止刑訊。」[30]

刑求比起監禁在集中營是更嚴重的違反人權。大部分道德哲學家都同意這個說法。他們也同意，比刑求更惡劣的是暗殺，因為最基本的人權就是生存的權利。很少人知道近年來美國政府已升高它的暗殺計畫。米爾斯海默描述說：

由於歐巴馬政府既不能起訴，也不能釋放關在關塔那摩的囚犯，它沒有什麼興趣要抓新囚犯，把他們無限期監禁。因此歐巴馬和他的顧問顯然決定改弦更張，只要發現敵方戰鬥員嫌疑犯的行蹤，就把他們暗殺掉。幹掉嫌犯固然要比把他們抓到關塔那摩、陷入無休止的法律攻防泥淖來得輕鬆，但這種新政策的後果可能更有害。

當然，無人機在這些暗殺行動扮演核心角色。歐巴馬有一份殺無赦名單，取名「處置方陣」（disposition matrix），白宮每星期二召開一項會議，決定誰是下一個狙殺對象，大家通稱這是「恐怖星期二」。[31]

米爾斯海默又加上以下一段觀察：「新聞記者湯姆・恩格爾哈特（Tom Engelhardt）寫道：『過去，不形諸文書的暗殺，通常是罕見的國家機關的行動，總統可以否認、撇清。現在，它變成白宮和中央情報局的家常便飯。總統的殺手總司令角色，只差沒有公開敲鑼打鼓宣揚是政績。』」

在尊重無辜的穆斯林人權紀錄上，由於美國和中國政府都不完美，兩國政府如果要向對方宣揚尊重基本人權的重要性，都是不智之舉。兩國政府可以採取的明智之舉是展望大局，承認兩國政府面臨共同的挑戰，必須對付激進伊斯蘭團體吸收恐怖份子所構成的威脅。美國在九一一事件之後驚醒，注意到此一威脅。中國也經歷類似九一一的時刻，從新疆地區召募來的恐怖份子在好幾個城市發動隨機殺人。伊夏安・塔洛爾（Ishaan Tharoor）二〇一四年五月二十二日在《華盛頓郵報》報導：「星期四上午的一場凶殘恐怖攻擊，在烏魯木齊造成至少三十一人死亡。兇手分坐兩輛汽車，在人潮擁擠的市場區域衝撞購物民眾、引爆炸彈——這是多年來死傷最慘重的攻擊事件，超過三月份那樁可怕的濫殺事件，當時攻擊者揮刀在西南部大城昆明火車站殺傷二十九人。和昆明事件一樣，當局懷疑兇手是維吾爾族極端份子。」[32]大部分美國人不知道中國也有國內恐怖主義的問題。如果他們知道，他們會看到美國和中國政府合作，一起對付人類所面臨的最大生存威脅的長期價值。

這個挑戰是十三億穆斯林的大規模努力，他們要追求現代化，建立美中大多數公民已經享有的同等中產階級舒適及安全的生活水平。幸運的是，大多數穆斯林社會正在緩慢、穩定地成功，包括人口最多的印尼、馬來西亞、巴基斯坦和孟加拉等伊斯蘭國家。長期下來，這些比較成功的伊斯蘭社會，將對某些深陷困境的中東阿拉伯國家產生正面影響。美國已經投入許多鮮血和資源，試圖修整好幾個阿拉伯社會。這些努力大多失敗。可是，美國如果跟中國以及亞洲比較成功、溫和的穆斯林社會能夠合作，它比較有可能成功。簡單講，就伊斯蘭世界而言，美國與中國不應該只注重歧異；他們應該專注在共同的挑戰和機會。

如果伊斯蘭世界的每個角落都發展出正面的成長動力，結果必將是大大減少美國和中國的侵犯人權事件（監禁、刑求或暗殺）。簡單講，即使是在觀點歧異的價值領域，也有合作的可能性。如果能夠合作，美國和中國也將替自己的人民創造更安全的未來。

美中合作對付恐怖主義以及伊斯蘭世界的動盪，其所能夠產生的共同利益，強化了本書的核心訊息。如果兩國能夠專注在他們的核心利益——改善各自人民的生活和福祉——他們將會發現，其長期國家利益並沒有根本上的矛盾。二〇一〇年，當時的印度總理曼莫漢．辛格（Manmohan Singh）和溫家寶總理發表的聯合聲明，就掌握到中印關係的正面精神，聲明宣示：「這個世界有足夠的空間讓印度和中國發展，事實上，也有足夠的領域讓印度與中國合作。」[33]同樣的，這個世界也有足夠的空間讓美國和中國都蓬勃發展。

同樣重要的一點，是面臨地球暖化這個重大挑戰，美國和中國也有根本上的共同利益，要維持地球適宜美中兩國十七億人，以及其他六十億人類居住。人類所面臨的這個緊迫和嚴峻的挑戰，應該超越其他所有挑戰，視為第一要務。

氣候變遷給人類帶來的挑戰其實很簡單：人類能夠證明他們仍然是地球上最聰明的物種，能為後代子孫保護這個地球嗎？人們會憐憫地看著兩個猿猴部落，周圍森林已經陷入一片大火，牠們仍繼續為地盤爭鬥不休。當地球面臨長期的巨大危險時，美國和中國若繼續只關注彼此的歧異，看在後代子孫眼裡，他們不就是這兩個猿猴部落嗎？

歷史上眾多道德哲學家和宗教聖人已提醒我們，我們永遠不會成功地創造出完美情境。我們也不會有單純非黑即白的選項可以選擇。到頭來，我們總是必須權衡輕重做出取捨，包括道德事項，我們必須決定何者最重要，學會如何專注於上。到頭來，世界上其他六十億人期盼美國和中國能做到的是，專心致志拯救地球，改善包括他們本身公民在內的人類生活條件。因此，最後的問題不是美國或中國究竟誰會贏？而是全體人類是否會贏！

致謝

幫助我啟動這本書寫作計畫最重要的兩位人士，是新加坡國立大學前任校長陳祝全教授和現任校長陳永財教授。當我在二〇一七年十二月三十一日交卸李光耀公共政策學院院長職務後，他們慷慨地核准，給予我九個月休假。我也非常感謝李光耀學院董事會主席、前任內閣資政吳作棟，支持和鼓勵我休假。交卸院長職務之後，我很高興被派與新加坡國立大學主管全球關係的副校長Andrew Wee教授和他的團隊一同工作。Andrew Wee慷慨允許我有時間和空間寫作這本書。亞洲研究中心（Asia Research Institute, ARI）主任Tim Bunnell教授、副主任Maitrii Aung-Thwin教授，以及Sharlene Xavier Anthony也非常歡迎我從二〇一九年七月起加入亞洲研究中心。我很高興能在亞洲研究中心任職期間完成這本書。現在亞洲研究中心已經明顯崛起，成為世界上專研亞洲議題的一個重要中心。

我妥善利用二〇一八年的休假時間，受邀到下列六所大學蒐集資料：哥倫比亞大學、哈佛大學、復旦大學、巴黎政治大學、喬治城大學和牛津大學。在每一所大學，我都受到熱切接待和大力支援。我應該感謝許多人，但我要特別感謝以下人士：Merit Janow教授（哥倫比亞大學國際暨公共事務學院院長）、Anthony Saich教授（哈佛大學艾許民主治理暨創新中心主任）、張維為教授（復旦大學國際關係暨公共事務學院教授）、Eric Li（復旦大學中國中心）、Enrico Letta教授（巴黎政治大學國際事務學院院長）、John J. DeGioia教授（喬治城大學校長）、Rosemary Foot教授（牛津大學聖安東尼學院榮譽研究員），以及芮納．米德教授（牛津大學中國中心主任）。他們每位都極力協助及支持我為這本書所做的研究。

在這六所大學，我和這個領域的許多傑出教授和研究人員進行深入和值得省思的對話。也許他們不盡然同意這本書的某些論點和結論，即便如此，我還是希望他們會展閱這本書，並發現書中有些論點是我從和他們豐富的對話中汲取的知識。

我也要感謝有些好朋友同意提供大方的支持，特別是格雷厄姆．艾利森

（Graham Allison）、伊恩・布雷默（Ian Bremmer）、大衛・藍普頓（David Lampton）、麥可・史賓賽（Michael Spence）、勞倫斯・桑默斯（Larry Summers）、史蒂芬・華特（Stephen Walt）、王賡武和楊榮文。

當我開始寫作這本書時，就曉得要找到一家美國出版社願意出版相當不容易。因此，當曾經幫我出過三本書的老朋友兼出版人Clive Priddle，爽快地答應出版這本書時，我非常高興。我一向都從Clive身上學到許多東西。因此，我十分高興又能跟他再度合作。他非常高明地編訂、強化本書。我衷心感謝他，以及他在公共事務出版社（PublicAffairs）的工作團隊。

在今日這個混亂、複雜的世界，若無優異的研究後援，任何作者都很難寫成一本書。我衷心感謝Yanan Tan打從一開始就參與這項寫作計畫，並一路盯著它直到大功告成。她做出第一流的研究工作，找出強力支持本書重大結論的事例和論點。這本書能夠付梓，她居功甚偉。我也感謝年輕的實習生Ali Lodhi參與了四個星期的工作。Jessica Yeo也從頭到底一路協助。若非我優秀的個人助理Carol Chan的支持，我絕對無法完成這個項目。她幫助我有條理的工作，也一直提供寶貴建議。

內人Anne對我的幫助無法勝數。她賜給我一項非常特別的禮物，就是和她在紐澤西州的娘家一直保持密切來往。我非常敬愛她的家人。岳母娘Adele對我相當慷慨大方、溫馨對待。我非常高興能把這本書獻給她。

附錄
美國優越論的迷思[1]

美國獨具道德的想法或許讓美國人覺得舒坦，可惜，它不是事實。

——史蒂芬・華特

過去的兩個世紀，傑出的美國人將美國描述為「自由帝國」、「山上閃閃發亮的城市」、「地球上最後的最佳希望」、「自由世界的領袖」和「不可或缺的國家」。這些比喻歷久不衰，這解釋了為何所有美國總統候選人都不得不行禮如儀地稱頌美國的偉大，以及為什麼歐巴馬總統的說法——雖然他相信「美國優越論」，但「美國優越論」和「英國優越論」、「希臘優越論」或其他任何國家拍胸脯表態愛國沒什麼不同——會招致批評。而最近的批評來自米特・羅穆尼（Mitt

Romney）。

大多數關於「美國優越論」的說法，都假定美國的價值觀、政治制度和歷史是獨特的，值得全世界欽佩。它們還暗示，美國注定、並有權在世界舞台上扮演獨特積極的角色。

對於美國的全球角色如此自我褒揚，唯一的錯誤是，這個說法是一個迷思。雖然美國具有某些獨特的品質——從高度的虔誠信教到珍重個人自由的政治文化都是——但美國外交政策的行為主要由它的相對力量，和國際政治天生的競爭性質所決定。透過專注於所謂的非凡特質，美國人看不見自己和其他人其實沒什麼兩樣。

由於對美國優越論抱持堅不可摧的信念，美國人很難理解為何其他人對美國的主導地位不熱切，常常被美國的政策所震驚，並經常被他們認為是美國的偽善所激怒，無論議題為是否擁有核武，是否符合國際法，或是美國傾向無視自己的失敗而譴責他人的行為。諷刺的是，如果美國人不是那麼相信自己的獨特優點，又不是那麼急欲宣揚它們，美國的外交政策可能會更有效。

簡而言之，我們需要對美國的真實特質和貢獻有更務實、更具批判性的評估。

秉此精神，在此我提出有關美國優越論的五大迷思。

迷思一：美國優越論的確有某些不凡特色

每當美國領導人提到美國具有「獨特」責任時，他們會說美國與其他國家不同，這些差異要求他們承擔起特殊負擔。

可是，這種崇高的宣言並沒有什麼不同尋常。確實，如此宣示的人走的是一條舊路。大多數大國都認為自己比競爭對手優異，並且相信他們將自己的偏好強加於他人時，是在推動好事。英國人認為他們承擔著「白人的負擔」，法國殖民主義者則認為自己承擔文明使命，以此來替自己的帝國辯護。葡萄牙的帝國主義活動並不傑出，但它自認是在促進某種文明使命。儘管共產主義的統治產生許多殘酷暴行，許多前蘇聯許多官員仍真心相信他們是在領導世界走向社會主義烏托邦。當然到目前為止，美國比起史達林或其繼任者可以自誇行為更符合美德，但歐巴馬正確地提醒我們，所有國家都該珍視自己的特質。

因此，當美國人宣稱自己特殊和不可或缺時，他們只是在重彈老調。在大國之中，認為自己與眾不同是常態，並不特殊。

迷思二：美國的行為比其他國家好

宣稱美國優越論是基於一個信念，認定美國是一個獨特的善良國家，一個熱愛和平、培養自由、尊重人權並擁護法治的國家。美國人喜歡認為自己的國家行為舉止比其他國家好得多，當然也比其他大國更好。

但願這是實情。美國可能沒有世界歷史上最惡劣的國家那麼殘暴，但冷靜檢示歷史紀錄，卻不能讓人相信美國道德優於他國的大多數主張。

首先，美國一直是現代歷史上最具擴張主義的強國之一。它原本是緊貼著東部沿海地區的十三個小殖民地，後來擴展到整個北美洲，並於一八四六年從墨西哥手中奪取德州、亞利桑那州、新墨西哥州和加州。在此過程中，它消滅了大多數原住民，把倖存者局限於貧困的保留區之內。到了十九世紀中葉，它已把英國趕出了西北太平洋，並鞏固了在西半球的霸權。

從那以後，美國進行了無數次戰爭，而且有好幾次戰爭是由它發動的。美國在戰時的行為很難成為克制的典範。一八九九年至一九〇二年征服菲律賓時，殺害約二十萬至四十萬名菲律賓人，其中絕大多數是平民，而且美國及其盟國在第二次世界大戰期間通過空中轟炸，毫不猶豫地殺害了約三十萬五千名德國平民和三十三萬名日本平民，主要是通過刻意攻擊敵方城市的方法。難怪指揮對日轟炸行動的柯蒂斯．李梅將軍（Gen. Curtis LeMay）對一名助手說：「如果美國輸掉了戰爭，我們將被當作戰犯而受到起訴。」在中南半島戰爭期間，美國投擲了超過六百萬噸炸彈，其中包括數以噸計的凝固汽油彈和致命的落葉劑，例如橙劑，這場戰爭中大約有一百萬平民死亡，其中許多人即因它們直接致命。

比較晚近，美國支持尼加拉瓜的反抗軍和桑定政權作戰，殺死了約三萬名尼加拉瓜人，就其總人口的百分比而計，相當於殺死兩百萬名美國人。在過去三十年中，美國的軍事行動直接或間接導致二十五萬穆斯林死亡（這是一個低度估計，不包括一九九〇年代對伊拉克的制裁所肇致的死亡），其中包括十萬多人在二〇〇三年入侵和占領伊拉克之後喪生。

目前，美國的無人機和特種部隊正在至少五個國家追殺可疑的恐怖份子，過程中殺害了人數不詳的無辜平民。為了使美國人更加繁榮和安全，或許需要採取某些這類行動。但是，如果某些外國如此對付我們，美國人無疑會認為這種行動無從抗禦，可是幾乎沒有一個美國政治人物對這些政策提出質疑。美國人反而仍然在問，「為什麼他們如此仇恨我們？」

美國對人權和國際法朗朗上口，但它拒絕簽署大多數人權條約，不參與國際刑事法院，也非常願意與人權紀錄糟糕透頂的獨裁者交往——記得我們的朋友穆巴拉克（Hosni Mubarak）吧？如果那還不夠的話，那麼在阿布格萊布監獄虐待囚犯，以及小布希政府依賴水刑、非常規引渡和預防性拘留的種種做法，應該會動搖美國的信念——即認定美國始終以高超道德行事！歐巴馬決定保留許多這類政策，也證明這些政策不是暫時的失策。

美國從來沒有征服過龐大的海外帝國，也從來沒有因類似中國的大躍進或史達林的強迫集體化等暴政失誤，而導致數百萬人喪生。鑑於上世紀大部分時間裡手上握著巨大的權力，華府當然可以做得更糟。但紀錄很清楚：美國領導人在面臨外部危險時，已經做出他們認為必須做的事情，而且一直沒有注意道德原則。美國具有獨特美德的想法，可能會讓美國人感到欣慰；可惜，這不是真的。

迷思三：美國的成功歸功於特殊的天才

美國取得了令人矚目的成功，而美國人往往把自己崛起成為世界大國，歸功於開國元勳的政治遠見、《美國憲法》的優異、重視個人自由，以及美國人民創造力和辛勤工作的直接結果。在這個論述中，美國今日享有的特殊全球地位，是因為它是特殊的。

這段美國歷史遠不止於真理。移民成群結隊來到美國尋找經濟機會並不是偶然的，「大熔爐」神話促進了每一波新美國人的吸收。美國的科學技術成就完全值得讚揚，也應歸功於美國政治秩序的開放性和活力。

但是，美國過去的成功很大程度上要歸功於好運和獨特的美德。這個新國家很幸運，這塊大陸擁有得天獨厚的自然資源，並有可通航的河流穿越。幸運的是，它成立於遠離其他大國之處，更幸運的是，當地人口的先進程度較低，且極易感染歐洲的疾病。美國人很幸運，歐洲大國在共和國的早期歷史中一直處於戰爭狀態，這大大促進了美國在整個美洲大陸的擴張，在其他大國進行了兩次毀滅性的世界大戰之後，美國的全球大國地位得到了保證。關於美國崛起的說法，除了它做了很多正確的事，也必須承認美國的當前地位應歸功於好運，而非任何特殊的天才或「明顯的命運」。

迷思四：美國對世界上的大多數利益有責任

美國人喜歡為積極的國際發展貢獻自己的力量。柯林頓總統認為美國「對建立穩定的政治關係必不可少」，而已故的哈佛大學政治學家杭廷頓則認為，美國的首要地位「對自由、民主、開放經濟和國際秩序在世界上的未來至關重要。」記者邁克爾．赫什（Michael Hirsh）走得更遠，他在《與自己的戰爭》（*At War With*

Ourselves，暫譯）中寫道，美國的全球角色是「世界在許多世紀以來，甚至可能是所有記錄的歷史上收到的最偉大禮物。」托尼．史密斯（Tony Smith）的《美國使命》（*America's Mission*，暫譯）和約翰．伊肯伯里（G. John Ikenberry）的《自由派利維坦》（*Liberal Leviathan*，暫譯）等學術著作，強調了美國對民主傳播和促進所謂自由世界秩序的貢獻。考慮到美國領導人的獻身精神，大多數美國人將他們的國家視為世界事務中壓倒性的積極力量，這不足為奇。

再說一遍，這一論點有些不足，不足以使其完全正確。過去的一個世紀，美國為世界和平與穩定做出了不可否認的貢獻，包括馬歇爾計畫、布列敦森林體系的創建和管理，對民主和人權核心原則的口頭支持，以及穩定歐洲和遠東地區的軍事存在。但是，所有美好事物都源於華盛頓的智慧——這一信念過於誇大美國的貢獻。

首先，儘管從《搶救雷恩大兵》或《巴頓將軍》就可以知道，美國人認為自己在打敗納粹德國方面發揮了核心作用，但其實大部分戰鬥是在東歐，擊敗希特勒的戰爭機器的主要負擔是蘇聯承擔的。同樣，儘管馬歇爾計畫和北約在第二次世界大戰後歐洲取得成功中，發揮了重要作用，但歐洲人重建其經濟，建立新型的經濟和政治聯盟，並跨越四個世紀以來那些有時令人痛苦的競爭，至少應獲得同等的信譽。美國人也傾向認為自己完全贏得了冷戰，這種觀點無視其他反蘇對手和勇於提出異議者的貢獻，他們對共產主義統治的抵抗，導致了一九八九年的「天鵝絨革命」。

此外，正如戈弗雷·霍奇森（Godfrey Hodgson）最近在其富有同情心但頭腦清晰的書《美國優越論神話》（*The Myth of American Exceptionalism*，暫譯）中指出的那樣，自由主義理想的傳播是植根於啟蒙運動的一種全球現象，歐洲哲學家和政治領導人為促進民主理想做出了許多貢獻。同樣地，廢除奴隸制和為提高婦女地位所做的長期努力，要歸功於英國和其他民主國家，而不是美國，它在這兩個領域的進步都落後於許多其他國家。今天，美國也無法在同性戀權利、刑事司法或經濟平等方面要求全球領導作用——歐洲已經涵蓋了這些領域。

最後，任何對過去半個世紀的懇切回顧，都必須承認美國的首要地位。在過去的一百多年中，美國一直是溫室氣體的主要生產國，是造成全球環境出現不利變化的主要原因。美國在反對南非種族隔離的長期鬥爭中處於錯誤的一面，並為了短期戰略利益，支持包括薩達姆·海珊（Saddam Hussein）在內的許多卑鄙獨裁政權。美國人可能為他們在建立和捍衛以色列，以及與全球反猶太主義的鬥爭中所發揮的作用而感到自豪，但其單方面政策也延長了巴勒斯坦的無國籍狀態，並維持了以色列的殘酷占領。

總而言之，美國人自認為對全球進步的貢獻很大，對美國政策在某些地區造成反效果卻不以為意。美國人對自己的薄弱環節視而不見，任其在現實世界中萌生惡果。還記得五角大廈的官員以為美軍會在巴格達迎接鮮花和遊行隊伍的祝福嗎？結果他們大多獲得火箭彈（RPG）和土製炸彈（IED）。

迷思五：上帝站在美國這邊

美國優越論的一個重要組成部分是，人們認為美國負有神聖使命，要領導世界其他地區。雷根總統告訴聽眾，有一個「神聖的計畫」使美國置身於此，並曾引用教皇庇護十二世的話說，「上帝將苦難人類的命運置於美國手中。」小布希在二

○○四年提出類似觀點，他說：「我們有來自天外的呼籲，主張自由。」儘管表達得不太高尚，奧托．馮．俾斯麥（Otto von Bismarck）也有相同想法，他說：「上帝對傻瓜、醉漢和美國有特殊的天意。」

對任何國家來說，信心都是寶貴的商品。但是，當一個國家開始認為自己享有天命，並確信自己不會失敗或被無賴、無能的人誤入歧途時，那現實很可能會帶來迅速的譴責。古代的雅典、拿破崙時的法國、帝國主義的日本以及無數其他國家都屈服於這種傲慢，幾乎總是造成災難性的後果。

儘管美國取得許多成功，但卻很難倖免於挫折、愚蠢和愚蠢的錯誤。如果您對此有任何疑問，請反思一下十年來不明智的減稅計劃，兩次代價高昂且不成功的戰爭，以及主要由貪婪和腐敗所導致的金融崩潰，如何浪費了美國在二十世紀末享有的特權地位。與其假設上帝站在他們這邊，也許美國人應該留心亞伯拉罕．林肯的告誡——「我們最大的擔憂應該是『我們是否站在上帝身邊』」。

鑑於美國人如今面臨的諸多挑戰，從持續的失業到總結兩次致命戰爭的負擔，令人見怪不怪的是，他們發現自己的優越論令人感到欣慰，而野心勃勃的政治領導人也愈來愈熱情地宣揚這點。這種愛國主義有好處，但當它導致世人對美國在世界上的角色產生基本誤解時，卻完全沒有幫助，這就是何以會做出錯誤決定的原因。

就像所有國家一樣，美國也有自己的特質，但它仍是一個身處競爭性全球體系的國家。它比大多數國家強大和豐富，其地緣政治地位十分有利。這些優勢為美國在外交事務中提供了更廣泛的選擇範圍，但這並不能確保美國的選擇就是正確的。與身為獨特國家大不相同，美國的行為舉止與所有其他大國一樣，首先追求自身利益，力求隨著時間的推移改善其相對地位，並致力於純屬理想主義追求的鮮血或財寶。但就像過去的大國一樣，它已經說服自己與眾不同，而且更好。

國際政治是一種接觸運動，即使是強國，也必須為了安全和繁榮，對其政治原則做出妥協。國家主義（Nationalism）也是一個強大力量，它不可避免地突顯了自身的美德，並掩蓋其欠佳的一面。但是，如果美國人想成為真正的傑出人物，他們可能必須以更加懷疑的眼光，看待「美國優越論」這個概念了。

注釋

中文版序　從地緣政治三大鐵律看小國生存之道

1 有關此一衝突的細節可以參考：Stephen Zunes, "The US Invasion of Grenada," Global Policy Forum, October 2003, https://www.globalpolicy.org/component/content/article/155/25966.html. 關於雷根與柴契爾夫人對入侵事件的討論，可參考：Robert Booth, "National archives: Reagan blindsided Thatcher over 1983 Grenada Invasion," The Guardian, 1 Aug 2013, https://www.theguardian.com/politics/2013/aug/01/margaret-thatcher-reagan-grenada-invasion-national-archives.

第一章　導論

1 Ryan Browne, "Top US General: China Will Be 'Greatest Threat' to US by 2025," CNN, September 27, 2017, https://edition.cnn.com/2017/09/26/politics/dunford-us-china-greatest-threat/index.html.

2 Summary of the 2018 National Defense Strategy of the United States of America: Sharpening the American Military's Competitive Edge, https://dod.defense.gov/Portals/1/Documents/pubs/2018-National-Defense-Strategy-Summary.pdf.

3 Michael Kranz, "The Director of the FBI Says the Whole of Chinese Society Is a Threat to the US-and That Americans Must Step Up to Defend Themselves," Business Insider, February 13, 2018, https://www.businessinsider.sg/china-threat-to-america-fbi-director-warns-2018-2.

4 George Soros, "Will Trump Sell Out the U.S. on Huawei?," *Wall Street Journal*, September 9, 2019, https://www.wsj.com/articles/will-trump-sell-out-the-u-s-on-huawei-11568068495.

5 Robert O. Work and Greg Grant, *Beating the Americans at Their Own Game: An Offset Strategy with Chinese Characteristic*s, Center for a New American Society, 2019, https://s3.amazonaws.com/files.cnas.org/documents/CNAS-Report-Work-Offset-final-B.pdf ?mtime=20190531090041.

6 Mr. X (George Kennan), "The Sources of Soviet Conduct," *Foreign Affair*s, July 1947, 581.

7 Munk Debates, Toronto, May 9, 2019.

8 Sun Tzu, *The Art of War*, trans. Lionel Giles (M.A. Pax Librorum, 2009), first published in 1910, https://www.paxlibrorum.com/books/taowde/.

9 Danny Quah, "The US Is, Indeed, the Exceptional Nation: Income Dynamics in the Bottom 50%,"

Lee Kuan Yew School of Public Policy, January 2019, http://www.dannyquah.com/Quilled/Output/2019.01-Danny.Quah-Income-Dynamics-in-the-Bottom-50.pdf.

10 Angus Maddison, "Table B–20. Shares of World GDP, 20 Countries and Regional Totals, 0–1998 A.D.," in *The World Economy: Volume 1: A Millennial Perspective; Volume 2: Historical Statistics* (Paris: OECD, 2006), 263.

11 World Bank, "GDP, PPP (current international $) — United States, China, World," 1990–2018, World Bank International Comparison Program database, https://data.worldbank.org/indicator/NY.GDP.MKTP.PP.CD?locations=US-CN-1W.

12 Jean Fan, "The American Dream Is Alive in China," *Palladium Magazine*, October 11, 2019, https://palladiummag.com/2019/10/11/the-american-dream-is-alive-in-china/.

13 Kishore Mahbubani, *Has the West Lost It?: A Provocation* (London: Penguin, 2018), 36–46.

14 Xi Jinping, "Secure a Decisive Victory in Building a Moderately Prosperous Society in All Respects and Strive for the Great Success of Socialism with Chinese Characteristics for a New Era," delivered at the 19th National Congress of the Communist Party of China, October 18, 2017.

15 Xinhua, "From 'Standing Up' to Rejuvenation: New China after 65 Years," People's Daily Online, English version, October 2, 2014, http://en.people.cn/n/2014/1002/c90882-8790595.html.

16 Xinhua, "Full Text of Xi Jinping's Report at 19th CPC National Congress," *China Daily*, updated November 4, 2017, http://www.chinadaily.com.cn/china/19thcpcnationalcongress/2017-11/04/content_34115212.htm.

17 International Monetary Fund, *World Economic Outlook 2018* (Washington, DC: IMF, 2018).

18 "China," World Trade Organization, 2017, http://stat.wto.org/CountryProfile/WSDBCountryPFView.aspx?Country=CN.

19 "United States of America," World Trade Organization, 2017, http://stat.wto.org/CountryProfile/WSDBCountryPFView.aspx?Country=US.

20 SWIFT, RMB *Internationalisation: Where We Are and What We Can Expect in 2018*, https://www.swift.com/resource/rmb-tracker-january-2018-special-report.

21 "Four Great Inventions of China," Embassy of the People's Republic of China in Antigua and Barbuda, November 12, 2013, http://ag.china-embassy.org/eng/zggk/t1098061.htm.

22 Song Wei, "Xi Thought Leads to Chinese Dream," *China Daily*, updated January 2, 2018, http://www.chinadaily.com.cn/a/201801/02/WS5a4ac774a31008cf16da487a.html.

第二章　中國最大的戰略錯誤

1 Susan Shirk, "Ep. 9: Overreach and Overreaction: The Crisis in US-China Relations," videotape, 2019 Annual Public Lecture, Center for the Study of Contemporary China, Penn Arts & Sciences, February 7, 2019, https://cscc.sas.upenn.edu/podcasts/2019/02/07/ep-9-overreach-and-overreaction-crisis-us-china-relations-susan-shirk.

2 Boeing, "Boeing Delivers Its 2,000th Airplane to China," Boeing press release, November 30, 2018, http://investors.boeing.com/investors/investor-news/press-release-details/2018/Boeing-Delivers-Its-2000th-Airplane-to-China/default.aspx.

3 Neil Thomas, "For Company and for Country: Boeing and US-China Relations," US-China Case Studies, MacroPolo, February 26, 2019, https://macropolo.org/boeing-us-china-relations-history/.

4 Boeing, "Boeing Delivers Its 2,000th Airplane to China."

5 Thomas, "For Company and for Country."

6 GM, "GM Set for a Record of over 20 Launches in China in 2019," Corporate Newsroom, General Motors, January 7, 2019, https://media.gm.com/media/cn/en/gm/news.detail.html/content/Pages/news/cn/en/2019/Jan/0107_sales.html.

7 Pano Mourdoukoutas, "How General Motors Wins the Minds and Wallets of Chinese Consumers, *Forbes*, October 1, 2018, https://www.forbes.com/sites/panosmourdoukoutas/2013/10/11/how-general-motors-wins-the-minds-and-wallets-of-chinese-consumers/#59706f51386f.

8 Jonathan Brookfield, "How Western Companies Can Succeed in China," The Conversation, October 19, 2016, https://theconversation.com/how-western-companies-can-succeed-in-china-65291.

9 Chris Isidore, "GM Sells 10 Million Cars for First Time Thanks to China," CNN Business, February 7, 2017, https://money.cnn.com/2017/02/07/news/companies/gm-record-sales-profits/index.html.

10 Calvin Sims, "China Steps Up Spending to Keep U.S. Trade Status, *New York Times*, May 7, 1993, https://www.nytimes.com/1993/05/07/business/china-steps-up-spending-to-keep-us-trade-status.html

11 Thomas, "For Company and for Country."

12 Chuck Schumer, "Schumer Response to President Trump Tweet on China Trade," Newsroom, Senate Democrats, May 21, 2018, https://www.democrats.senate.gov/newsroom/press-releases/schumer-response-to-president-trump-tweet-on-china-trade.

13 Nancy Pelosi, "Pelosi Statement on Trump Administration's New Tariffs on China," News, Congresswoman Nancy Pelosi, California's 12th District, May 22, 2018, https://pelosi.house.gov/news/press-releases/pelosi-statement-on-trump-administrations-new-tariffs-on-china.

14 Thomas L. Friedman, "The U.S. and China Are Finally Having It Out," *New Yor Times*, May 1, 2018, https://www.nytimes.com/2018/05/01/opinion/america-china-trump-trade.html

15 譯注：「中國製造二〇二五」是中國國務院總理李克強在二〇一五年五月提出的製造業政策，它是中國政府實施「製造強國」戰略的頭一個十年綱領。它計畫通過「三步走」實現製造強國的戰略目標：第一步，到二〇二五年邁入製造強國行列；第二步，到二〇三五年中國製造業整體達到世界製造強國陣營中等水平；第三步，到新中國成立一百年時，綜合實力要進入世界製造強國前列。

16 Doug Strub et al., *2018 China Business Report: The American Chamber of Commerce in Shanghai*, AmCham Sanghai and PwC, 2018, https://www.amcham-shanghai.org /sites/default/files/2018-07/2018%20China%20Business%20Report_0.pdf.

17 Ibid., 18.

18 Mean rate of real GDP growth (%) from 2000 to 2009, calculated from IMF World Economic Outlook (April 2019), https://www.imf.org/external/datamapper/NGDP_RPCH@WEO/CHN.

19 George Magnus, *Red Flags: Why Xi's China Is in Jeopardy* (New Haven, CT: Yale Uni- versity Press, 2018), 166.（編按：中文版為《紅旗警訊：習近平執政的中國為何陷入危機》，袁立山譯，台北：時報文化出版，二〇一九年。）

20 "China's Drive for 'Indigenous Innovation'—A Web of Industrial Policies," US Chamber of Commerce, July 27, 2010, https://www.uschamber.com/report/china%E2%80%99s-drive-indigenous-innovation-web-industrial-policies.

21 Elizabeth C. Economy, *The Third Revolution: Xi Jinping and the New Chinese State* (New York: Oxford University Press, 2018), 142–143.（編按：中文版為《習近平與新中國：中國第三次革命的機會與挑戰》，譚天譯，台北：天下文化出版，二〇一九年。）

22 Richard McGregor, *The Party: The Secret World of China's Communist Rulers* (New York: Harper Perennial, 2012), 18.（編按：中文版為《中國共產黨不可說的祕密》，樂為良譯，台北：聯經出版，二〇一一年。）

23 Economy, *The Third Revolution*, 188.

24 World Bank, "China," The World Bank data, https://data.worldbank.org/country/china.

25 World Bank, "GNI per Capita, PPP (current interntional $)—China," 1990–2018, The World Bank data, https://data.worldbank.org/indicator/NY.GNP.PCAP.PP.CD ?locations=CN.

26 Ibid.

27 Henry Gao and Weihuan Zhou, "China's Developing Country Status Brings It Few Benefits in the WTO," East Asia Forum, October 15, 2019, https://www.eastasiaforum.org/2019/10/15/chinas-

developing-country-status-brings-it-few-benefits-in-the-wto/.

28 Paulson Institute, Overview, http://www.paulsoninstitute.org/about/about-overview/.

29 一九七三年和一九七四年，我任在柬埔寨首都金邊，它幾乎天天遭到叛軍砲轟。當我問起赤棉是怎麼取得砲彈補給的，好幾位知情官員告訴我這個故事。

30 譯注：黃育川是普林斯頓大學經濟學博士，一九九七年至二〇〇四年擔任世界銀行中國業務局局長，後來擔任卡內基基金會亞洲項目研究員。

31 Yukon Huang, "Did China Break the World Economic Order?," *New York Times*, May 17, 2019, https://www.nytimes.com/2019/05/17/opinion/trade-war-tech-china-united-states.html.

32 Marco Rubio, "At Their Own Peril, Countries Embrace China," Breitbart, April 25, 2019, https://www.breitbart.com/national-security/2019/04/25/exclusive-sen-marco-rubio-at-their-own-peril-countries-embrace-china/.

33 Aesop, "The Wind and the Sun," Aesop Fables, sixth century BCE, Bartleby.com, https://www.bartleby.com/17/1/60.html.

34 Jonathan Woetzel et al., *China and the World: Inside the Dynamics of a Changing Re- lationship*, McKinsey Global Institute, July 2019, https://www.mckinsey.com/~/media/mckinsey/featured%20insights/china/china%20and%20the%20world%20inside%20the%20dynamics%20of%20a%20

changing%20relationship/mgi-china-and-the-world-full-report-june-2019-vf.ashx.

35 L. Rafael Reif, "China's Challenge Is America's Opportunity," *New York Times*, August 8, 2018, https://www.nytimes.com/2018/08/08/opinion/china-technology-trade-united-states.html.

36 USTR, "Singapore," Office of the US Trade Representative, https://ustr.gov/countries-regions/southeast-asia-pacific/singapore.

37 Vivian Balakrishnan, "Seeking Opportunities Amidst Disruption: A View from Singapore," edited transcript, Center for Strategic and International Studies, May 15, 2019, https://www.mfa.gov.sg/Newsroom/Press-Statements-Transcripts-and-Photos/2019/05/20190516_FMV-Washington—CSIS-Speech.

38 USTR, "Australia," Office of the US Trade Representative, https://ustr.gov/countries-regions/southeast-asia-pacific/australia.

39 USTR, "Japan," Office of the US Trade Representative, https://ustr.gov/countries-regions/japan-korea-apec/japan.

40 USTR, "India," Office of the US Trade Representative, https://ustr.gov/countries-regions/south-central-asia/india.

41 USTR, "Korea," Office of the US Trade Representative, https://ustr.gov/countries-regions/japan-

korea-apec/korea.

42 Evelyn Cheng, "Forget the Tough Talk: Some US Leaders Are Courting Chinese Investment," CNBC, May 5, 2017, https://www.cnbc.com/2017/05/05/tough-talk-is-in-the-air-but-some-in-us-are-courting-chinese-money.html.

43 Mercy A. Kuo, "After US-China Economic Dialogue Underwhelms, Washington State Steps Up," *The Diplomat*, July 25, 2017, https://thediplomat.com/2017/07/after-us-china-economic-dialogue-underwhelms-washington-state-steps-up/.

第三章　美國最大的戰略錯誤

1 Bob Fredericks, "Schumer: We Have to Be Tough on China," *New York Post*, August 1, 2019, https://nypost.com/2019/08/01/chuck-schumer-backs-trump-on-new-china-tariffs/.

2 Nancy Pelosi, "Pelosi Statement on Trump Administration's New Tariffs on China," News, Congresswoman Nancy Pelosi, California's 12th District, May 22, 2018, https:// pelosi.house.gov/news/press-releases/pelosi-statement-on-trump-administration.

3 Thomas Franck, "Trump Doubles Down: 'Trade Wars Are Good, and Easy to Win,'" CNBC, March 2,

2018, ttps://www.cnbc.com/2018/03/02/trump-trade-wars-are-good-and-easy-to-win.html.

4 譯注：單偉建出生中國北京，現為香港私募基金太盟集團（PAG Group）董事長兼執行長，曾經擔任過摩根大通中國首席代表。

5 Weijian Shan, "The Unwinnable Trade War," *Foreign Affairs*, November/December 2019.

6 Chad P. Bown and Melissa Kolb, "Trump's Trade War Timeline: An Up-to-Date Guide," PIIE, September 20, 2019, https://www.piie.com/system/files/documents/trump-trade-war-timeline.pdf.

7 Martin Feldstein, "Inconvenient Truths about the US Trade Deficit," Project Syndi-cate, April 25, 2017, https://www.project-syndicate.org/commentary/america-trade-deficit-inconvenient-truth-by-martin-feldstein-2017-04.

8 Robert Zoellick, "Donald Trump's Impulsive Approach to China Makes US Vulnerable," *Financial Times* (London), June 26, 2019, https://www.ft.com/content/e88078e8-966d-11e9-98b9-e38c177b152f.

9 CGTN, "Kevin Rudd: If the U.S. Offered Australia What It Offered China, I Would Not Accept It Either," China Global Television Network, May 21, 2019, https://news.cgtn.com/news/3d3d774e3349444f34457a6333566d54/index.html.

10 Zoellick, "Donald Trump's Impulsive Approach to China Makes US Vulnerable."

11 Washington Post, "President Trump Calls on American Companies to Cut Ties with China, Intensifying Trade War," PennLive Patriot News, August 23, 2019, https://www.pennlive.com/business/2019/08/president-trump-calls-on-american-companies-to-cut-ties-with-china-intensifying-trade-war.html.

12 Martin Wolf, "How We Lost America to Greed and Envy," *Financial Times* (London), July 17, 2018, https://www.ft.com/content/3aea8668-88e2-11e8-bf9e-8771d5404543.

13 Martin Wolf, "The US-China Conflict Challenges the World," Financial Times (London), May 21, 2019, https://www.ft.com/content/870c895c-7b11-11e9-81d2-f785092ab560.

14 Edward Luce, "The Next Stop on Donald Trump's End-of-Diplomacy Tour," *Financial Times* (London), August 2, 2019, https://www.ft.com/content/66cc66b6-c45f-11e9-a8e9-296ca66511c9.

15 US Department of Treasury, "Major Foreign Holders of Treasury Securities" (chart), October 16, 2019, https://ticdata.treasury.gov/Publish/mfh.txt.

16 我的文章見諸："What Happens When China Becomes No. 1?," *Straits Times* (Singapore), April 24, 2015, https://www.straitstimes.com/opinion/what-happens-when-china-becomes-no-1.

17 ACA, "The Joint Comprehensive Plan of Action (JCPOA) at a Glance," Fact Sheets & Briefs, May 2018, Arms Control Association, https://www.armscontrol.org/factsheets/JCPOA-at-a-glance.

18 John Irish and Riham Alkousaa, "Skirting U.S. Sanctions, Europeans Open New Trade Channel to Iran," Reuters, January 31, 2019, https://www.reuters.com/article/us-iran-usa-sanctions-eu/european-powers-launch-mechanism-for-trade-with-iran-idUSKCN1PP0K3.

19 Helga Maria Schmid, chair, "Statement Following the Meeting of the Joint Commission of the Joint Comprehensive Plan of Action," Vienna, Austria, June 28, 2019, https://eeas.europa.eu/headquarters/headquarters-homepage/64796/chairs-statement-following-28-june-2019-meeting-joint-commission-joint-comprehensive-plan_en.

20 卡尼認為，美元的普遍性意味著，即使與美國沒有什麼直接貿易往來的國家也需要持有。因此，他們別無選擇，只能囤積美元，避免資金外流。最後導致過多的儲蓄，降低了全球經濟成長。

21 Mark Carney, governor of the Bank of England, "The Growing Challenges for Monetary Policy in the Current International Monetary and Financial System," speech given at the Jackson Hole Economic Symposium, Wyoming, August 23, 2019, https://www .kansascityfed.org/~/media/files/publicat/sympos/2019/governor%20carney%20speech%20jackson%20hole.pdf?la=en.

22 Brendan Greeley, "Central Bankers Rethink Everything at Jackson Hole, *Financial Times* (London), August 25, 2019, https://www.ft.com/content/360028ba-c702-11e9-af46-b09e8bfe60c0.

23 Barry Eichengreen, "How Europe Can Trade with Iran and Avoid US Sanctions," Project Syndicate, March 12, 2019, https://www.project-syndicate.org/commentary/europeinstex-trade-with-iran-avoid-trump-sanctions-by-barry-eichengreen-2019-03?barrier =accesspaylog.

24 Fareed Zakaria, "America Squanders Its Power," *Washington Post*, June 13, 2019, https://fareedzakaria.com/columns/tag/dollar.

25 Eswar S. Prasad, *The Dollar Trap: How the U.S. Dollar Tightened Its Grip on Global Finance* (Princeton, NJ: Princeton University Press, 2014), 261.

26 "China Signs 197 B&R Cooperation Documents with 137 Countries, 30 Int'l Organizations," November 15, 2019, *Xinhua*, www.xinhuanet.com/english/2019-11/15/c138558369.htm.

27 "China Says Its Own Cryptocurrency Is 'Close' to Release," *Straits Times* (Singapore), August 13, 2019, https://www.straitstimes.com/business/banking/china-says-its-own-cryptocurrency-is-close-to-release-0.

28 Bloomberg News, "China Preparing to Launch Its Own 'Cryptocurrency,'" Al Jazeera, August 12, 2019, https://www.aljazeera.com/ajimpact/china-preparing-launch-cryptocurrency-190812093909567.html.

29 Xinhua, "Xi Stresses Development, Application of Blockchain Technology," October 25, 2019,

Xinhuanet, http://www.xinhuanet.com/english/2019-10/25/c_138503254.htm.

30 Ben Blanchard, "China Passes Cryptography Law as Gears Up for Digital Currency," Reuters, October 26, 2019, https://www.reuters.com/article/us-china-lawmaking /china-passes-cryptography-law-as-gears-up-for-digital-currency-idUSKBN1X600Z.

31 Niall Ferguson, "America's Power Is on a Financial Knife Edge," September 15, 2019, Niall Ferguson, http://www.niallferguson.com/journalism/finance-economics/americas-power-is-on-a-financial-knife-edge.

32 "Any Deal with China Must Favour US: Trump," *Straits Times* (Singapore), July 3, 2019, A10.

33 OECD, "Public Spending on Labour Markets," Organisation for Economic Development and Co-operation, 2000–2017, https://data.oecd.org/socialexp/public-spending -on-labour-markets.htm.

34 Kishore Mahbubani, "How the West Can Adapt to a Rising Asia," TED Talk, April 2019, https://www.youtube.com/watch?v=dsJWs6Z6eNs.

35 World Bank, "World Bank Open Data," The World Bank data, https://data.worldbank.org.

36 Strobe Talbott, *The Great Experiment: The Story of Ancient Empires, Modern States, and the Quest for a Global Nation* (New York: Simon and Schuster, 2009), 329.

37 Ibid., 330.

第四章　中國是否是擴張主義者？

1 Thomas Shugart, "China Arms Its Great Wall of Sand," *Wall Street Journal*, December 15, 2016, https://www.wsj.com/articles/china-arms-its-great-wall-of-sand-1481848109.

2 John Pomfret, "A China-U.S. Truce on Trade Only Scratches the Surface of a Broader Conflict," *Washington Post*, December 3, 2018, https://www.washingtonpost.com /opinions/2018/12/03/china-us-truce-trade-only-scratches-surface-broader-conflict /?utm_term=.0e6e9a186448.

3 John Pomfret, "How the World's Resistance to China Caught Xi Jinping Off Guard," *Washington Post*, December 21, 2018, https://www.washingtonpost.com/opinions/2018/12/21/how-worlds-resistance-china-caught-xi-jinping-off-guard/?utm_term=.105ab7ca5227.

4 "China Has Militarised the South China Sea and Got Away with It," *The Economist*, June 21, 2018, https://www.economist.com/asia/2018/06/21/china-has-militarised-the-south-china-sea-and-got-away-with-it.

5 譯注：卡爾・伯恩斯坦和鮑伯・伍華德（Bob Woodward）在一九七〇年代時原本還是剛出道的小記者，因鍥而不捨聯手挖出水門案醜聞而聲名大噪，並導致尼克森總統在一九七四年八月辭職下台。

6 庫克船長當然沒有直接航向澳洲，他在南太平洋上一路繪製海圖、慢慢前進。這些數字是把庫克所開的十八世紀船隻「奮進號」（HMS Endeavour）的估計速度（六節）輸入標普全球普氏（S&P Global Platts）海路計算器估算出來的。

7 Andreas Lorenz, "Hero of the High Seas," *Der Spiegel*, August 29, 2005, https://www.spiegel.de/international/spiegel/china-s-christopher-columbus-hero-of-the-high-seas-a-372474-2.html.

8 Hsu Yun-Ts'iao, "Notes Relating to Admiral Cheng Ho's Expeditions," in ed. Leo Suryadinata, *Admiral Zheng He and Southeast Asia* (Singapore: ISEAS, 2005), 124–135.

9 George Yeo, "A Continuing Rise of China," *Business Times* (Singapore), October 30, 2019, https://www.businesstimes.com.sg/opinion/thinkchina/a-continuing-rise-of-china.

10 "Tibet Profile: Timeline," BBC News, November 13, 2014, https://www.bbc.com /news/world-asia-pacific-17046222.

11 Jean Johnson, "The Mongol Dynasty," Asia Society, https://asiasociety.org/education/mongol-dynasty.

12 Confucius, "The Analects of Confucius," trans. Robert Eno, 2015, https://chinatxt.sitehost.iu.edu/Resources.html.

13 Ibid.

14 Henry Kissinger, *On China* (New York: Penguin, 2011), 25.

15 Graham Allison, *Destined for War: Can America and China Escape Thucydides's Trap?* (Boston: Houghton Mifflin Harcourt, 2017), 89–90.（編按：中文版為《注定一戰？中美能否避免修昔底德陷阱》，包淳亮譯，台北：八旗文化出版，二〇一八年。）

16 Daniel White, "Read Hillary Clinton's Speech Touting 'American Exceptionalism,'" *Time*, August 31, 2016, updated September 1, 2016, https://time.com/4474619/read-hillary-clinton-american-legion-speech/.

17 Terri Moon Cronk, "China Poses Largest Long-Term Threat to U.S., DOD Policy Chief Says," US Department of Defense, September 23, 2019, https://www.defense.gov/explore/story/Article/1968704/china-poses-largest-long-term-threat-to-us-dod-policy-chief-says/.

18 "Remarks by Vice President Pence at the Frederic V. Malek Memorial Lecture," Conrad Hotel, Washington, DC, October 24, 2019, https://www.whitehouse.gov/briefings-statements/remarks-vice-president-pence-frederic-v-malek-memorial-lecture/.

19 Daljit Singh, How Will Shifts in American Foreign Policy Affect Southeast Asia? (Singa- pore: ISEAS, 2019), 4.

20 Zhenhua Lu, "'China, China, China': Trump's New Pentagon Chief Patrick Shanahan Sets US

Defence Priorities," *South China Morning Post*, January 3, 2019, https://www.scmp.com/news/world/united-states-canada/article/2180451/china-china-china-new-pentagon-chief-patrick.

21 "China's National Defense in the New Era," State Council Information Office of the People's Republic of China, Beijing, July 24, 2019, http://english.www.gov.cn/archive/whitepaper/201907/24/content_WS5d3941ddc6d08408f502283d.html.

22 Kevin Rudd, *The Avoidable War: Reflections on U.S.-China Relations and the End of Strategic Engagement* (New York: Asia Society Policy Institute, January 2019), https://asiasociety.org/sites/default/files/2019-01/The%20Avoidable%20War%20-%20Full%20Report.pdf.

23 Rana Mitter, *Forgotten Ally: China's World war II, 1937—1945*（New York: Houghton Mifflin Harcourt, 2013）。（編按：中文版為《被遺忘的盟友》，林添貴譯，台北：天下文化出版，二〇一四年。）

24 "The Joint U.S.-China Communique, Shanghai," February 27, 1972, https://photos.state.gov/libraries/ait-taiwan/171414/ait-pages/shanghai_e.pdf.

25 Thomas M. Franck, *The Power of Legitimacy Among Nations* (Oxford, UK: Oxford University Press, 1990), 3–4.

26 John Bolton, "Revisit the 'One-China Policy': A Closer U.S. Military Relationship with Taiwan

Would Help Counter Beijing's Belligerence," *Wall Street Journal*, January 17, 2017.

27 Ted Galen Carpenter, "Forget the U.S.-China Trade War: Is a Conflict over Taiwan the Real Threat?," *The National Interest*, June 8, 2019, https://nationalinterest.org/feature/forget-us-china-trade-war-conflict-over-taiwan-real-threat-61627.

28 Mr. X (George Kennan), "The Sources of Soviet Conduct," *Foreign Affairs*, July 1947.

29 譯注：卡特總統在一九七九年一月一日與中華人民共和國正式建立外交關係，但是《台灣關係法》是在一九七九年四月十日才經美國國會通過。

30 Taiwan Relations Act, Public Law 96-8 96th Congress, January 1, 1979, https://photos.state.gov/libraries/ait-taiwan/171414/ait-pages/tra_e.pdf.

31 "Joint Communiqué of the People's Republic of China and the United States of Amer-ica," Embassy of the People's Republic of China in the United States of America, August 17, 1982, http://www.china-embassy.org/eng/zmgx/doc/ctc/t946664.htm.

32 "Bespoke Tours," Tourism Bureau, Republic of China, Taiwan, https://stat.taiwan.net.tw. "Direct Flights Between China and Taiwan Start," *New York Times*, July 4, 2008, https:// www.nytimes.com/2008/07/04/business/worldbusiness/04iht-04fly.14224270.html.

33 "Direct Flights Between China and Taiwan Start," *New York Times*, July 4, 2008, https:// www.

nytimes.com/2008/07/04/business/worldbusiness/04iht-04fly.14224270.html.

34 Henry M. Paulson Jr., "Remarks on the United States and China at a Crossroads," Paulson Institute, November 6, 2018, http://www.paulsoninstitute.org/news/2018/11/06/statement-by-henry-m-paulson-jr-on-the-united-states-and-china-at-a-crossroads/.

35 "Occupation and Island Building," Asia Maritime Transparency Institute, CSIS, Washington, DC, https://amti.csis.org/island-tracker.

第五章　美國能一百八十度大轉向嗎？

1 Henry J. Hendrix, *At What Cost a Carrier?* (Washington, DC: Center for a New American Security, March 2013), https://s3.amazonaws.com/files.cnas.org/documents/CNAS-Carrier_Hendrix_FINAL.pdf.

2 Winslow T. Wheeler, "Those Porky Pentagon Earmarks Never Really Went Away," *The American Conservative*, January 11, 2019, https://www.theamericanconservative.com/articles/those-porky-pentagon-earmarks-never-really-went-away/.

3 Zachary Cohen, "US Navy's Most Expensive Warship Just Got Even Pricier," CNN, May 15, 2018,

https://edition.cnn.com/2018/05/15/politics/uss-gerald-ford-aircraft-carrier-cost-increase/index.html.

4 David Axe, "Report: China Tests DF-26 'Carrier-Killer' Missile (Should the Navy Be Worried?)," *The National Interest*, January 30, 2019, https://nationalinterest.org/blog/buzz/report-china-tests-df-26-carrier-killer-missile-should-navy-be-worried-42827;http://www.globaltimes.cn/content/1137152.shtml.

5 Robert S. Ross, "The 1995–96 Taiwan Strait Confrontation: Coercion, Credibility, and the Use of Force," *International Security* 25, no. 2 (Fall 2000): 87–123.

6 Alicia Sanders-Zakre, "Timeline: Arms Control Milestones During the Obama Administration," Arms Control Association, December 2016, https://www.armscontrol.org/ACT/2016_12/Features/Timeline/Arms-Control-Milestones-During-the-Obama-Administration.

7 John J. Mearsheimer, *The Great Delusion: Liberal Dreams and International Realities* (New Haven, CT: Yale University Press, 2018), 153.

8 Congressional Research Service, *Instances of Use of United States Armed Forces Abroad, 1798ances*, CRS report, updated December 28, 2018, https://crsreports.congress.gov/product/pdf/R/R42738/23.

9 譯注：集體思維（groupthink）又譯為「團體迷思」，是一種心理學現象，指的是團體在決策過程中，成員為求自己的觀點與團體的思維相吻合，使得整個團體缺乏不同角度的思考，不能客觀分析。美國心理學家詹尼斯（Irving Janis）在一九七二年，以一九六一年美國攻打古巴豬玀灣事件的失敗，演繹分析此一決策失敗，寫了一本專書：*Victims of Groupthink: A psychological study of foreign-policy decisions and fiascoes*。

10 Stephen M. Walt, *The Hell of Good Intentions: America's Foreign Policy Elite and the Decline of U.S. Primacy* (New York: Farrar, Straus and Giroux, 2018), 109.（編按：中文版為《以善意鋪成的地獄：菁英的僵化和霸權的衰落，重啟大棋局也注定失敗的美國外交政策》，林詠心譯，台北：麥田出版，二〇一九年。）

11 Ibid., 161.

12 Neta C. Crawford, "Costs of War," Watson Institute: International & Public Affairs, Brown University, November 14, 2018, https://watson.brown.edu/costsofwar/files/cow/imce/papers/2018/Crawford_Costs%20of%20War%20Estimates%20Through%20FY2019.pdf.

13 Quincy Institute for Responsible Statecraft, https://quincyinst.org/.

14 Ben Rhodes, "Inside the White House During the Syrian 'Red Line' Crisis," *The Atlantic*, June 3, 2018, https://www.theatlantic.com/international/archive/2018/06/inside-the-white-house-during-the-syrian-red-line-crisis/561887/.

15 Shyam Saran, "The Morning-After Principle," *Business Standard* (New Delhi), June 10,

2014, http://www.business-standard.com/article/opinion/shyam-saran-the-morning-after-principle114061001300_1.html.

16 Natasha Turak, "Trump Risks 'Damaging America's Reputation for the Long Term' with Syria Withdrawal, Experts Warn," CNBC, December 22, 2018, https://www.cnbc.com/2018/12/22/trump-may-be-damaging-us-credibility-with-syria-withdrawal-experts.html.

17 Kishore Mahbubani, *Has the West Lost It?: A Provocation* (London: Penguin, 2018), 55–56.

18 Robert Kagan, *The Jungle Grows Back: America and Our Imperiled World* (New York: Alfred A. Knopf, 2018), 9–10.

19 Zachary Karabell, "What Is America's Role in the World? Three Authors Offer Very Different Views," *New York Times*, November 16, 2018, https://www.nytimes.com/2018/11/16/books/review/robert-kagan-jungle-grows-back.html.

20 Steven Pinker, *Enlightenment Now: The Case for Reason, Science, Humanism, and Progress* (New York: Viking, 2018), 52.

21 Laos: Barack Obama Regrets 'Biggests Bombing in History,'" BBC News, September 7, 2016, https://www.bbc.com/news/world-asia-37286520.

22 Michele Kelemen, "More Ambassador Posts Are Going to Political Appointees," *All Things*

Considered, NPR, February 13, 2014, https://www.npr.org/2014/02/12/275897092/more-ambassador-posts-are-going-to-political-appointees.

23 譯注：共和黨籍的洪博培是摩門教徒，中文流利，老布希總統任內擔任美國駐新加坡大使，後來當選猶他州州長，並經歐巴馬總統派任為駐中國大使。二〇一七年至二〇一九年復由川普總統任命為駐俄羅斯大使。

24 These are 2017 figures. See Table 5.2—Budget Authority by Agency: 1976–2024, Historical Tables, Office of Management and Budget, White House, https://www.whitehouse.gov/omb/historical-tables/.

25 Fareed Zakaria, "Why Defense Spending Should Be Cut," *Washington Post*, August 3, 2011, https://www.washingtonpost.com/opinions/why-defense-spending-should-be-cut/2011/08/03/gIQAsRuqsI_story.html?noredirect=on&utm_term=.17e7a8ac3d8b.

26 Josh Lederman, "Tillerson to Cut More Than Half of State Department's Special Envoys," *Chicago Tribune*, August 28, 2017, https://www.chicagotribune.com/news/nationworld/politics/ct-tillerson-state-department-special-envoys-cuts-20170828-story.html.

27 William J. Burns, "The Demolition of U.S. Diplomacy," *Foreign Affairs*, October 14, 2019.

28 Timothy Garton Ash, "US Embassy Cables: A Banquet of Secrets," *Guardian* (Manchester, UK),

November 28, 2010, https://www.theguardian.com/commentisfree/2010/nov/28/wikileaks-diplomacy-us-media-war.

29 L. Rafael Reif, “China’s Challenge Is America’s Opportunity,” *New York Times*, August 8, 2018, https://www.nytimes.com/2018/08/08/opinion/china-technology-trade-united-states.html.

第六章　中國應該成為民主國家嗎？

1 “China’s Leader, Xi Jinping, Will Be Allowed to Reign Forever,” *The Economist*, February 26, 2018, https://www.economist.com/china/2018/02/26/chinas-leader-xi-jinping-will-be-allowed-to-reign-forever.

2 Charlie Campbell, “‘More Opposition in Mao’s Time.’ Why China’s Xi Jinping May Have to Rule for Life,” *Time*, March 12, 2018, http://time.com/5195211/china-xi-jinping-presidential-term-limits-npc/.

3 James Fallows, “China’s Great Leap Backward,” *The Atlantic*, December 2016, https://www.theatlantic.com/magazine/archive/2016/12/chinas-great-leap-backward/505817/.

4 David Shambaugh, “Under Xi Jinping, a Return in China to the Dangers of an All-Powerful Leader,” *South China Morning Post*, March 1, 2018, https://beta.scmp.com/comment/insight-opinion/

article/2135208/under-xi-jinping-return-china-dangers-all-powerful-leader.

5 Kurt M. Campbell and Ely Ratner, "The China Reckoning: How Beijing Defied American Expectations," *Foreign Affairs*, March/April 2018.

6 Edward N. Luttwak, *The Rise of China vs. the Logic of Strategy* (Cambridge, MA: Belknap Press, 2012), 233.

7 George Magnus, *Red Flags: Why Xi's China Is in Jeopardy* (New Haven, CT: Yale University Press, 2018), from introduction, digital edition.

8 Max Weber, "Politics as a Vocation," in trans. and ed. H. H. Gerth and C. Wright Mills, *From Max Weber: Essays in Sociology* (New York: Oxford University Press, 1946), 77–128. Originally a speech given at Munich University, 1918. See also a discussion of Weber's essay in Kishore Mahbubani, *20 Years of Can Asians Think?* (Singapore: Marshall Cavendish, 2018), 137–138.

9 譯注：第八代額爾金伯爵詹姆斯・布魯斯（James Bruce）是英法聯軍英軍指揮官，下令火燒圓明園，在中英外交史上留下惡名，而他父親第七代額爾金伯爵湯瑪斯・布魯斯（Thomas Bruce）也因為從雅典搬回許多雕刻，留下「大理石額爾金」（Elgin Marbles）的罵名。

10 Sheila Melvin, "China Remembers a Vast Crime," *New York Times*, October 21, 2010, https://www.nytimes.com/2010/10/22/arts/22iht-MELVIN.html.

11 Christine Loh, “Green Policies in Focus as China’s Rise to an Ecological Civilisation Continues Apace,” *South China Morning Post*, October 11, 2017, https://www.scmp.com/comment/insight-opinion/article/2114748/green-policies-focus-chinas-rise-ecological-civilisation.

12 Douglas Brinkley, *The Wilderness Warrior: Theodore Roosevelt and the Crusade for America*(New York: Harper Perennial), 252.

13 譯注：Cominform英文全名為The Information Bureau of the Communist and Workers’ Parties，從一九四七年至一九五六年是國際共產運動的中央組織。它是冷戰初期歐洲各國馬列主義共產黨超乎國家的一個同盟，接受莫斯科領導，交換情報、協調彼此活動。赫魯雪夫崛起掌權，「去史達林化」之後，它在一九五六年解散。

14 譯注：Comecon英文全名為The Council for Mutual Economic Assistance，是一九四九年至一九九一年由蘇聯領導的一個經濟組織，成員包括東歐集團國家和其他若干社會主義國家。莫斯科關切美國推動的馬歇爾計畫，深怕在蘇聯勢力範圍圈的東歐集團國家會倒向美國，乃成立此一組織，對抗馬歇爾計畫及西方國家日後成立的經濟合作發展組織（OECD）。

15 Nick Lockwood, “How the Soviet Union Transformed Terrorism,” *The Atlantic*, December 23, 2011, https://www.theatlantic.com/international/archive/2011/12/how-the-soviet-union-transformed-terrorism/250433/.

16 Lee Kuan Yew, *From Third World to First: The Singapore Story; 1965ernati*(New York: HarperCollins, 2000), 665.

17 Richard Milne, “Norway Sees Liu Xiaobo’s Nobel Prize Hurt Salmon Exports to China,” *Financial Times* (London), August 15, 2013, https://www.ft.com/content/ab456776-05b0-11e3-8ed5-00144feab7de.

18 Jethro Mullen, “China Can Squeeze Its Neighbors When It Wants. Ask South Korea,” CNN Business, August 30, 2017, https://money.cnn.com/2017/08/30/news/economy/china-hyundai-south-korea-thaad/index.html.

19 Working Group on Chinese Influence Activities in the United States, *Chinese Influence & American Interests: Promoting Constructive Vigilance* (Stanford, CA: Hoover Institution Press, 2018), https://www.hoover.org/sites/default/files/research/docs/chineseinfluence_americaninterests_fullreport_web.pdf.

20 Simon Denyer and Congcong Zhang, “A Chinese Student Praised the ‘Fresh Air of Free Speech’ at a U.S. College, Then Came the Backlash,” *Washington Post*, May 23, 2017, https://www.washingtonpost.com/news/worldviews/wp/2017/05/23/a-chinese-student-praised-the-fresh-air-of-free-speech-at-a-u-s-college-then-came-the-backlash/?noredirect=on&utm_term=.e9211670aa19.

21 Julia Hollingsworth, "Chinese Student Who Praised US Fresh Air and Freedom Apologises after Backlash in China," *South China Morning Post*, May 23, 2017, https://www.scmp.com/news/china/society/article/2095319/chinese-student-who-praised-us-freedoms-apologizes-after-backlash.

22 Working Group, *Chinese Influence & American Interests*.

23 Agence France-Presse, "Hong Kong's Joshua Wong Denies He's a Separatist," Rappler, September 12, 2019, https://www.rappler.com/world/regions/asia-pacific/239920-hong-kong-joshua-wong-denies-separatist.

24 譯注：大約為台灣二十八坪不到。

25 Yin Weiwen and Zhang Youlang, "It's the Economy: Explaining Hong Kong's Identity Change after 1997," *China: An International Journal* 17, no. 3 (August 2019): 112–128.

26 Housing Bureau, Policy Programme: The 1997 Policy Address, https://www.policyaddress.gov.hk/pa97/english/phb.htm.

27 "Remarks Delivered at the World Economics Forum," World Economics Forum (Davos), January 24, 2019.

28 譯注：艾德曼公司是一家國際公關公司，一九五二年成立於芝加哥，以營收而言，目前是全球最大的公關公司。

29 Martin Ravallion and Shaohua Chen, "China's (Uneven) Progress Against Poverty," *Journal of Development Economics* 82 (2007): 1–42, http://siteresources.worldbank.org/PGLP/Resources/ShaohuaPaper.pdf.

30 World Bank, "China," Poverty & Equity Data Portal, http://povertydata.worldbank.org/poverty/country/CHN.

31 Niall McCarthy, "The Countries That Trust Their Government Most and Least," *Forbes*, January 22, 2018, https://www.forbes.com/sites/niallmccarthy/2018/01/22/the-countries-that-trust-their-government-most-and-least-infographic/#6fef5fd1777a.

32 Wang Gungwu, *China Reconnects: Joining a Deep-Rooted Past to a New World Order* (Singapore: World Scientific, 2019), 16.

33 Dominic Barton, Yougang Chen, and Amy Jin, "Mapping China's Middle Class," *McKinsey Quarterly*, June 2013, https://www.mckinsey.com/industries/retail/our-insights/mapping-chinas-middle-class.

34 Agency, "China's Middle Class Overtakes US as Largest in the World," *Telegraph* (London), October 14, 2015, https://www.telegraph.co.uk/finance/china-business/11929794/Chinas-middle-class-overtakes-US-as-largest-in-the-world.html.

35 Luke Glanville, "Retaining the Mandate of Heaven: Sovereign Accountability in Ancient China," *Millennium* 39, no. 2 (December 2010): 323–343.

36 Bruce Stokes, "Global Publics: Economic Conditions Are Bad," Pew Research Center, July 23, 2015, http://www.pewglobal.org/2015/07/23/global-publics-economic-conditions-are-bad/.

37 Ronald Reagan, "Transcript of Reagan's State of the Union Message to Nation," *New York Times*, January 26, 1988, https://www.nytimes.com/1988/01/26/us/transcript-of-reagan-s-state-of-the-union-message-to-nation.html.（譯按：雷根是在一九八八年一月二十六日的《國情咨文》引述《道德經》這段話的）

38 V. Arefyev and Z. Mieczkowski, "International Tourism in the Soviet Union in the Era of Glasnost and Perestroyka," *Journal of Travel Research* 29, no. 4 (April 1991): 2–6.

39 "China's Inbound Tourism Remains Steady in 2018," State Council, People's Republic of China, February 6, 2019, http://english.gov.cn/archive/statistics/2019/02/06/content_281476510410482.htm.

40 "More Chinese Students Study Abroad," *China Daily*, March 30, 2018, http://www.chinadaily.com.cn/a/201803/30/WS5abe02d6a3105cdcf65156e2.html.

41 Danny Quah, "The US Is, Indeed, the Exceptional Nation: Income Dynamics in the Bottom 50%," Lee Kuan Yew School of Public Policy, January 2019, http://www.dannyquah.com/Quilled/

Output/2019.01-Danny.Quah-Income-Dynamics-in-the-Bottom-50.pdf.
42 John Rawls, *A Theory of Justice*, rev. ed. (Cambridge, MA: Belknap Press, 1999), 81.
43 Peter K. Enns et al., "What Percentage of Americans Have Ever Had a Family Member Incarcerated?: Evidence from the Family History of Incarceration Survey (FamHIS),"*Socius: Sociological Research for a Dynamic World* 5 (January 2019).
44 譯注：博古睿研究院（Berggruen Institute）是資深投資家尼古拉斯．博古睿（Nicolas Berggruen）二〇一〇年在洛杉磯創辦的智庫，宗旨是面對二十一世紀的重大轉型研究如何重塑政治和社會體制。宋冰是博古睿研究院中國中心主任。
45 Bing Song, "The West May Be Wrong About China's Social Credit System," *Washington Post*, November 29, 2018, https://www.washingtonpost.com/news/theworldpost/wp/2018/11/29/social-credit/?noredirect=on&utm_term=.69d772fd4953.
46 Paul Mozur, "Inside China's Dystopian Dreams: A.I., Shame and Lots of Cameras," *New York Times*, July 8, 2018, https://www.nytimes.com/2018/07/08/business/china-surveillance-technology.html.
47 Chow Tse-Tsung, *The May Fourth Movement: Intellectual Revolution in Modern China* (Cambridge, MA: Harvard University Press, 1960), 309.
48 Melinda Haring and Michael Cecire, "Why the Color Revolutions Failed," *Foreign Policy*, March 18,

2013, https://foreignpolicy.com/2013/03/18/why-the-color-revolutions-failed/.

49 Xi Jinping, "Secure a Decisive Victory in Building a Moderately Prosperous Society in All Respects and Strive for the Great Success of Socialism with Chinese Characteristics for a New Era," speech delivered at the 19th National Congress of the Communist Party of China, October 18, 2017, http://www.xinhuanet.com/english/download/Xi_Jinping's_report_at_19th_CPC_National_Congress.pdf.

50 Yuen Yuen Ang, "Autocracy with Chinese Characteristics: Beijing's Behind-the-Scenes Reforms," *Foreign Affairs*, May/June 2018, https://deepblue.lib.umich.edu/bitstream/handle/2027.42/148140/Autocracy%20With%20Chinese%20Characteristics%2C%20posted%20version.pdf?sequence=1&isAllowed=y.

51 Cary Wu and Rima Wilkes, "Local-National Political Trust Patterns: Why China Is an Exception," *International Political Science Review* 39, no. 4 (September 2018): 436–454..

52 Richard McGregor, *The Party: The Secret World of China's Communist Rulers* (London: Allen Lane, 2010), 273.

53 Martin Jacques, *When China Rules the World: The End of the Western World and the Birth of a New Global Order* (New York: Penguin, 2009), 97.

54 Ibid.

55 Ali Vitali, "Trump Dines with China Leader: 'We Have Developed a Friendship,'" NBC News, April 6, 2017, https://www.nbcnews.com/politics/white-house/trump-dines-china-leader-we-have-developed-friendship-n743626.

56 Yu Gao, "China: One Fire May Be Out, but Tensions over Rural Land Rights Are Still Smoldering," Landesa: Rural Development Institute, February 6, 2012, https://www.landesa.org/china-fire-out-tensions-rural-land-rights-smoldering/.

57 Christian Göbel, "Social Unrest in China: A Bird's Eye Perspective," October 20, 2017, https://christiangoebel.net/social-unrest-in-china-a-birds-eye-perspective.

58 Ibid.

59 World Bank, "Doing Business Report: China Carries Out Record Business Reforms, Edges into Top 50 Economies," The World Bank press release, October 31, 2018, https://www.worldbank.org/en/news/press-release/2018/10/31/doing-business-report-china-carries-out-record-business-reforms-edges-into-top-50-economies.

60 Ibid.

61 Qizuan Yang, "New Statement from Wang Qishan: We Are Determined, and We Are Careful," April 28, 2015, https://qixuanyang.wordpress.com/chinas-politics/wangqishan/new-statement-from-

wang-qishan-we-are-determined-and-we-are-careful-3/.

62 Ibid.

63 Alastair Iain Johnston, "The Failures of the 'Failure of Engagement' with China," *Washington Quarterly* 2, no. 2 (2019): 99–114, https://www.tandfonline.com/doi/abs/10.1080/0163660X.2019.1626688.

64 Chas W. Freeman Jr., "Sino-American Interactions, Past and Future," paper prepared for January 2019 conference at Carter Center, Atlanta, Georgia, https://chasfreeman.net/sino-american-interactions-past-and-future%ef%bb%bf/.

第七章　美國以美德自居

1 Stephen M. Walt, "The Myth of American Exceptionalism," *Foreign Policy*, October 11, 2011, https://foreignpolicy.com/2011/10/11/the-myth-of-american-exceptionalism/.

2 Ibid.

3 Joel Achenbach and Dan Keating, "New Research Identifies a 'Sea of Despair' Among White Working-Class Americans," *Washington Post*, March 23, 2017, https://www.washingtonpost.

com/national/health-science/new-research-identifies-a-sea-of-despair-among-white-working-class-americans/2017/03/22/c777ab6e-0da6-11e7-9b0d-d27c98455440_story.html?utm_term=.f16ccaa3e0c5.

4 Ibid.

5 John Rawls, *A Theory of Justice* (Cambridge, MA: Belknap Press, 1971), 75.

6 Jeffrey A. Winters, *Oligarchy* (New York: Cambridge University Press, 2011).

7 Ibid.

8 Joel Kotkin, “American Renewal: The Real Conflict Is Not Racial or Sexual, It’s Between the Ascendant Rich Elites and the Rest of Us,” Daily Caller, September 11, 2019, https://dailycaller.com/2019/09/11/middle-working-class-neo-estates-liberal/.

9 Ray Dalio, “Why and How Capitalism Needs to Be Reformed (Part 1),” LinkedIn, April 4, 2019, https://www.linkedin.com/pulse/why-how-capitalism-needs-reformed-ray-dalio/. See also Board of Governors of the Federal Reserve System, *Report on the Economic Well-Being of U.S. Household in 2017*, May 2018, https://www.federalreserve.gov/publications/files/2017-report-economic-well-being-us-households-201805.pdf, quoted in Dalio.

10 Rawls, *A Theory of Justice*, 225.

11 譯注：「聯合公民」（Citizens United）是一個保守派的非營利組織，它預備在二〇〇八年民主黨初選前不久播放一部批評擬爭取總統候選人提名的希拉蕊。但是這項動作將違反二〇〇二年的《兩黨競選改革法》（Bipartisan Campaign Reform Act）；這項法令禁止任何公司或工會在初選之前三十天、或大選之前六十天，發布欲使候選人當選或落選之電子傳播。聯邦最高法院在二〇〇九年受理〈聯合公民控訴聯邦選舉委員會案〉之後，於二〇一〇年以五票贊成、四票反對，裁定上述法律所訂之限制違憲。這項關於競選財務的地標性裁定，認為本於憲法第一條修正案有關言論自由之規定，政府不得對公司或工會之競選事務費用設限。

12 譯注：「公共誠信中心」（Center for Public Integrity）是美國一個非營利的調查新聞組織，成立於一九八九年。它所揭示的使命是「運用調查報導揭露強大的利益違背公共信任之行為，俾便維護民主和啟發改革。」它在二〇一四年榮獲普立茲調查報導獎。

13 John Dunbar, "The 'Citizens United' Decision and Why It Matters," The Center for Public Integrity, October 18, 2012, https://publicintegrity.org/federal-politics/the-citizens-united-decision-and-why-it-matters/.

14 Martin Wolf, "Why the US Economy Isn't as Competitive or Free as You Think," *Financial Times*, November 14, 2019, https://www.ft.com/content/97be3f2c-00b1-11ea-b7bc-f3fa4e77dd47.

15 Laurence H. Tribe, "Dividing 'Citizens United': The Case v. the Controversy," SSRN, March 9, 2015,

https://papers.ssrn.com/sol3/papers.cfm?abstract_id=2575865.

16 Martin Gilens and Benjamin I. Page, "Testing Theories of American Politics: Elites, Interest Groups, and Average Citizens," *Perspectives on Politics* 12, no. 3 (September 2014):564–581, https://scholar.princeton.edu/sites/default/files/mgilens/files/gilens_and_page_2014_-testing_theories_of_american_politics.doc.pdf.

17 譯注：「追求繁榮的美國人」（Americans for Prosperity, AFP）是科赫兄弟在二〇〇四年成立的一個保守派政治團體，它是美國最有影響力的保守派組織之一。它在二〇〇九年歐巴馬總統就任之後，協助將茶黨運動（Tea party movement）打造為一股政治勢力。它也組織起針對歐巴馬各項政策倡議，如全球暖化法規、全民健保等之反對。共和黨二〇一〇年在國會眾議院和二〇一四年在參議院取得過半數席次，「追求繁榮的美國人」居功厥偉。

18 Alexander Hertel-Fernandez, Theda Skocpol, and Jason Sclar, "When Political Mega- Donors Join Forces: How the Koch Network and the Democracy Alliance Influence Organized U.S. Politics on the Right and Left," *Studies in American Political Development* 32, no. 2 (2018):127–165, doi:10.1017/S0898588X18000081; also available at https://scholar.harvard.edu/files/ahertel/files/donorconsortia-named.pdf. 另參見此一ＰＤＦ檔第二頁：「在右翼，由查爾斯和大衛．科赫以及他們親信夥伴所指導的科赫研討會，於二〇〇三年開創，由非常富有的保守派人士每年集會兩次，目標是推

動共和黨及聯邦政府走向自由意志派和極端自由市場的政策……民主同盟——簡稱DA——則創始於二〇〇五年，召集一百多位左傾的自由派富人每年集會兩次，將捐款貫注給在民主黨左翼活動的政治組織。」

19 Hertel-Fernandez, Skocpol, and Sclar, "When Political Mega-Donors Join Forces," 76 (of the PDF).

20 Anand Giridharadas, "Prologue," in *Winners Take All: The Elite Charade of Changing the World* (New York: Alfred A. Knopf, 2018).（編按：中文版為《贏家全拿：史上最划算的交易，以慈善奪取世界的假面菁英》，吳國卿譯，台北：聯經出版，二〇二〇年。）

21 Ibid.

22 "Foreign Corrupt Practices Act," US Department of Justice, https://www.justice.gov/criminal-fraud/foreign-corrupt-practices-act.

23 Rawls, *A Theory of Justice*, 225.

24 Michael Hout, "Social Mobility," *Pathways: A Magazine on Poverty, Inequality, and Social Policy; State of the Union, Millennial Dilemma*, Special Issue 2019, 29–32, https://inequality.stanford.edu/sites/default/files/Pathways_SOTU_2019.pdf.

25 "Americans Overestimate Social Mobility in Their Country," *The Economist*, February 14, 2018, https://www.economist.com/graphic-detail/2018/02/14/americans-overestimate-social-mobility-in-

their-country.

26 Alberto Alesina, Stefanie Stantcheva, and Edoardo Teso, "Intergenerational Mobility and Preferences for Redistribution," *American Economic Review* 108, no. 2 (2018): 521–554, https://pubs.aeaweb.org/doi/pdfplus/10.1257/aer.20162015.

27 Javier C. Hernández and Quoctrung Bui, "The American Dream Is Alive. In China," *New York Times*, November 18, 2018, https://www.nytimes.com/interactive/2018/11/18/world/asia/china-social-mobility.html.

28 "Top 1% Net Personal Wealth Share," World Inequality Database, https://wid.world/world/#shweal_p99p100_z/US;CN/last/eu/k/p/yearly/s/false/14.1905/60/curve/false/country

29 Ninety-two percent of Americans, for example, support universal background checks: "Universal Background Checks," Giffords Law Center, https://lawcenter.giffords.org/gun-laws/policy-areas/background-checks/universal-background-checks/.

30 譯注：二〇一二年十二月十四日上午，康乃狄克州新鎮（Newtown）的二十歲兇手亞當・藍札（Adam Lanza）在家裡槍殺母親之後，來到鎮上桑迪胡克小學，濫射殺死二十名六、七歲學童和六名成年人教職員，然後在警方趕到現場時舉槍自殺。

31 Elizabeth Drew, "What's Behind America's Mass Shootings?," Project Syndicate, August 13, 2019,

https://www.project-syndicate.org/commentary/america-gun-control-mass-shootings-by-elizabeth-drew-2019-08.

32 Robert Frank, "Most Millionaires Support a Tax on Wealth above $50 Million, CNBC Survey Says," CNBC, June 12, 2019, https://www.cnbc.com/2019/06/12/most-millionaires-support-tax-on-wealth-above-50-million-cnbc-survey.html.

33 James B. Stewart, "A Tax Loophole for the Rich That Just Won't Die," *New York Times*, November 9, 2017, https://www.nytimes.com/2017/11/09/business/carried-interest-tax-loophole.html.

34 Matthew P. Bergman, "Montesquieu's Theory of Government and the Framing of the American Constitution," *Pepperdine Law Review* 18, no. 1 (December 15, 1990): 1–42, https://digitalcommons.pepperdine.edu/cgi/viewcontent.cgi?article=1659&context=plr.

35 Ibid.

36 Rawls, *A Theory of Justice*, 53.

37 Ibid., 54.

38 Edward Luce, "Amy Chua and the Big Little Lies of US Meritocracy," *Financial Times* (London), June 13, 2019, https://www.ft.com/content/7b00c3a2-8daa-11e9-a1c1-51bf8f989972. https://1gyhoq479ufd3yna29x7ubjn-wpengine.netdna-ssl.com/wp-content/uploads/FR-Born_

to_win-schooled_to_lose.pdf, quoted in https://www.ft.com/content/7b00c3a2-8daa-11e9-a1c1-51bf8f989972.

39 Jean Fan, "The American Dream Is Alive in China," *Palladium Magazine*, October 11, 2019, https://palladiummag.com/2019/10/11/the-american-dream-is-alive-in-china/.

第八章　其他國家如何選擇？

1 German Chancellor Angela Merkel Hopes US-China Trade War Will Be Over Soon," *Straits Times* (Singapore), September 7, 2019, https://www.straitstimes.com/asia/east-asia/merkel-hopes-us-china-trade-war-will-be-over-soon.

2 Lee Hsien Loong, keynote address, International Institute for Strategic Studies, Shangri- La Dialogue, Shangri-La Hotel, Singapore, May 31, 2019, https://www.pmo.gov.sg/Newsroom/PM-Lee-Hsien-Loong-at-the-IISS-Shangri-La-Dialogue-2019.

3 Agreement Establishing the African Continental Free Trade Area, African Union, 2019, https://au.int/en/treaties/agreement-establishing-african-continental-free-trade-area.

4 Chan Heng Chee, "Resisting the Polarising Pull of US-China Rivalry," *Straits Times* (Singapore),

June 18, 2019, https://www.straitstimes.com/opinion/resisting-the-polarising-pull-of-us-china-rivalry.

5 "From the time of the arrival of the first members of the Team in 1962 almost 60,000 Australians, including ground troops and air force and navy personnel, served in Vietnam; 521 died as a result of the war and over 3,000 were wounded. The war was the cause of the greatest social and political dissent in Australia since the conscription referendums of the First World War. Many draft resisters, conscientious objectors, and protesters were fined or jailed, while soldiers met a hostile reception on their return home": "Vietnam War 1962–75," Australian War Memorial, https://www.awm.gov.au/articles/event/vietnam.

6 Statistics Section, Office of Economic Analysis, Investment and Economic Division, *Composition of Trade Australia 2017mic*, Department of Foreign Affairs and Trade, January2019, https://dfat.gov.au/about-us/publications/Documents/cot-2017-18.pdf.

7 Neil Irwin, "Red Wines a Sign of the Times in Australia's Ties with US and China," *Straits Times* (Singapore), May 14, 2019, https://www.straitstimes.com/opinion/red-wines-a-sign-of-the-times-in-australias-ties-with-us-and-china.

8 Kishore Mahbubani, "Australia's Destiny in the Asian Century (Part 1 of 2)," *Jakarta Post*, September 7, 2012, http://mahbubani.net/articles%20by%20dean/Australia%20destiny%20in%20

the%20Asian%20Century_The%20Jakarta%20Post-joined.pdf.

9 Kishore Mahbubani and Jeffery Sng, *The ASEAN Miracle: A Catalyst for Peace* (Singapore: National University of Singapore Press, 2017).

10 Hugh White, "America or China? Australia Is Fooling Itself That It Doesn't Have to Choose," *Guardian* (Manchester, UK), November 26, 2017, https://www.theguardian.com/australia-news/2017/nov/27/america-or-china-were-fooling-ourselves-that-we-dont-have-to-choose.

11 Michael E. O'Hanlon, "The Risk of War over Taiwan Is Real," Brookings Institution, May 1, 2005, https://www.brookings.edu/opinions/the-risk-of-war-over-taiwan-is-real/.

12 Robert B. Zoellick, "Whither China: From Membership to Responsibility?," US Department of State, September 21, 2005, https://2001-2009.state.gov/s/d/former/zoellick/rem/53682.htm.

13 Nikos Chrysoloras and Richard Bravo, "Huawei Deals for Tech Will Have Consequences, U.S. Warns EU," Bloomberg, February 7, 2019, https://www.bloomberg.com/news/articles/2019-02-07/huawei-deals-for-tech-will-have-consequences-u-s-warns-eu.

14 Keegan Elmer, "Huawei or US: Mike Pompeo Issues Warning to Allies That Partner with Chinese Firm," *South China Morning Post*, February 22, 2019, https://www.scmp.com/news/china/diplomacy/article/2187275/huawei-or-us-mike-pompeo-issues-warning-allies-partner-chinese.

15 譯注：Dealbook是《紐約時報》記者安德魯・羅斯・索爾金（Andrew Ross Sorkin）二〇〇一年所闢的專欄，專注華爾街財經動態。

16 Marrian Zhou, "Bill Gates: Paranoia on China Is a 'Crazy Approach' to Innovation," *Nikkei Asian Review*, November 8, 2019.

17 EEA, "Population Trends 1950–2100: Globally and Within Europe," European Environment Agency, https://www.eea.europa.eu/data-and-maps/indicators/total-population-outlook-from-unstat-3/assessment-1.

18 UN, "World Population Prospects 2019," United Nations, DESA/Population Division, https://population.un.org/wpp/Download/Standard/Population/.

19 Eurostat, "Population and Population Change Statistics," Statistics Explained, https://ec.europa.eu/eurostat/statistics-explained/index.php/Population_and_population_change_statistics.

20 United Nations, DESA/Population Division, World Population Prospects 2019, https://population.un.org/wpp/Graphs/Probabilistic/POP/TOT/.

21 Eurostat, "Population on 1st January by Age, Sex and Type of Projection" (chart), https://appsso.eurostat.ec.europa.eu/nui/show.do?dataset=proj_18np&lang=en.

22 "Migrants: Tracking Deaths along Migration Routes," Missing Migrants Project, https://

missingmigrants.iom.int/region/mediterranean.

23 Aubrey Hruby, "Dispelling the Dominant Myths of China in Africa," Atlantic Council, https://www.weforum.org/agenda/2018/09/three-myths-about-chinas-investment-in-africa-and-why-they-need-to-be-dispelled/.

24 Owen Churchill, "Mike Pompeo Warns Panama and Other Nations About Accepting China's 'Belt and Road' Loans," *South China Morning Post*, October 20, 2018, https://www.scmp.com/news/china/diplomacy/article/2169449/mike-pompeo-warns-panama-and-other-nations-about-accepting.

25 Rana Mitter, *Forgotten Ally: China's World War II, 1937a1945* (New York: Houghton Mifflin Harcourt, 2013).

26 Kate Merkel-Hess and Jeffrey N. Wasserstrom, "Nanjing by the Numbers," *Financial Times* (London), February 9, 2010, https://foreignpolicy.com/2010/02/09/nanjing-by-the-numbers/.

27 譯注：考斯坎在一九九四年至一九九五年擔任新加坡駐俄羅斯大使，後於一九九五年至一九九八年擔任新加坡駐聯合國常任代表。

28 Bilahari Kausikan, "Dealing with an Ambiguous World, Lecture II: US-China Relations: Groping Towards a New Modus Vivendi," IPS-Nathan Lectures, Stephen Riady Centre, Singapore, February 25, 2016, https://lkyspp.nus.edu.sg/docs/default-source/ips/mr-bilahari-kausikan-s-speech04800a7b46

bc6210a3aaff0100138661.pdf?sfvrsn=47c3680a_0.

29 "Japan-U.S. Security Treaty," Treaty of Mutual Cooperation and Security Between Japan and the United States of America, Ministry of Foreign Affairs of Japan, https://www.mofa.go.jp/region/n-america/us/q&a/ref/1.html.

30 Wm. Theodore de Bary, Donald Keene, George Tanabe, and Paul Varley, eds., *Sources of Japanese Tradition: From Earliest Times to 1600*, vol. 1 (New York: Columbia University Press, 2001), https://www.gwern.net/docs/japanese/2001-debary-sourcesofjapanesetradition.pdf.

31 Ezra Vogel, "Can China and Japan Ever Get Along?" in *The China Questions: Critical Insights into a Rising Power*, ed. Jennifer Rudolph and Michael Szonyi (Cambridge, MA: Harvard University Press, 2018), 114–115.（編按：亦可參考《中國與日本：傅高義的歷史思索》，毛升譯，台北：天下文化出版，二〇一九年。）

32 de Bary, Keene, Tanabe, and Varley, eds., *Sources of Japanese Tradition*.

33 Ibid.

34 "Excerpt of Mao Zedong's Conversation with Japanese Prime Minister Kakuei Tanaka," trans. Caixia Lu, History and Public Policy Program Digital Archive, Wilson Center, Washington, DC, September 21, 1972, https://digitalarchive.wilsoncenter.org/document/118567.pdf?v=71cad3a9f99def657fdfb83

057f844c2.

35 de Bary, Keene, Tanabe, and Varley, eds., *Sources of Japanese Tradition.*

36 David Pilling, "Why Is Japan So . . . Different?," *Foreign Policy*, March 17, 2014, https://foreignpolicy.com/2014/03/17/why-is-japan-so-different/.

37 Richard McGregor, *Asia's Reckoning: China, Japan, and the Fate of U.S. Power in the Pacific Century* (Viking: New York, 2017).

38 Anand Giridharadas, "News Analysis: China and India's Big Debate on Democracy," *New York Times*, March 22, 2006, https://www.nytimes.com/2006/03/22/world/asia/news-analysis-china-and-indias-big-debate-on-democracy.html.

39 Wm. Theodore de Bary and Irene Bloom, *Sources of Chinese Tradition: From Earliest Times to 1600*, vol 1. (New York: Columbia University Press, 1960), 266.

40 譯注：印度學者，現任新加坡國立大學東南亞研究中心主任。

41 C. Raja Mohan, "India's Strategic Future," *Foreign Policy*, November 4, 2010, https://foreignpolicy.com/2010/11/04/indias-strategic-future-2/.

42 "Trump Pushes Unity with India at 'Howdy, Modi!' Event in Houston," CBS News, September 22, 2019, https://www.cbsnews.com/news/howdy-modi-trump-rally-pushes-unity-prime-minister-

narendra-modi-houston-texas-today-2019-09-22/.

43 譯注：馬馬拉普拉姆是印度東南部塔米爾納德邦一個城鎮，有聯合國教科文組織認證的世界遺產古蹟。

44 Tarun Das, “India and China in 2022,” *Business Standard*, November 1, 2019, 9.

45 Jan Wouters et al., “Some Critical Issues in EU-India Free Trade Agreement Negotiations,” Working Paper No. 102, Leuven Centre for Global Governance Studies, February2013, https://ghum.kuleuven.be/ggs/publications/working_papers/2013/102woutersgoddeerisnatensCiortuz.

46 譯注：印度國會議員，曾任聯合國副祕書長。

47 Shashi Thardor, “Reconsider Relations with the European Union,” *India Today*, May 18, 2012, https://www.indiatoday.in/opinion/shashi-tharoor/story/european-union-india-ties-india-eu-joint-action-plan-102549-2012-05-18.

48 “Chapter Six: Australia’s Response to Nuclear Tests in South Asia,” Parliament of Australia, https://www.aph.gov.au/Parliamentary_Business/Committees/Senate/Foreign_Affairs_Defence_and_Trade/Completed_inquiries/1999-02/nuclear/report/c06.

49 US Census Bureau, “Selected Population Profile in the United States,” American Community Survey, 2018: ACS 1-Year Estimates Selected Population Profiles, TableID: S0201, United States Census

Bureau, https://data.census.gov/cedsci/table?q=&hidePreview=false&table=S0201&tid=ACSSPP1Y2018.S0201&t=013%20-%20Asian%20Indian%20alone%20%28400-401%29%3AIncome%20and%20Earnings&lastDisplayedRow=50.

50 "Joint Statement—United States and India: Prosperity Through Partnership," Media Center, Ministry of External Affairs, Government of India, June 27, 2017,https://mea.gov.in/bilateral-documents.htm?dtl/28560/United_States_and_India_Prosperity_Through_Partnership.

51 Nirmala Ganapathy, "Trump Declines to Be Chief Guest on India's Republic Day," *Straits Times* (Singapore), November 1, 2018, https://www.straitstimes.com/asia/south-asia/trump-declines-to-be-chief-guest-on-indias-republic-day.

52 Information Center, US Customs and Border Protection, https://help.cbp.gov/app/answers/detail/a_id/266/~/generalized-system-of-preferences-%28gsp%29.

53 Justin Sink and Jenny Leonard, "India Roiled as Trump Yanks Its Status as a Developing Nation," Bloomberg, May 31, 2019, https://www.bloomberg.com/news/articles/2019-06-01/trump-ends-india-s-trade-designation-as-a-developing-nation.

54 Ibid.

55 See US Census Bureau, "Top Trading Partners—December 2018," Foreign Trade, United States

Census Bureau, https://www.census.gov/foreign-trade/statistics/highlights/top/top1812yr.html; and US Census Bureau, "Trade in Goods with India," Foreign Trade, United States Census Bureau, https://www.census.gov/foreign-trade/balance/c5330.html.

56 Greg Jaffe and Missy Ryan, "Up to 1,000 More US Troops Could Be Headed to Afghanistan This Spring," *Washington Post*, January 21, 2018.

57 "Trump Mocks Modi over Funding for Afghan Library," *Straits Times* (Singapore), January 4, 2019, https://www.straitstimes.com/world/trump-mocks-modi-over-funding-for-afghan-library.

58 PwC, "Emerging Trends in Real Estate," PricewaterhouseCoopers, https://www.pwc.com/gx/en/growth-markets-centre/publications/assets/pwc-gmc-the-future-of-asean-time-to-act.pdf; Loong, keynote address; and ASEAN, "Investing in ASEAN, 2013–2014," https://www.usasean.org/system/files/downloads/Investing-in-ASEAN-2013-14.pdf.

59 World Bank, "World Bank Open Data," The World Bank data, https://data.worldbank.org.

60 Eleanor Albert, "The Evolution of U.S.-Vietnam Ties," Council on Foreign Relations, March 20, 2019, https://www.cfr.org/backgrounder/evolution-us-vietnam-ties.

第九章　弔詭的結論

1 Greg Ip, "Has America's China Backlash Gone Too Far?," *Wall Street Journal*, August 28, 2019, https://www.wsj.com/articles/has-americas-china-backlash-gone-too-far-11566990232?mod=rsswn.

2 Roger Cohen, "Trump Has China Policy About Right," *New York Times*, August 30, 2019, https://www.nytimes.com/2019/08/30/opinion/trump-china-trade-war.html.

3 Ian Young, "Huawei CFO Sabrina Meng Wanzhou Fraudently Represented Company to Skirt US and EU Sanctions on Iran, Court Told in Bail Hearing," *South China Morning Post*, December 8, 2018, https://www.scmp.com/news/china/article/2177013/huawei-executive-sabrina-meng-wanzhou-fraudulently-represented-company.

4 Ernest Z. Bower, "China Reveals Its Hand on ASEAN in Phnom Penh," CSIS, July 20, 2012, https://www.csis.org/analysis/china-reveals-its-hand-asean-phnom-penh.

5 "Remarks by Vice President Pence at the Frederic V. Malek Memorial Lecture," Conrad Hotel, Washington, DC, October 24, 2019, https://www.whitehouse.gov/briefings-statements/remarks-vice-president-pence-frederic-v-malek-memorial-lecture/.

6 Noreen Giffney, "Monstrous Mongols," *Postmedieval: A Journal of Medieval Cultural Studies* 3, no.

2, (May 2012): 227–245.

7 Ibid.

8 Hong Hai, "Daoism and Management," chap. 4 in *The Rule of Culture: Corporate and State Governance in China and East Asia* (London: Routledge, 2019).

9 Thomas Jefferson, "To the Republicans of Washington County, Maryland," March 31, 1809, https://founders.archives.gov/documents/Jefferson/03-01-02-0088, quoted in Martin Wolf, "The Case for Making Wellbeing the Goal of Public Policy," *Financial Times* (London), May 30, 2019, https://www.ft.com/content/d4bb3e42-823b-11e9-9935-ad75bb96c849.

10 Wolf, "The Case for Making Wellbeing the Goal of Public Policy."

11 World Bank, "GDP per Capita (current US$)," The World Bank data, https://data.worldbank.org/indicator/NY.GDP.PCAP.CD.

12 "US Federal and State Budgets," Costs of War, Watson Institute: International & Public Affairs, Brown University, https://watson.brown.edu/costsofwar/costs/economic/budget.

13 Heidi Garrett-Peltier, "Job Opportunity Cost of War," Costs of War, Watson Institute: International & Public Affairs, Brown University, https://watson.brown.edu/costsofwar/files/cow/imce/papers/2017/Job%20Opportunity%20Cost%20of%20War%20-%20HGP%20-%20FINAL.pdf.

14 Keith Bradsher, "China Opens Longest High-Speed Rail Line," *New York Times*, December 26, 2012, https://www.nytimes.com/2012/12/27/business/global/worlds-longest-high-speed-rail-line-opens-in-china.html.

15 Yuval Noah Harari, *Sapiens: A Brief History of Humankind* (New York: HarperCollins, 2015).（編按：中文版為《人類大歷史：從野獸到扮演上帝》，林俊宏譯，台北：天下文化出版，二〇一八年。）

16 Robert D. Blackwill, "Trump's Foreign Policies Are Better Than They Seem," Council on Foreign Relations, https://cfrd8-files.cfr.org/sites/default/files/report_pdf/CSR%2084_Blackwill_Trump_0.pdf.

17 EPA, "Understanding Global Warming," US Environmental Protection Agency, https://www.epa.gov/ghgemissions/understanding-global-warming-potentials.

18 World Bank, "GDP per Capita (Current US$)," The World Bank data, https://data.worldbank.org/indicator/NY.GDP.PCAP.CD?.

19 Blackwill, "Trump's Foreign Policies Are Better Than They Seem."

20 Background on the Goals, "Sustainable Development Goals," UN Development Programme, https://www.undp.org/content/undp/en/home/sustainable-development-goals/background/.

21 UNDP, *Sustainable Development Goals*, United Nations Development Programme, https://www.undp.org/content/dam/undp/library/corporate/brochure/SDGs_Booklet_Web_En.pdf.

22 Michael Pillsbury, "A China World Order in 2049," chap. 9 in *The Hundred-Year Marathon: China's Secret Strategy to Replace America as the Global Superpower* (New York: St. Martin's Press, 2016), 177–196.（編按：中文版為《2049百年馬拉松：中國稱霸全球的祕密戰略》，林添貴譯，台北：麥田出版，二〇一五年。）

23 Lee Hsien Loong, "Shangri-La Dialogue: Lee Hsien Loong on Why US and China Must Avoid Path of Conflict," *Straits Times* (Singapore), June 1, 2019, https://www.straitstimes.com/opinion/why-us-and-china-must-avoid-path-of-conflict-pm-lee.

24 Chas W. Freeman Jr., "On Hostile Coexistence with China," Chas W. Freeman, Jr., May 3, 2019, https://chasfreeman.net/on-hostile-coexistence-with-china/.

25 Kishore Mahbubani and Lawrence H. Summers, "The Fusion of Civilization: The Case for Global Optimism," *Foreign Affairs*, May/June 2016, https://www.foreignaffairs.com/articles/2016-04-18/fusion-civilizations.

26 Ibid.

27 Xi Jinping, "Full Text of President Xi Jinping's Speech at the Opening Ceremony of the Conference

on Dialogue of Asian Civilizations," China-Pakistan Economic Corridor, May 23, 2019, http://www.cpecinfo.com/news/full-text-of-president-xi-jinping-speech-at-the-opening-ceremony-of-the-conference-on-dialogue-of-asian-civilizations/NzE0MA==.

28 John F. Kennedy, "Commencement Address at American University," Washington, DC, June 10, 1963, https://www.jfklibrary.org/archives/other-resources/john-f-kennedy-speeches/american-university-19630610.

29 Working Group on Chinese Influence Activities in the United States, *Chinese Influence & American Interests: Promoting Constructive Vigilance* (Stanford, CA: Hoover Institution Press, 2018), https://www.hoover.org/sites/default/files/research/docs/chineseinfluence_americaninterests_fullreport_web.pdf.

30 John J. Mearsheimer, *The Great Delusion: Liberal Dreams and International Realities* (New Haven, CT: Yale University Press, 2018), 184.

31 Ibid., 184–185.

32 Ishaan Tharoor, "Why China's Terrorism Problem Is Getting Worse," *Washington Post*, May 22, 2014, https://www.washingtonpost.com/news/worldviews/wp/2014/05/22/why-chinas-terrorism-problem-is-getting-worse/.

33 "Joint Communiqué of the Republic of India and the People's Republic of China," Media Center, Ministry of External Affairs, Government of India, December 16, 2010, https://mea.gov.in/bilateral-documents.htm?dtl/5158/Joint+Communiqu+of+the+Republic+of+India+and+the+Peoples+Republic+of+China.

附錄　美國優越論的迷思

1 本文最初發表於二〇一一年十月十一日《外交政策》。詳見Stephen M. Walt, "The Myth of American Exceptionalism: The Idea that the United States Is Uniquely Virtuous May Be Comforting to Americans. Too Bad It's Not True," *Foreign Policy*, October 11, 2011, https:// foreignpolicy.com/2011/10/11/the-myth-of-american-exceptionalism/.（編按：附錄中的「優越論」原文為exceptionalism，亦翻為「例外主義」「特殊主義」等。）

國家圖書館出版品預行編目 (CIP) 資料

中國贏了嗎? : 挑戰美國的強權領導 / 馬凱碩 (Kishore Mahbubani) 作 ; 林添貴譯. -- 第一版. -- 臺北市 : 遠見天下文化, 2020.10

面 ;　公分. -- (社會人文 ; BGB495)

譯自 : Has China won? : the Chinese challenge to American primacy

ISBN 978-986-5535-82-7 (平裝)

1.中美關係 2.國際關係 3.地緣政治

574.1852　　109015217

社會人文 BGB495

中國贏了嗎？

挑戰美國的強權領導

Has China Won? :The Chinese Challenge to American Primacy

作者 — 馬凱碩（Kishore Mahbubani）
譯者 — 林添貴

副社長兼總編輯 — 吳佩穎
副主編 — 陳珮真
責任編輯 — 陳珮真、賴仕豪（特約）
封面設計 — 張議文

出版者 — 遠見天下文化出版股份有限公司
創辦人 — 高希均、王力行
遠見・天下文化 事業群榮譽董事長 — 高希均
遠見・天下文化 事業群董事長 — 王力行
天下文化社長 — 王力行
天下文化總經理 — 鄧瑋羚
國際事務開發部兼版權中心總監 — 潘欣
法律顧問 — 理律法律事務所陳長文律師
著作權顧問 — 魏啟翔律師
社址 — 臺北市 104 松江路 93 巷 1 號
讀者服務專線 — 02-2662-0012 ｜傳真 — 02-2662-0007；02-2662-0009
電子郵件信箱 — cwpc@cwgv.com.tw
直接郵撥帳號 — 1326703-6 號　遠見天下文化出版股份有限公司

電腦排版 — 極翔企業有限公司
印刷廠 — 中原造像股份有限公司
裝訂廠 — 中原造像股份有限公司
登記證 — 局版台業字第 2517 號
總經銷 — 大和書報圖書股份有限公司 ｜電話 — 02-8990-2588
出版日期 — 2020 年 10 月 13 日第一版第一次印行
　　　　　2024 年 9 月 5 日第一版第十一次印行

定價 — NT 550 元
ISBN — 978-986-5535-82-7
書號 — BGB 495
天下文化官網 — bookzone.cwgv.com.tw